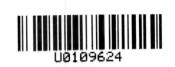

古典文獻研究輯刊

三　編

潘美月・杜潔祥 主編

第7冊

陳振孫之史學及其《直齋書錄解題》史錄考證（上）

何廣棪 著

國家圖書館出版品預行編目資料

陳振孫之史學及其《直齋書錄解題》史錄考證（上）／何廣棪著 — 初版 — 台北縣永和市：花木蘭文化出版社，2006〔民95〕
目 24+234 面；19×26 公分（古典文獻研究輯刊 三編；第 7 冊）
ISBN：978-986-7128-64-5（精裝）
ISBN：986-7128-64-8（精裝）
1.（宋）陳振孫－學術思想－史學 2. 藏書目錄－中國－南宋（1127-1279）3. 史學－目錄－研究與考訂
018.8524　　95015560

ISBN 986712864-8

古典文獻研究輯刊
三 編 第 七 冊
ISBN：978-986-7128-64-5
ISBN：986-7128-64-8

陳振孫之史學及其《直齋書錄解題》史錄考證（上）

作　者　何廣棪
主　編　潘美月　杜潔祥
企劃出版　北京大學文化資源研究中心
出　版　花木蘭文化出版社
發 行 所　花木蘭文化出版社
發 行 人　高小娟
聯絡地址　台北縣永和市中正路五九五號七樓之三
電話：02-2923-1455 ／傳真：02-2923-1452
電子信箱　sut81518@ms59.hinet.net
初　版　2006 年 9 月
定　價　三編 30 冊（精裝）新台幣 46,500 元

陳振孫之史學及其《直齋書錄解題》史錄考證（上）

何廣棪　著

作者簡介

何廣棪，字碩堂，號弘齋，香港新亞研究所文學博士。歷任香港大專院校教職，現任臺灣華梵大學東方人文思想研究所教授。早歲研究李清照、楊樹達、陳寅恪、敦煌瓜沙史料，頗有著述。近年鑽研陳振孫及《直齋書錄解題》，出版之專書及發表之論文，甚受海峽兩岸士林關注與延譽。

提　要

民國八十二年八月，余蒙國科會以客座研究副教授名義延聘來臺，任教華梵人文科技學院（後更名華梵大學）東方人文思想研究所。翌年，余初以《直齋書錄解題（經錄之部）辨證》為題，向國科會申請補助專題研究計畫，獲得通過。其後該計畫因得饒選堂師多方啟示，乃反復考量，最後將研究範圍擴充為對直齋經學作全面之探討，且對《解題》經錄作整體之考證。經一年辛勤耕耘，計畫終得以按期完成。所呈交國科會之研究成果，即為一近六十萬言之著作，遂改其名為《陳振孫之經學及其〈直齋書錄解題〉經錄考證》。此一研究成果，後經國科會審查通過，同意授權里仁書局印製成書，出版發行。該書之出版工作已於八十六年三月完竣。

余早立志研究陳振孫之學術，及對《解題》作全面考證，故向國科會申請補助之初，亦同時附上一全程研究計畫。全程計畫初步估計，研究直齋學術及《解題》全書考證，約需五年時光。竊以《解題》有經、史、子、集四錄，著錄書籍近三千種，如暫不計算研究振孫學術所需之日月，即單以每年考證《解題》一錄算，至少亦須費時四載。而第五年則擬用作訂正、潤色全書，及依需要編製各類相關之索引與參考書目。是以民國八十四年七月，當已完成《陳振孫之經學及其〈直齋書錄解題〉經錄考證》後，余即以《陳振孫之史學及其〈直齋書錄解題〉史錄考證》為題，續向國科會申請補助，後亦倖蒙通過。

本年度依計畫所完成之書凡六章，首章為〈緒論〉，次章為〈陳振孫之史學主張〉，第三章為〈陳振孫之史學〉，第四章為〈陳振孫之史學目錄學〉，第五章為〈《直齋書錄解題》史錄考證〉，涉及之書達八百四十一種。第六章為〈結論〉。編末附〈參考文獻〉。

目錄

上冊

中　冊

七、雜史類

下　冊

十三、法令類

第一章　緒　論

余深入研治陳振孫及其著作，始自民國七十七年。蓋其年九月，考取香港新亞研究所博士班，因早歲篤嗜流略之學，又欽仰直齋其人其書，乃決志以《陳振孫之生平及其著述研究》爲題，撰作博士論文。歷經三載，發憤忘食，苦心孤詣，以從事斯業，而終底於成；由是對直齋其人其書有深切之認知，並對日後進一步研究打下更紮實之基礎。民國八十二年十月，博士論文獲臺灣文史哲出版社印行問世，並獲學術界同道好評。

民國八十二年八月，國科會以客座研究副教授名義延聘赴臺，任教華梵人文科技學院（後更名華梵大學）東方人文思想研究所。翌年，余以《直齋書錄解題（經錄之部）辨證》爲題，向國科會申請專題研究計畫，幸獲通過。其後該計畫因饒選堂師賜予指示，乃將研究範圍擴充爲對直齋經學作全面之探討，且擬對《解題》經錄作整體之考證。經一年辛勤耕耘，計畫終得以按期完成。所呈交國科會之研究成果，即爲一近六十萬言之著作，遂就全文之內容改名爲《陳振孫之經學及其〈直齋書錄解題〉經錄考證》。此一研究成果，後經國科會審查通過，同意授權里仁書局印製成書，出版發行。該書之出版工作乃於八十六年三月完竣。

余早有意研究陳振孫之學術，及對《解題》作全面考證，故向國科會申請專題研究之初，即同時附上一全程研究計畫。全程計畫初步估計，研究直齋之學術及對《解題》全書作考證，約需時五年。竊以《解題》有經、史、子、集四錄，著錄書籍近三千種，如暫不計算研究振孫學術所需之日月，即單以每年考證《解題》一錄算，至少亦須費時四載。而第五年則擬用作訂正、潤色全書，及依需要編製各類相關之索引與參考書目。是以民國八十四年七月，當已完成《陳振孫之經學及其〈直齋書錄解題〉經錄考證》後，余即以《陳振孫之史學及其〈直齋書錄解題〉史錄考證》爲題，續向國科會申請補助，後亦倖蒙通過。故余自八十四年八月始，除每週須赴華梵授課外，其餘光陰，皆埋首於研究工作。振孫《解題》經錄之部著錄書籍三百七十種，余去年研究振孫經學及考證《解題》經錄時，已深覺萬分艱辛，而今《解題》史錄著錄之書多達八百四十一種，爲經錄之二點三倍，是故余今年之研究及考證工作，必更見辛勞。一年以來，余焚膏繼晷以治此書，任何應酬交際，娛樂休暇，幾全部摒除廢絕。《詩‧小雅‧小明》云：「嗟爾君子，無恆安息。靖恭爾位，好是正直。神之聽之，介爾景福。」爲完成研究工作，余日夕虔誦此詩，用以自勵。

本年度依計畫所完成之書凡六章，首章爲〈緒論〉，次章爲〈陳振孫之史學主張〉，第三章爲〈陳振孫之史學〉，第四章爲〈陳振孫之史學目錄學〉，第五章爲〈《直齋書錄解題》史錄考證〉，第六章爲〈結論〉。編末附〈參考文獻〉。全編之成，約在百萬言以上。惟此書疎漏紕謬之處，自知所在多有。故切盼世之讀吾書者，能入室操戈以伐我，俾得所啓牖，以爲他日修訂之助，則余之厚幸也。

第二章　陳振孫研治史學之主張

陳振孫撰《直齋書錄解題》，以目錄學成就蜚聲於時而垂名後世。目錄學蓋屬史學之一類，故振孫畢生治學亦篤嗜史學。《解題》卷五〈詔令類〉「《東漢詔令》十一卷」條載：

> 愚未冠時，無書可觀，雖二史亦從人借。嘗於班《書》志、傳錄出諸詔，與紀中相附，以便覽閱。

二史，指《史記》、《漢書》。據《解題》此條所述，則振孫少時即好研史。其後，周密所撰《志雅堂雜鈔》卷下亦記振孫所著書有《史鈔》一種，〔註 1〕其書殆就群史錄出資料，「以便覽閱」。直至宋理宗淳祐十年（1250），振孫年已古稀，致仕家居，惟仍勤於撰史。周密《齊東野語》卷十五「〈張氏十詠圖〉」條記其事云：

> 先世舊藏〈吳興張氏十詠圖〉一卷，乃張子野圖其父維平生詩，有十首也。……此事不詳於郡志，而張維之名亦不顯，故人少知者。會直齋陳振孫貳卿方修《吳興志》，討摭舊事，見之大喜，遂傳其〈圖〉，且詳考顛末，爲之〈跋〉云：「……自慶曆丙戌後十八年，子野爲〈十詠圖〉，當治平甲辰；……又後一百七十七年，當淳祐己酉，其〈圖〉爲好古博雅君子所得。會余方緝《吳興人物志》，見之如獲拱璧，因細考而詳錄之，庶幾不朽於世。」

據《齊東野語》所載，是振孫至垂暮之年，仍刻意蒐求史料，以編輯《吳興人物志》。則振孫畢生好史、治史，由髫而耋，未嘗少輟，就周密之書所記，殆可覘之。

振孫史學著作，頗見富贍，惜多散佚。如上述《史鈔》一書，乾隆《安吉州志》卷十五著錄作一百卷，同治《安吉縣志》因之，惟及今其書已蹤跡全無矣。《吳興人

〔註 1〕周密《志雅堂雜鈔》卷下云：「直齋所著書，有言《書解》一冊、《易解》、《繫辭錄》、《史鈔》。」

物志》一書亦未之見。至振孫另有《吳興氏族志》，元人韋居安《梅磵詩話》卷上載：

> 沈作喆字明遠，吳興人，守約丞相之姪，自號寓山。登紹興進士第，嘗爲江右漕屬。作〈哀扇工〉詩，掇怒洪帥魏道弼，捃深文劾之，坐奪三官。……陳直齋《吳興氏族志》云：「〈哀扇工〉詩，罵而非諷，非言之者罪也。」其詩不傳。

是直齋撰有《吳興氏族志》之證。惟《吳興氏族志》，自元以後，亦未睹蹤跡。振孫史學著作，今可得而讀之者，《白文公年譜》其一也。此書有南宋趙善書刊本、清汪立名一隅草堂本、《四庫全書》本等，余前撰《陳振孫之生平及其著述研究》已論述之矣。〔註 2〕如前所述，目錄學既屬史學範疇，則《解題》一書固應被視爲振孫史學專著，尤以《解題》書中史錄部分爲然。據是，則《白文公年譜》與《解題》，乃振孫所撰而現尚存之史籍。故吾人欲探究振孫治史之主張，最足依憑及乞靈者，即此二書。

茲謹據《解題》及《白文公年譜》，分治史態度、治史方法及撰史要求三項，以探究振孫之治史主張。

甲、治史態度

所謂治史態度，猶章學誠所指之史德也。《文史通義》卷三〈內篇〉三〈史德〉云：

> 德者何？謂著書者之心術也。夫穢史者所以自穢，謗書者所以自謗，素行爲人所羞，文辭何足取重。

章氏以「著書者之心術」以釋史德，並指斥治史者如「素行爲人所羞」，則其「文辭何足取重」，所言最爲切理。蓋治史之士倘不能先端正其心術，則下筆之際，不免阿世諂諛，或放言醜詆，則其所撰之史，不過「穢史」耳，「謗書」耳，何足取重於世。讀《解題》一書，每發現振孫極重史德，即甚重視治史者之態度。茲將振孫於《解題》及《白文公年譜》中言及治史態度者略加歸納，分四點以申述之。

一、主張愛君恤民，明辨忠奸

振孫一生忠君，不忘故國。自宋室南渡，北土淪於敵手。愛國之士大夫面對家

〔註 2〕請參考《陳振孫之生平及其著述研究》第六章〈陳振孫之其他著作〉第一節〈白文公年譜〉。

仇國恨，每難為懷。振孫眷念故國之情，常於《解題》字裡行間抒發之。《解題》卷五〈典故類〉「《三朝訓鑑圖》十卷」條云：

> 學士李淑、楊偉等修纂。慶曆八年，偉初奉旨檢討三朝事迹，乞與淑共編，且乞製〈序〉。皇祐元年書成。頃在莆田，有售此書者，亟求觀之，則已為好事者所得，蓋當時御府刻本也。卷為一冊，凡十事，事為一圖，飾以青赤。亟命工傳錄，凡字大小、行廣狹、設色規模，一切從其舊。斂衽鋪觀，如生慶曆、皇祐間，目覩聖明作述之盛也。

此條之慶曆、皇祐，皆仁宗年號。振孫眷眷不忘北宋盛世，斯其證也。《解題》卷八〈地理類〉「《晉陽事跡雜記》十卷」條云：

> 唐河東節度使李璋纂。……蓋治平中太原府所刻本也。……自南渡以來，關河阻絕，圖志泯亡，得見一二僅存者，猶足以發傷今思古之歎。

治平，英宗年號。振孫以「自南渡以來，關河阻絕，圖志泯亡」，故偶得見治平舊刻，遂不免「發傷今思古之歎」。是振孫撰書每難忘國族枯榮，於斯可睹。

振孫既以忠君愛國為其治史之態度，故於史官，凡能忠君者則揚譽之，而叛國者則抨擊之。《解題》卷五〈典故類〉「《尊號錄》一卷」條云：

> 丞相安陸宋庠公序撰。大意以為「徽號夸詡非古，而我祖宗往往謙遜不居，猶願超然遠覽，盡屏前號」。其愛君以德者歟？至神宗遂卻不受，至於今行之。

此條因宋庠能「愛君以德」，故揚譽之。《解題》卷四〈正史類〉「《後漢書》九十卷」條云：

> 宋太子詹事順陽范蔚宗撰。……蔚宗乃以怨望反逆，至於滅族，其與遷、固之人禍天刑不侔矣。

此條因范曄「怨望反逆」，故抨擊之；並謂「其與遷、固之人禍天刑不侔」，蓋以二者不能相提並論也。

振孫之體恤民隱，見於其日常任官治事之間。周密《齊東野語》卷八「義絕合離」條曾載其事曰：

> 莆田有楊氏，訟其子與婦不孝，官為逮問，則婦之翁為人毆死，楊亦預焉。坐獄未竟，而值覃霈得不坐，然婦仍在楊氏家。有司以大辟既已該宥，不復問其餘，小民無知亦安之，不以為怪也。其後，父又訟其子及婦，軍判官姚珤以為雖有讎隙，既仍為婦則當盡婦禮，欲併科罪。陳伯玉振孫時以倅攝郡，獨謂：「父子天合，夫婦人合；人合者，恩義有虧則已矣，在法休離皆許還合，而獨於義絕不許者，蓋謂此類。況兩下相殺，又義絕

之尤大者乎？初間，楊罪既脫，合勒其婦休離，有司既失之矣。若楊婦盡禮於舅姑，則爲反親事讎，稍有不至，則舅姑反得以不孝罪之矣。當離不離，則是違法。在律違律，爲婚既不成婚，即有相犯，並同凡人。今婦合比附此條，不合收坐。」時皆服其得法之意焉。

此條乃記振孫充興化軍通判時事也。振孫明法意而不泥於法，脫楊氏子與婦於囹圄，故「時皆服其得法之意焉」。

明人王鏊《姑蘇志》卷四十二〈宦績門〉亦載：

陳振孫，字伯玉，安吉人。博通今古。爲浙西提舉，仰體祖宗恤民之意，舉行（藥）萬户，停廢醋庫，邦人德之。

行藥萬戶與停廢醋庫二事，皆振孫任浙西提舉時之德政，其造福於百姓匪淺矣。

振孫具恤民之史德，亦見於《解題》所載。《解題》卷五〈典故類〉「《會稽和買事宜錄》七卷」條載：

浙東帥鄱陽洪邁景盧、提舉常平三山鄭湜補之集。初承平時，預買令下，守越者無遠慮，凡一路州縣所不受之數，悉受之，故越之額特重，以匹計者十四萬六千九百，居浙東之半。人户百計規免，皆詭爲第五等户，而四等以上户之害日益甚，於是有爲畝頭均科之説者。帥鄭丙少嘉、憲邱崇宗卿、張詔君卿頗主之，由淳熙十一年以後略施行，而議者多以椒科五等户爲不便。參政李彦穎秀叔、尚書王希呂仲行先後帥越皆言之，而王晝八事尤力。會光廟亦以爲貽貧弱之害，户部尚書葉翥叔羽奏乞先減四萬四千餘匹，止以十萬爲額，而後議均敷。詔從之，仍令侍從集議，皆乞闕併詭挾，遂詔邁、湜措置。既畢，以施行次第類成此書，時紹熙元年也。

振孫於此條中，詳述會稽一地百姓慘受和買政策之荼毒，文中有「害日益甚」、「貽貧弱之害」諸語，足證其爲禍之烈。幸統治者尚能體恤民困，妥加措置。至洪邁、鄭湜於事畢之後又能「類成此書」，尤屬治史者具備恤民之表現，故振孫特予揭載之。是振孫力主治史者須知恤民，《解題》此條所載，實爲一有力之旁證。

爲宦者之善惡臧否，對國對民至足影響。振孫既愛君恤民，故於《解題》中每明辨臣子之忠奸，並論及治史者對此應具之態度。《解題》卷七〈傳記類〉「《元祐分疆錄》三卷」條云：

直龍圖閣京兆游師雄景叔撰。元祐初，議棄西邊四寨，執政召師雄問之。對曰：「先帝棄之可也，主上棄之則不可。且示弱夷狄，反益邊患。」爭之甚力，不聽，卒棄之。四寨者：葭蘆、米脂、浮屠、安疆也。夏人以事出望外，萌侵侮之心，連年犯順，皆如師雄所料。此書前三卷記當時論辨本末，後一卷行實，不知何人作也。是歲，師雄被命行邊，請以便宜行事。夏人與鬼章謀寇熙河。師雄說劉舜卿出師，种誼遂破洮州，擒鬼章以獻，其功偉矣。元祐諸老固欲休兵息民，師雄言既不行，功復不賞，殆以專反熙、豐，失于偏滯，終成紹述之禍，亦有以也。師雄，治平二年進士。

是師雄忠公體國，洞燭機先，獻策擒酋，厥功至偉，後以專反熙、豐新政，而罹黨禍，故振孫甚惜之。而《解題》卷四〈編年類〉「《續稽古錄》一卷」條則云：

秘書丞歷陽龔頤正養正撰。以續司馬光前錄，而序述繁醲。其記紹熙甲寅事，歸功於韓侂胄。頤正本名敦頤，避崇陵諱改焉。嘗撰《元祐黨籍譜傳》得官。韓氏用事時，賜出身入館，非端士也。此書正以右韓也。

此條記侂胄僭妄不軌，時弄威福，而頤正不辨忠奸，竟撰史右韓，故振孫斥其爲「非端士」。至《解題》卷五〈詔令類〉「《東漢詔令》十一卷」條云：

宗正寺主簿鄞樓昉暘叔編。大抵用林氏舊體，自爲之〈序〉。……惟平、獻二朝，莽、操用事，如〈錫莽〉及〈廢伏后〉之類，皆當削去，莽時尤多也。

又同書卷四〈起居注類〉「《唐則天實錄》二十卷」條云：

吳兢撰。案〈志〉，魏元忠等撰，劉知幾、吳兢刪正；今惟題兢撰。武氏罪大惡極，固不應復入唐廟，而題表猶有「聖帝」之稱，至開元中，禮官有言乃去之。武氏不應有實錄，猶正史之不應有本紀。皆沿襲《史》、《漢》呂后例。惟沈既濟之論爲正，而范氏《唐鑑》用之。

案：莽、操肆行篡弒，不臣之甚；武后取唐自代，罪大惡極。振孫認爲史官當明辨其奸，並應削去〈錫莽〉及〈廢伏后〉等詔令，而「武氏不應有《實錄》」。

綜上所述，是振孫以「愛君恤民」、「明辨忠奸」爲治史態度，其深具史德固曉然矣。

二、主張作忠實記錄，黜異端而反誕妄

史學之標的在求眞，故要求史家之治史態度在尋求歷史眞相，有所著述，絕不應作絲毫之隱瞞與歪曲，以欺天罔人，而應就歷史之眞相，作出忠實之記錄。《解題》卷七〈傳記類〉「《青唐錄》一卷」條云：

右班殿直李遠撰。元符中取邈川、青唐，已而皆棄之。遠，紹聖武舉人，官鎮洮，奉檄軍前，記其經歷見聞之實，燦然可觀。

是李遠治史態度正確，所撰《青唐錄》能「記其經歷見聞之實」，絕不歪曲隱瞞，故振孫稱其書「燦然可觀」。

然歷代史官多有未能恪守忠於歷史之立場，故其所撰史，有以私憾毀人者，《解題》卷四〈正史類〉「《三國志》六十五卷」條云：

> 晉治書侍御史巴西陳壽承祚撰。……壽書初成，時人稱其善敘事，張華尤善之。然乞米作佳傳，以私憾毀諸葛亮父子，難乎免物議矣。

亦有以私意竄改國史者，《解題》卷四〈起居注類〉「《唐太宗實錄》四十卷」條云：

> 案〈藝文志〉有《今上實錄》二十卷，敬播等撰，房玄齡監修。……今本惟題中書令許敬宗奉敕撰。蓋敬宗當高宗時用事，以私意竄改國史。《中興書目》言之詳矣。

且有希旨傅會，諂諛諱惡者。《解題》卷六〈禮注類〉「《開元禮》一百五十卷」條云：

> 唐集賢院學士蕭嵩、王仲丘等撰。唐初有《貞觀》、《顯慶禮》，儀注不同。而《顯慶》又出於許敬宗希旨傅會，不足施用。……然唐初已降凶禮於五禮之末，至顯慶，遂削去〈國恤〉一篇，則敬宗諂諛諱惡，鄙陋亡稽，卒不能正也。

更有尊私史而壓宗廟者。《解題》卷七〈傳記類〉「《熙寧日錄》四十卷」條云：

> 丞相王安石撰。本朝禍亂萌于此書，陳瓘所謂「尊私史而壓宗廟者」。

同書卷五〈典故類〉「《四明尊堯集》一卷」條亦云：

> 司諫延平陳瓘瑩中撰。專辨王安石《日錄》之誣僭不孫，與配食坐像之爲不恭。……以謂蔡卞專用《日錄》以修《神宗實錄》，薄神考而厚安石，尊私史而壓宗廟，以是編類其語，得六十五條，總而論之。

據上所載，則振孫於陳壽、許敬宗、王安石、蔡卞諸家所修之史，皆作嚴厲之批評，顯見其治史力主應作忠實記錄之立場與態度，而其於以私意篡改歷史者，則表現出無限之鄙夷與厭惡。

振孫另一有關治史態度之建議，則爲黜異端而反誕妄。此點實爲振孫治學一貫之主張，其治經之態度亦常如此，余前撰《陳振孫之經學及其〈直齋書錄解題〉經錄考證》一書，言之詳矣。〔註3〕《解題》卷四〈正史類〉「《三國志》六十五卷」條云：

> 晉治書侍御史巴西陳壽承祚撰。……王通謂壽有志於史，依大義而黜異端。

陳壽撰史，能「依大義而黜異端」，故振孫引王通之言而盛讚之。

至批評史著之誕妄不經，《解題》中屢言及之。該書卷四〈正史類〉「《宋書》一

〔註3〕請參考《陳振孫之經學及其〈直齋書錄解題〉經錄考證》第二章〈陳振孫研治經學之主張〉六〈反釋老而闢異端〉。（台北縣：花木蘭文化出版社，《古典文獻研究輯刊》二編，第四冊，頁13，2006年3月初版）

百卷」條云：

> 齊太子家令吳興沈約休文撰。……至其所創〈符瑞〉一志，不經且無益，其贅甚矣。

又卷七〈傳記類〉「《黃帝內傳》一卷」條云：

> 〈序〉云：「籛鏗遊衡山得之石室，劉向校中秘書傳於世。」誕妄不經，方士輩所託也。

同卷同類「《梁四公記》一卷」條云：

> 唐張説撰。案《館閣書目》稱梁載言纂。……其所記多誕妄，而四公名姓尤怪異無稽，不足深辨。

據上所引，則振孫對誕妄不經之治史態度，尤深惡痛絕可知。

三、主張治史力求創新，雖具業績亦須謙遜

振孫治學態度，力求創新。其於治經，已作如是之提倡，至於治史亦然。《解題》卷四〈正史類〉「《史記》一百三十卷」條云：

> 漢太史令夏陽司馬遷子長撰。……竊嘗謂著書立言，述舊易，作古難。六藝之後，有四人焉：摭實而有文采者，左氏也；憑虛而有理致者，莊子也；屈原變〈國風〉、〈雅〉、〈頌〉而爲〈離騷〉；及子長易編年而爲紀傳，皆前未有其比，後可以爲法，非豪傑特起之士，其孰能之？

左、莊、屈、馬，其著書治學，能作古，能創新，其成功實匪易，故振孫稱此四人爲「豪傑特起之士」；又從而譽其著述爲「前未有其比，後可以爲法」。則振孫重視創新作古之治史態度可知。

至朱子治學，亦重創見與發明。朱子所創新說，有謂《山海經》、《淮南子》二書皆緣解〈天問〉而作者，振孫深善其論。《解題》卷八〈地理類〉「《山海經》十八卷」條云：

> 漢侍中奉車都尉臣秀所校秘書。秀，即劉歆也。晉郭璞注。今本錫山尤袤延之校定。世傳禹、益所作，其事見《吳越春秋》，曰：「禹東巡，登南岳，得金簡玉字，通水之理，遂行四瀆，與益共謀，所至，使益疏而記之，名《山海經》。」此其爲説，恢誕不典。司馬遷曰：「言九州山川，《尚書》近之矣。至《禹本紀》、《山海經》所書怪物，余不敢言之也。」可謂名言，孰曰多愛乎！故尤〈跋〉明其爲非禹、伯翳所作，而以爲先秦古書無疑。然莫能名其爲何人也。洪慶善補注《楚辭》，引《山海經》、《淮南子》以釋〈天問〉。而朱晦翁則曰：「古今說〈天問〉者，皆本此二書，今

以文意考之，疑此二書本皆緣解〈天問〉而作。」可以破千載之惑。

振孫此條盛推朱子之新說，以爲「可以破千載之惑」，則振孫重視治史須創新作古，斯又一證。

惟治學能創新發明，猶須濟之以謙遜。范曄撰《後漢書》九十卷，能成一家之言矣，然作態驕矜，出語狂悖，故振孫深非之。《解題》卷四〈正史類〉「《後漢書》九十卷」條云：

宋太子詹事順陽范蔚宗撰。唐章懷太子李賢注。案《唐・藝文志》，爲後漢史者，有謝承、薛瑩、司馬彪、劉義慶、華嶠、謝沈、袁山松七家，其前又有劉珍等《東觀記》，至蔚宗乃刪取眾書，爲一家之作。其自視甚不薄，謂諸傳、序、論，精意深旨，實天下之奇作。然頗有略取前人舊文者，注中亦著其所從出。至於論後有贊，尤自以爲傑思，殆無一字虛設。自今觀之，幾於贅矣。

是振孫殊不視范《書》爲「奇作」，爲「傑思」，而總評其書「幾於贅矣」，蓋以其「論後有贊」，又深非其驕悖也。

至劉軻撰《牛羊日曆》，立言不遜，振孫亦痛斥之。《解題》卷七〈傳記類〉「《牛羊日曆》一卷」條云：

唐劉軻撰。牛，指僧孺；羊，謂虞卿、漢公也，是不遜甚矣。

案：虞卿姓楊，字師皋；其弟漢公，字用乂，兩《唐書》均有傳。軻以其兄弟姓楊，而以「羊」易而諷之，是不遜之甚也。撰史者而出言不遜，則失治史應有之恭謹態度，振孫大不以爲然也。

四、主張修史應認眞負責，且須按時完成

宋室播遷後，高宗、孝宗之際，朝廷修史多不能按時完成，振孫深以爲憾。《解題》卷四〈起居注類〉「《孝宗實錄》五百卷」條云：

嘉泰二年，修撰傅伯壽等撰進。中興以來，兩朝五十餘載事迹，置院既久，不以時成，涉筆之臣，乍遷忽徙，不可殫紀。及有詔趣進，則匆遽鈔錄，甚者一委吏手，卷帙猥多，而紀載無法，疎略牴牾，不復可稽據。故二《錄》比之前世，最爲缺典，觀者爲之太息。

此條所記之二《錄》，乃指高宗、孝宗兩《實錄》。蓋其時史無善法，修撰官每玩忽其事，有詔趣進，則一委吏手，而所成實錄，「疎略牴牾」，「最爲缺典」，振孫爲之太息，對修史者之不認眞，不負責，其書「不以時成」，均引以爲咎。

乙、治史方法

治史之士均須精研深究及掌握治史方法，始能進行史籍之撰著。否則記載無法，其疎略牴牾必多。振孫深明此義，所撰《白文公年譜》，其〈跋〉語有云：

> 白公《文集》行於世者，皆有《年譜》，與《集》並行，得以考其平生之出處、歲月之後先。吳門所刊《白氏長慶集》，首載李璜德劭所爲《譜》，參政樓公稱之，以屬諫議李公訪求而刻焉。紹定庚寅，余始得其本而觀之，既曰「譜」矣，而不繫年，其疎略抵捂，有不可枚舉者；攻媿號博洽，不知何獨取此。家居無事，因取《新》、《舊史》、《實錄》等書，及諸家傳記所載，參稽互考，別爲此《譜》。自其始生之年，以及考終之歲，次第審訂，粗得詳確。猶恨孤學謏聞，未必能逃目睫之譏，不敢傳之他人，惟以自備觀覽而已。孟夏十有二日《譜》成，直齋陳振孫伯玉父。

案：振孫所以撰《白文公年譜》之故，蓋不滿意李璜不明史法，所爲《譜》既不繫年，而又疎略牴牾也。至〈跋〉中云：「因取《新》、《舊史》、《實錄》等書，及諸家傳記所載，參稽互考，別爲此《譜》。自其始生之年，以及考終之歲，次第審訂。」則可知振孫治此《譜》之法也。振孫治史極重史法，於《解題》中屢言及之。茲就《解題》略予爬梳整理，並將振孫治史方法及其相關識見與主張，分項闡述如下：

一、主張多方面勤搜資料，並須熟習資料

治史須依靠資料，而資料之來源在於撰史者日夜匪懈之勤搜。《解題》卷八〈地理類〉「《輿地圖》十六卷」條云：

> 王象之撰。《紀勝》逐州爲卷，《圖》逐路爲卷，其搜求亦勤矣。至西蜀諸郡尤詳。

考象之除撰此《輿地圖》外，另撰有《輿地紀勝》二百卷，二書均以詳贍見稱，且所記於「西蜀諸郡尤詳」。象之所以能致此效績者，在於能勤搜資料，故振孫極推譽之。

至勤搜資料之法，則須向多方面而作甄擇，《解題》中每論及之。《解題》卷四〈編年類〉「《皇王大紀》八十卷」條云：

> 胡宏撰。述三王、五帝至周赧王。……博采經傳，時有論說，自成一家之言。

此言搜求資料，可博采經傳。此一法也。

《解題》卷八〈地理類〉「《續廬山記》四卷」條云：

南唐守廣陵馬玗錄山中碑記之文，以續前錄。

此言搜求資料，可採錄碑記之文。此又一法。

《解題》卷六〈職官類〉「《唐職林》三十卷」條云：

石埭尉維揚馬永錫明叟撰。以《唐六典》爲主，而附以《新史》所載事實，頗采傳記、歌詩之屬。

此言搜求資料，除采錄官修史籍外，又可兼采人物傳記、歌詩之屬。此又一法。

《解題》卷七〈傳記類〉「《唐末汎聞錄》一卷」條云：

題常山閻自若撰。記五代及諸僭僞事。其〈序〉自言：「乾德中，得於先人及舅氏聞見。」且曰：「傳者難驗，見者易憑，考之史策，不若詢之耆舊也。」

此言搜求資料，須力求第一手史料。第一手史料每來自撰史者個人之見聞，其價値較之紙上材料爲高。此條云：「考之史策，不若詢之耆舊也。」即指出第一手史料之重要。搜求資料「詢之耆舊」，此又一法也。

惟資料既得，撰史者仍有研讀史料、熟習史料之一程。此乃搜集資料後之延續工作，亦治史方法之一端。《解題》卷五〈詔令類〉「《中興綸言集》二十八卷」條云：

左司郎中莆田鄭寅子敬撰。寅，知樞密院僑之子，靖重博洽，藏書數萬卷，於本朝典故尤熟。

同書卷八〈目錄類〉「《鄭氏書目》七卷」條云：

莆田鄭寅子敬以所藏書爲七錄，曰經，曰史，曰子，曰藝，曰方技，曰文，曰類。寅，知樞密院僑之子，博聞彊記，多識典故。

鄭寅「藏書數萬卷」，搜羅資料既豐富，又加之「博聞彊記，多識典故」，「於本朝典故尤熟」，則其研讀資料與熟習資料皆深下工夫。故寅所著書，振孫珍而重之，且推譽其人爲「靖重博洽」也。

二、主張對資料應嚴於去取，並須加之辨僞與考證

治史須依靠資料，倘一無依傍，史學無從治起。然資料有眞僞，有優劣，故使用之前，須嚴加去取，別白考證。振孫治史，亦重斯法。茲仍就《白文公年譜》，略舉二例以證明之。

《白文公年譜》「開成五年庚申」條云：

三月三十日有〈燕罷感事吟詩〉云：「病與樂天相伴住，春隨樊子一時歸。」按：〈不能忘情吟序〉云：「妓有樊素者，年二十餘，綽綽有歌舞態，善唱《楊柳曲》，人多以曲名之。」其辭曰：「素事主十年，凡三千有

> 六百日。」公年五十八，自刑部侍郎分司歸洛，至六十八而得疾，於是十年矣，當是初歸洛時得之。公嘗有〈楊柳枝詞〉八首，又有〈楊柳枝二十韻〉，自注云：「〈楊柳枝〉，洛下新聲也。洛之小妓，有善歌者，詞章音韻，聽可動人，故賦之。」《本事集》云：「白尚書姬人樊素善歌，小蠻善舞，嘗爲詩云：『櫻桃樊素口，楊柳小蠻腰。』白公年邁，而小蠻方豐艷，因爲〈楊柳枝〉以寄意，曰：『一樹春風萬萬枝，嫩於金色軟於絲。永豐坊裏東南角，盡日無言屬阿誰。』」如《本事集》之說，則樊素、小蠻爲二人；以《集》考之，不見此二句詩，亦無所謂小蠻者，而「柳枝」即樊素也。《舊譜》引公詩：「兩枝楊柳小樓中，嫋娜多年伴醉翁。」兩枝楊柳，必非一人。又有〈九日代羅樊二妓招舒著作〉云：「羅敷斂雙袂，楚姬獻一盃。」意所謂兩枝楊柳者。然皆臆說，未必然也。

案：《本事集》記白居易有姬人樊素、小蠻二人，並引詩爲說，然其說不可靠。振孫一再徵引白詩及白詩詩序與詩中自注，以證明白姬僅樊素一人。而《本事集》所引「櫻桃樊素口，楊柳小蠻腰」二詩句，不見於白《集》，以證明《本事集》所引詩句純屬杜撰。振孫不輕信資料，使用時嚴加去取，別白辨證。此一例也。

同書「貞元二十年甲申」條載：

> 又〈燕子樓詩序〉云：「予爲校書郎，時遊徐、泗間。張尚書宴予，酒酣，出盼盼以佐歡。歡甚，予因贈詩云：『醉嬌勝不得，風裊牡丹花。』」意亦在此年。燕子樓事，世傳爲張建封。按：建封死在貞元十六年，且其官爲司空，非尚書也。尚書乃其子愔，《麗情集》誤以爲建封爾。此雖細事，亦可以正千載傳聞之謬。

案：此條乃據居易〈燕子樓詩序〉以正《麗情集》之謬。蓋居易爲校書郎時，張建封已逝，且建封生前所任官亦非尚書，任尚書者乃其子愔耳。振孫不輕信《麗情集》所載，嚴加辨證，遂得「以正千載傳聞之謬」，此又一例也。如斯之例，《白文公年譜》中尚多，不勝枚舉矣。

《解題》書中亦有論及前人於所采用資料每嚴加去取者。該書卷四〈編年類〉「《通鑑論篤》三卷」條云：

> 侍講廣漢張栻敬夫撰。取《通鑑》中言論之精確者，表而出之。多或全篇，少至一語，去取甚嚴，可以見前輩讀書眼目之高。

此條盛稱張栻撰《通鑑論篤》一書，其中取《通鑑》言論，而能「去取甚嚴」，足證栻「讀書眼目之高」。

《解題》亦有記及振孫之重視考證及辨僞，其對所得書籍資料絕不輕易相信。

該書卷八〈地理類〉「《至道雲南錄》三卷」條云：

> 左侍禁知興化軍辛怡顯撰。李順之亂，餘黨有散入蠻中者，怡顯往招安之，繼賜蠻酋告敕而歸，遂爲此《錄》。天禧四年自序。或云此書妄也。余在莆田視〈壁記〉，無怡顯名字，恐或然。

莆田，興化軍治所。振孫於理宗寶慶三年丁亥（1227）充興化軍通判，及讀〈壁記〉無怡顯名字，故知辛氏未嘗於眞宗天禧年間以左侍禁知興化軍，由是亦足辨證此書之僞及其所記招安事爲妄也。

據上所引《白文公年譜》及《解題》所述，可知振孫治史，於資料之應用皆力主別白去取，若有所疑，則必加考證與辨僞也。

三、主張記載史事必須有可靠資料作依據

振孫主張記載史事須有依據，《解題》中多具可資取證之材料。《解題》卷五〈雜史類〉「《次柳氏舊聞》一卷」條云：

> 李德裕撰。記柳芳所聞於高力士者，凡十七條。上元中，芳謫黔中，力士徙巫州。芳從力士問禁中事。德裕父吉甫從芳子冕聞之。

是德裕撰此書實有依據。其書所記禁中事，得之其父李吉甫；而吉甫聞於柳冕，冕聞於柳芳，而柳芳則親聞於高力士。故《次柳氏舊聞》所記玄宗朝禁中事，可稱信史。

至胡宏撰《皇王大紀》，記事無徵，則不可攷信，振孫乃申斥之。《解題》卷四〈編年類〉「《皇王大紀》八十卷」條云：

> 胡宏撰。述三王、五帝至周赧王。前二卷自盤古至帝嚳，年不可攷信，姑載其事而已。自堯以後，用《皇極經世》曆，起甲辰，始著年紀。……然或取莊周寓言以爲實，及敘邃古之初，終於無徵不信云爾。

張栻《經世紀年》，據邵雍《皇極經世》以推三代以上帝王歷年，振孫以爲年遠難攷，不足依憑，亦不之信。《解題》卷四〈編年類〉「《經世紀年》二卷」條曰：

> 侍講廣漢張栻敬夫撰。用《皇極經世》譜編，有所發明則著之。其言邵氏以數推知去外丙、仲壬之年，乃合於《尚書》成湯既沒、太甲元年之說。今案孔氏《正義》正謂劉歆、班固不見《古文》，謬從《史記》，而章衡《通載》乃云以紀年推之，外丙、仲壬合於歲次，《尚書》殘缺，而《正義》之說誤。蓋三代而上，帝王歷年遠而難攷，類如此，劉道原所謂疑年者也。

至劉恕撰《疑年錄》、《年略錄》，能深「懼後人以疑事爲信書，穿鑿滋甚」，一

切「從實」記載，振孫甚以爲是。《解題》同卷同類「《疑年錄》一卷、《年略譜》一卷、《雜年號》附」條云：

> 劉恕撰。謂春秋起周平、魯隱，《史記・本紀》自軒轅，〈列傳〉首伯夷，〈年表〉起共和。共和至魯隱，其間七十一年，即與春秋相接矣。先儒敘庖犧、女媧，下逮三代，享國之歲，眾說不同，懼後人以疑事爲信書，穿鑿滋甚，故周厲王以前三千五百一十九年爲《疑年譜》，而共和以下至元祐壬申一千九百一十八年爲《年略譜》，大略不取正閏之說，而從實紀之。

綜上所引《解題》四條，可知振孫認爲撰史「無徵不信」，反對「以疑事爲信史」；又認爲年遠難攷者不足依憑，一切須「從實紀之」。足證振孫主張記載史事須有堅實可靠資料爲依據也。

四、主張編撰史書須有方法與法則

治學須有善法，治史、撰史亦然。《解題》著錄群書，於史錄之部評論史籍優劣，每考論及該書之編撰方法。《解題》卷四〈編年類〉「《續通鑑長編》一百六十八卷」條云：

> 禮部侍郎眉山李燾仁父撰。長編云者，司馬公之爲《通鑑》也，先命其屬爲叢目，既成，乃修長編，然後刪之以爲成書。唐長編六百卷，今《通鑑》惟八十卷爾。燾所上〈表〉，自言未可謂之《通鑑》，止可謂之長編，故其書雖繁蕪而不嫌也。其卷數雖如此，而冊數至餘三百。蓋逐卷又自分子卷或至十餘。

此條言仁父之書依溫公《通鑑》長編之法而修撰，其法至善，故「其書雖繁蕪而不嫌也」。

《解題》同卷同類「《通鑑綱目》五十九」條云：

> 侍講新安朱熹元晦撰。始，司馬公《通鑑》有《目錄舉要》。其後，胡給事安國康侯又修爲《舉要補遺》。朱晦翁因別爲義例，表歲以首年，因年以著統，大書以提要，而分注以備言，自爲之〈序〉，乾道壬辰也。大書者爲綱，分注者爲目，綱如經，目如傳。此書嘗刻於溫陵，別其綱謂之提要，今板在監中。廬陵所刊則綱目並列，不復別也。

此條言朱子據溫公《目錄舉要》、安國《舉要補遺》，別爲義例而撰《通鑑綱目》，其書大書提要，分注備言，有綱有目，如經、傳焉，則法至佳也。

《解題》卷六〈時令類〉「《夏小正傳》四卷」條云：

> 漢戴德傳，給事中山陰傅崧卿注。此書本在《大戴禮》，鄭康成注〈禮

運〉「夏時」曰：「夏四時之書也，其存者有〈小正〉。」後人於《大戴禮》鈔出別行。崧卿以正文與傳相雜，倣《左氏》經傳，列正文其前，而附以傳，且爲之注。

此條言崧卿以〈夏小正〉「正文與傳相雜」，乃仿《左氏》經傳之法，並附己注而成書。其書亦有法也。

《解題》同卷同類「《歲華紀麗》七卷」條云：

唐韓鄂撰。采經、子、史傳歲時事類聚，而以儷語間之。

又同卷同類「《國朝時令集解》十二卷」條云：

左僕射眞定賈昌朝子明撰。唐因《禮記·月令》舊文，增損爲《禮記》首篇。天寶中改名〈時令〉。景祐初，始命復《禮記》舊文，其唐之〈時令〉，別爲一篇，遂命禮院修書官丁度、李淑、宋祁、王洙、鄭戩及昌朝，約唐〈時令〉，撰定爲〈國朝時令〉，以便宣讀。蓋自唐以來有明堂讀《時令》之禮也。及昌朝解相印治郡，五臣者皆已淪沒，乃采經、史諸書及祖宗詔令典式，爲之集解而上之。

前書「采經、子、史傳歲時事類聚」，並間以儷語而編成；後書則「采經、史諸書及祖宗詔令典式」，爲之集解而撰就。所編撰之書，皆有法則可稽也。

《解題》卷八〈譜牒類〉「《千姓編》一卷」條云：

不著名氏。末云：「嘉祐八年采眞子記。以《姓苑》、《姓源》等書，撮取千姓，以四字爲句，每字爲一姓，題曰《千姓編》。」三字亦三姓也。逐句文義亦頗相屬，殆《千字文》之比云。

是此書據《姓苑》、《姓源》撮千姓，以四字爲句，殆仿《千字文》「天地玄黃」之法以成書，其書亦具法則也。

綜上所考，足證《解題》著錄群書，甚重視於書籍編撰方法，是可推知振孫主張編撰史籍須具法則也。

丙、撰史要求

如前所述，振孫治史方法之主張，有論及記載史事須有堅實可靠之資料作依據，及編撰史書須有方法與法則兩項。此兩項主張，具體言之，可體現於振孫對撰史之要求上。振孫對撰著史籍之要求，其意見集中於《解題》對群書之評價上。茲略予整治，分項闡述如下：

一、要求內容須攷訂援證，詳洽可稽

振孫此一撰史要求，具見於其評價宋綬《天聖鹵簿圖記》一書上。《解題》卷六〈禮注類〉「《天聖鹵簿圖》十卷」條云：

> 翰林學士常山宋綬公垂撰。始，太祖朝鹵簿以繡易畫，號「繡衣鹵簿」。眞宗時，王欽若爲《記》二卷，闕於繪事，弗可詳識。綬與馮元、孫奭受詔質正古義，傅以新制，車騎、人物、器服之品，皆繪其首者，名同飾異，亦別出焉。天聖六年十一月上之。其攷訂援證，詳洽可稽。

是振孫甚推譽公垂此書，稱其「考訂援證，詳洽可稽」，此殆振孫對撰著史籍之要求也。

《解題》卷八〈目錄類〉「《宣和博古圖》三十卷」條云：

> 宣和殿所藏古器物，圖其形製，而記其名物，錄其款識。品有〈總說〉，以舉其凡。而物物攷訂，則其目詳焉。然亦不無牽合。

《宣和博古圖》一書，振孫雖稱其「物物考訂」，但亦批評其書「不無牽合」。蓋治史要求其援證考訂，則絕不容許有牽合之事。《解題》同卷同類「《金石錄》三十卷」條云：

> 東武趙明誠德甫撰。其所藏二千卷，蓋倣歐陽《集古》，而數則倍之。本朝諸家蓄古器物款式，其考訂詳洽，如劉原父、呂與叔、黃長睿多矣，大抵好附會古人名字，如「丁」字，即以爲祖丁；「舉」字，即以爲伍舉；「方鼎」，即以爲子產；「仲吉匜」，即以爲偪姞之類。邃古以來，人之生世夥矣，而僅見於簡者幾何？器物之用於人亦夥矣，而僅存於今世者幾何？迺以其姓字、名物之偶同而實焉，余嘗竊笑之。惟其附會之過，併與其詳洽者，皆不足取信矣。惟此書〈跋尾〉獨不然，好古之通人也。

趙明誠撰《金石錄》三十卷，考訂詳洽而不附會牽合，故振孫譽之爲「好古之通人」。然劉原父、呂與叔、黃長睿，其所著書雖詳洽矣，惟好附會古人名字；振孫則竊笑之，以爲「惟其附會之過，併與其詳洽者，皆不足取信矣」。是振孫力主詳洽，而反對附會牽合，斯又一證。

下列諸書，振孫亦稱譽之。《解題》卷六〈時令類〉「《玉燭寶典》十二卷」條云：

> 隋著作郎博陵杜臺卿少山撰。以〈月令〉爲主，觸類而廣之，博采諸書，旁及時俗，月爲一卷，頗號詳洽。

又《解題》卷八〈地理類〉「《襄陽志》四十卷」條云：

> 郡守朐山高夔命教授吳興劉宗、幕官上蔡任洐編纂。爲書既詳備，而刊刻亦精緻，圖志之佳者。

又《解題》同卷同類「《成都古今集記》三十卷」條云：

知府事信安趙抃閱道撰。清獻自慶曆將漕之後，凡四入蜀，知蜀事甚詳，故成此書。

杜書「頗號詳洽」，劉書「詳備，而刊刻亦精緻」，而趙抃「凡四入蜀，知蜀事甚詳」，據此而成其書，均甚符合撰史須考訂詳洽之要求，故振孫亦推譽之也。

至史書有簡略、草率之弊病，不能達致「詳洽可稽」之要求者，振孫則批評之。《解題》卷四〈別史類〉「《東都事略》一百五十卷」條云：

承議郎知龍州眉山王偁季平撰。其書〈紀〉、〈傳〉、〈附錄〉略具體，但無〈志〉耳。〈附錄〉用《五代史》例也。淳熙中上其書，得直秘閣。其所紀太簡略，未得爲全書。

又《解題》卷八〈地理類〉「《吳興志》二十卷」條云：

樞密院編修郡人談鑰元時撰。嘉泰元年也。其爲書草率，未得爲盡善。

是王書「簡略」，談書「草率」，不符「詳洽可稽」之要求，故振孫以「未得爲全書」、「未得爲盡善」之闕失批評之。

二、要求須創通義例，多所發明

如前所論，振孫言治史態度有力求創新之主張。故其對撰史之要求，亦力主須創新義例而多所發明。《解題》卷八〈地理類〉「《永嘉譜》二十四卷」條云：

禮部侍郎郡人曹叔遠器遠撰。曰〈年譜〉、〈地譜〉、〈名譜〉、〈人譜〉。時紹熙三年，太守宛陵孫楙屬器遠裒集，創爲義例如此。器遠，庚戌進士，蓋初第時也。

庚戌，紹熙元年。器遠於初第未久，承永嘉太守宛陵孫楙之屬，創通義例，分〈年〉、〈地〉、〈名〉、〈人〉四譜，以修成《永嘉譜》，其書於地志之學甚具創意。《解題》稱其「創爲義例如此」，是振孫要求撰史須創通義例之證。

至振孫要求撰史應多所發明，就《解題》書中所述亦可推見之。《解題》卷四〈正史類〉「《三劉漢書標注》六卷」條云：

侍讀學士清江劉敞原父、中書舍人劉攽貢父、端明殿學士劉奉世仲馮撰。奉世，敞之子也。又本題《公非先生刊誤》，其實一書。公非，貢父自號也。《漢書》自顏監之後，舉世宗之，未有異其説者，至劉氏兄弟始爲此書，多所辨正發明。

又《解題》卷八〈目錄類〉「《晁氏讀書志》二十卷」條云：

昭德晁公武子止撰。其〈序〉言：「得南陽公書五十篋，合其家舊藏得二萬四千五百卷。其守榮州，日夕讎校，每終篇輒論其大指。時紹興二十一年也。」其所發明有足觀者。

是三劉之書於顏注「多所辨正發明」。而晁《志》著錄群書，「每終篇輒論其大指」，而「其所發明有足觀者」。斯皆符合振孫撰史須多所發明之要求，故《解題》頗稱譽之。

三、要求記述有法，且須分門別類

撰史須記述有法，振孫亦注意及之。《解題》卷八〈地理類〉「《皇朝方域志》二百卷」條云：

東陽布衣王希先撰。凡前代謂之〈譜〉，十六〈譜〉爲八十卷；本朝謂之〈志〉，爲一百二十卷。〈譜〉敘當時事實，而注以今之郡縣，〈志〉述今日疆理，而係於古之州國。古今參考，〈譜〉、〈志〉互見，地理學之詳明，無以過此矣。

案：此書所以被振孫推譽爲「地理學之詳明，無以過此」者，不惟因其書資料富贍，且以其書記述有法。《解題》云：「古今參考，〈譜〉、〈志〉互見。」正此書記述之善法也。

《解題》卷四〈別史類〉「《南史》八十卷、《北史》八十卷」條云：

唐崇賢館學士鄴李延壽撰。初，延壽父大師多識舊事，常以宋、齊、梁、陳、魏、齊、周、隋天下分隔，南謂北爲「索虜」，北謂南爲「島夷」，詳略訾美失實，思所以改正刊究，未成而沒。延壽追終先志，凡八代合二書，爲百八十篇。其書頗有條理，刪落醲辭，過本書遠甚。

又《解題》卷四〈編年類〉「《後漢紀》三十卷」條云：

晉東陽太守陽夏袁宏彥伯撰。以《後漢書》煩穢雜亂，撰集爲此《紀》。

案：《宋》、《齊》、《梁》、《陳》、《魏》、《齊》、《周》、《隋》諸史所以有「詳略訾美失實」之毛病，《後漢書》所以有「煩穢雜亂」之缺點，皆導源於其書記述有所闕失。袁彥伯去《後漢書》之煩穢雜亂，用編年法撰集而成《後漢紀》；李延壽「凡八代合二書」，去八史之詳略訾美失實之毛病，而又「刪落醲辭」，其記述有法，故所撰《南》、《北》二史，「頗有條理」，「過本書遠甚」。故獲振孫衷心讚美。

惟撰史須達致記述有法之效果，則謀篇之初，必須善用分門別類之法以駕馭全編。能如此，則所撰史書雖卷帙浩繁，猶可祛除煩穢雜亂之弊，而具撰著有條理之效。《解題》卷四〈詔令類〉「《本朝大詔令》二百四十卷」條云：

寶謨閣直學士豫章李大異伯珍刻於建寧，云紹興間宋宣獻家子孫所編纂也，而不著其名。始自國初，迄於宣、政，分門別類，凡目至爲詳也。

又《解題》卷五〈典故類〉「《漢制叢錄》三十二卷」條云：

袁夢麟應祥撰。以二《漢》所記典故，分門編類，凡二十五門。

又《解題》卷八〈地理類〉「《吳興統紀》十卷」條云：

攝湖州長史左文質撰。分門別類，古事頗詳。〈序〉稱甲辰歲者，本朝景德元年也。

案：以上三書皆善用分類法以布局謀篇，《解題》特加說明。由是可推知振孫對運用分門別類方法以撰史，不特甚爲重視，且甚表贊同也。

四、要求持論嚴正，而用詞精詳

史家撰史，每好發議論，以見其一家之言。故《史記》有「太史公曰」，《漢書》有贊，此其昉也。《解題》著錄群書，亦商討及撰史者於書中發抒之議論。大抵振孫所要求者，必須持論宏偉嚴正。故《解題》卷四〈編年類〉「《讀史管見》三十卷」條云：

禮部侍郎胡寅明仲撰。以《通鑑》事備而義少，故爲此書。議論宏偉嚴正，間有感於時事。其於熙、豐以來接於紹興權姦之禍，尤拳拳寓意焉。晦翁《綱目》亦多取之。

明仲此書，《解題》謂其「議論宏偉嚴正」，故「晦翁《綱目》亦多取之」。振孫一生服膺朱子，則其於明仲此書褒譽甚隆之故，殆可推知。

《解題》卷五〈雜史類〉「《大唐補記》三卷」條云：

南唐程匡柔撰。〈序〉言：「懿宗朝有焦璐者撰《年代紀》，述神堯，止宣宗。」匡柔襲《三百年曆》，補足十九朝。起咸通戊子，止癸巳，附璐書中。乾符以後備存《補紀》。末有〈後論〉一篇，文辭雖拙，論議亦正。

匡柔此書，其〈後論〉文辭雖拙劣，而《解題》猶加許可者，蓋以其「論議亦正」，符合振孫要求也。

至撰史之用辭，振孫亦有所要求。大抵「用辭精詳」四字足以概之。《解題》卷四〈編年類〉「《漢紀》三十卷」條云：

漢侍中汝南荀悅仲豫撰。獻帝好典籍，常以班固《漢書》文繁難省，乃令悅依《左氏傳》體以爲《漢紀》，詔尚書給筆箚，辭約事詳，論辨多美。

案：《漢書》「文繁難省」，而《漢紀》「辭約事詳」，二者於用辭方面，優劣立判。「辭約事詳」，乃振孫所要求，其所以褒譽《漢紀》者以此。

《解題》卷五〈雜史類〉「《後魏國典》三十卷」條云：

> 唐太常少卿元行沖撰。行沖以系出拓跋，乃撰《魏典》三十篇，文約事詳，學者尚之。

案：行沖《魏典》能「文約事詳」，振孫亦推譽之。

至陸游爲史撰〈序〉，其〈序〉氣壯文雅，尤爲振孫所欽仰。《解題》卷八〈地理類〉「《會稽志》二十卷」條云：

> 通判吳興施宿武子、郡人馮景中、陸子虡、朱鼐、王度等撰。陸放翁爲之〈序〉。首稱「禹會諸侯，而以思陵巡狩，陞府配之。」氣壯文雅，蓋奇作也。嘉泰辛酉，陸年已七十七矣。未幾，始落致仕爲史官，至八十五歲乃終。其筆力老而不衰，於此〈序〉見之。

案：「氣壯文雅」較之「辭約事詳」，猶高一層境界，固一般史家所難能。放翁以七十七高齡，撰〈序〉「氣壯文雅」，故《解題》譽爲「筆力老而不衰」，「蓋奇作也」。

振孫既主張「用辭精詳」，則其於以儷語撰史及用字奇澀皆批評之，蓋儷語以鋪采爲文，嗜於用典，難言精詳；而用字奇澀，更與「精詳」要求相違錯也。《解題》卷四〈正史類〉「《新唐書》二百二十五卷」條云：

> 翰林學士盧陵歐陽修永叔、端明殿學士安陸宋祁子京撰。……今案舊史成於五代文氣卑陋之時，紀次無法，詳略失中，論贊多用儷語，固不足傳世。而新書不出一手，亦未得爲全善。本紀用《春秋》例，削去詔令，雖太略，猶不失簡古。至列傳用字多奇澀，殆類虬户銑谿體，識者病之。

案：於此條中，振孫批評《舊唐書》其「論贊多用儷語」，故用辭未能精詳，且影響其議論之發揮，「固不足傳世」。而《新唐書》之列傳，「用字多奇澀」，亦與精詳之旨相舛，故振孫喻之爲「殆類虬戶銑谿體」，識者病之也。

至史書之用詞繁蕪、鄙俚，亦在振孫批評之列。《解題》同卷同類「《三國志》六十五卷」條云：

> 晉治書御史巴西陳壽承祚撰。宋中書侍郎河東裴松之世期注。……大抵本書固率略，而注文繁蕪，要當會通裁定，以成一家，而未有奮然以爲己任者。

又《解題》卷七〈傳記類〉「《錦里耆舊傳》八卷、《續傳》十卷」條云：

> 前應靈縣令平陽句延慶昌裔撰。開寶三年，秘書丞劉蔚知榮州得此《傳》。其詞蕪穢，請延慶修之，改曰《成都理亂記》。

又《解題》卷五〈僞史類〉「《湖南故事》十卷」條云：

> 不知作者。記馬氏至周行逢事。《館閣書目》作十三卷，蓋爲列傳十

三篇，其實十卷也。文辭鄙甚。

又《解題》卷五〈雜史類〉「《三朝見聞錄》八卷」條云：

不知作者。起乾符戊戌，至天祐末年，及莊宗中興，後唐、河東事跡。三朝者，僖、昭、莊也。其文直述多鄙俚。

是上引諸書均不免以繁蕪、鄙俚爲病，其與「用辭精詳」之要求固背道而馳也。

上述分治史態度、治史方法與撰史要求三項以探究振孫治史之主張，惟所論僅及犖犖大者。且本章乃屬篳路藍縷之作，拋磚引玉，殊有俟於來哲。

第三章　陳振孫之史學

陳振孫學識淵贍，畢生治學勤劬，著述雖富，惜多散佚。其治經之業績，拙著《陳振孫之經學及其〈直齋書錄解題〉經錄考證》中已有所論述，〔註 1〕當可知其梗概。至其史學類著作，傳世者有《直齋書錄解題》二十二卷、《白文公年譜》一卷。《解題》與《白譜》，拙著《陳振孫之生平及其著述研究》中嘗論說之，〔註2〕對《白譜》一卷考證尤綦詳。振孫史學類著作已散佚者有《史鈔》一百卷、《吳興氏族志》與《吳興人物志》各若干卷。於已佚之三書，拙著《陳振孫之生平及其著述研究》亦細加考證。〔註3〕故本章於《白譜》及已佚三書，均不擬重作贅述。

本章撰作之目的，擬僅針對並徵引《解題》史錄之材料，以探究振孫之史學。《解題》史錄分十六類以著錄史部群書，故本章亦擬分十六項加以闡發，並試從振孫對每類史書之褒貶中，分析及探索其對各類史籍之認知與識見，與其對不同類史籍撰作所提出之要求與標準。至振孫史學之其他見地，當亦可於對《解題》史錄爬梳研治中，以推衍出其條理與究竟。

以下試分十六項以探究振孫之史學：

一、正　史

振孫於正史中，最推尊者乃太史公之《史記》。《解題》卷四〈正史類〉「《史記》一百三十卷」條曰：

> 漢太史令夏陽司馬遷子長撰。……竊嘗謂著書立言，述舊易，作古難。

〔註 1〕見該書第三章〈陳振孫之經學〉。

〔註 2〕見該書第五章〈陳振孫之主要著作——《直齋書錄解題》〉、第六章〈陳振孫之其他著作〉第一節〈白文公年譜〉。

〔註 3〕見該書第六章〈陳振孫之其他著作〉第十四節〈直齋之佚書與佚文〉。

六藝之後，有四人焉：摭實而有文采者，左氏也；憑虛而有理致者，莊子也；屈原變〈國風〉、〈雅〉、〈頌〉而爲〈離騷〉；及子長易編年而爲紀傳，皆前未有其比，後可以爲法，非豪傑之士，其孰能之？

蓋振孫以史遷能自我作古，易編年爲紀傳，前無其匹，後可爲法，故推尊之爲「豪傑之士」。

《解題》卷八〈地理類〉「《山海經》十八卷」條曰：

漢侍中奉車都尉臣秀所校秘書。……世傳禹、益所作，其事見《吳越春秋》，曰：「禹東巡，登南岳，得金簡玉字，通水之理，遂行四瀆，與益共謀，所至使益疏而記之，名《山海經》。」此其爲說，恢誕不典。司馬遷曰：「言九州山川，《尚書》近之矣。至《禹本紀》、《山海經》所書怪物，余不敢言之也。」可謂名言，孰曰多愛乎！

此又以子長治古史，力求典實，不虛誕，故稱其所述爲「名言」。

振孫既推尊太史公，故於後人批評《史記》之失者，多不以爲然，且每加迴護。《解題》卷四〈別史類〉「《古史》六十卷」條曰：

門下侍郎眉山蘇轍子由撰。因馬遷之舊，上觀《詩》、《書》，下考《春秋》，及秦、漢雜錄，爲七本紀，十六世家，三十七列傳。蓋漢世古文經未出，戰國諸子各自著書，或增損古事以自信其說，遷一切信之，甚者或采世俗相傳之語，以易古文舊說，故爲此史以正之。然其稱遷淺近而不學，疎略而多信，遷誠有可議者，而以爲不學淺近，則過矣。

此振孫不以子由批評史遷「不學淺近」爲然也。

《解題》同卷〈編年類〉「《經世紀年》二卷」條曰：

侍講廣漢張栻敬夫撰。用《皇極經世》譜編，有所發明則著之。其言邵氏以數推知去外丙、仲壬之年，乃合於《尚書》成湯既沒、太甲元年之說。今案孔氏《正義》正謂劉歆、班固不見古文，謬從《史記》；而章衡《通載》乃云以紀年推之，外丙、仲壬合於歲次，《尚書》殘缺，而《正義》之說誤。蓋三代而上，帝王歷年遠而難攷，類如此，劉道原所謂疑年者也。然孟子亦有明文，不得云《史記》謬。

此又迴護史遷，謂敬夫「不得云《史記》謬」也。

直齋於班固撰《漢書》，無佳評，僅謂「固父彪叔皮，以司馬氏《史記》太初以後闕而不錄，故作《後傳》數十篇。固以所續未詳，探撰前紀，綴集所聞，以爲《漢書》」耳。而於顏師古注《漢書》則頗稱譽。《解題》卷四〈正史類〉「《漢書》一百卷」條曰：

漢尚書郎扶風班固孟堅撰。唐秘書監京兆顏師古注。本傳稱字籀，恐當名籀，而以字行也。……師古以太子承乾之命，總先儒注解，服虔、應劭而下二十餘人，刪繁補略，裁以己說，遂成一家。世號杜征南、顏監爲左氏、班氏忠臣。

是顏籀注《漢書》，既能總先儒之注解，刪繁補略；又能裁以己說，成一家言。於史學之注疏，發凡起例，卓有貢獻。直齋乃推譽之爲「班氏忠臣」也。

繼師古而治《漢書》者，至北宋則有《三劉漢書標注》，振孫亦褒揚之。《解題》同卷同類「《三劉漢書標注》六卷」條曰：

侍讀學士清江劉敞原父、中書舍人劉攽貢父、端明殿學士劉奉世仲馮撰。……《漢書》自顏監之後，舉世宗之，未有異其說者，至劉氏兄弟始爲此書，多所辨正發明。

三劉之書既不以前人之成就自限，能發前人所未發，於顏《注》「多所辨正發明」，故振孫亦從而揚譽之。

然振孫於正史之作，亦有貶抑之者。范曄撰《後漢書》，自視甚高，振孫大不以爲然。《解題》卷四〈正史類〉「《後漢書》九十卷」條曰：

宋太子詹事順陽范蔚宗撰。唐章懷太子賢注。案《唐・藝文志》，爲後漢史者，有謝承、薛瑩、司馬彪、劉義慶、華嶠、謝沈、袁山松七家；其前又有劉珍等《東觀記》，至蔚宗乃刪取眾書，爲一家之作。其自視甚不薄，謂諸傳、序、論，精意深旨，實天下之奇作。然頗有略取前人舊文者，注中亦著其所從出。至於論後有贊，尤自以爲傑思，殆無一字虛設，自今觀之，幾於贅矣。

是蔚宗取前人舊文，以爲諸傳、序、論，而自詡爲「天下之奇作」；又於論後有贊，實贅疣之甚，而「自以爲傑思」，振孫皆深致不滿。

陳壽撰《三國志》，裴松之爲之注。於陳《志》、裴注，振孫皆有所批評。《解題》同卷同類「《三國志》六十五卷」條曰：

晉治書侍御史巴西陳壽承祚撰。宋中書侍郎河東裴松之世期注。壽書初成，時人稱其善敘事，張華尤善之。然乞米作佳傳，以私憾毀諸葛亮父子，難乎免物議矣。王通謂「壽有志於史，依大義而黜異端，然要爲率略」。松之在元嘉時，承詔爲之注，鳩集傳記，增廣異文。大抵本書固率略，而注又繁蕪，要當會通裁定，以成一家，而未有奮然以爲己任者。

是承祚乞米作佳傳，又以私憾毀諸葛亮父子，皆不免振孫之鍼砭。至陳《志》率略，裴注繁蕪，則更難逃直齋之斧鉞。惟振孫深憾於承祚，尤以陳《志》標魏爲正統一事。《解題》同卷同類「《續後漢書》四十二卷」條，引周益公〈序〉曰：

> 曹氏代漢，名禪實簒，特新莽之流亞。丕方登禪壇，自形舜、禹之言，固不敢欺其心矣。今隔千載，好惡豈復相沿？而蘇軾記王、彭之說，以爲途人談三國時事，兒童聽者，聞劉敗則顰蹙，聞曹敗則稱快，遂謂君子小人之澤，百世不斬，茲豈人力強致也歟！陳壽身爲蜀人，徒以仕屢見黜，父又爲諸葛亮所髡，於劉氏君臣不能無憾。著《三國志》以魏爲帝，而指漢爲蜀，與孫氏俱謂之主，設心已偏。故凡當時袷祭高帝以下昭穆制度，皆略而弗書。方且乞米於人，欲爲佳傳，私意如此，史筆可知矣。其死未幾，習鑿齒作《漢晉春秋》，起漢光武，終晉愍帝，以蜀爲正，魏爲簒，謂漢亡僅一二年，則已爲晉。炎興之名，天實命之，是蓋公論也。

案：益公此〈序〉謂「壽身爲蜀人，徒以仕屢見黜，父又爲諸葛亮所髡，於劉氏君臣不能無憾」；所發議論，直齋與之同。至益公謂壽「著《三國志》以魏爲帝，而指漢爲蜀，與孫氏俱謂之主，設心已偏」；此項批評亦必爲直齋所首肯。考《解題》卷八〈譜牒類〉「《帝王系譜》一卷」條曰：「武夷吳逵公路撰。政和壬辰也。自漢迄周顯德，每代略具數語。其論曹操迫脅君后，無復臣禮，逆節已顯。會其病死，故簒竊之惡，漏在身後。昔人謂其不敢危漢者，亦不覈其情耳。此論與愚意吻合。」是直齋素惡曹氏父子之簒竊，故不以《三國志》帝魏爲然。意其必與益公同志，嚴斥承祚「設心已偏」，上引之條可作明證。

至振孫於《新》、《舊唐書》，亦多抨擊其失當處。《解題》卷四〈正史類〉「《新唐書》二百二十五卷」條曰：

> 翰林學士盧陵歐陽修永叔、端明殿學士安陸宋祁子京撰。……今案舊史成於五代文氣卑陋之時，紀次無法，詳略失中，論贊多用儷語，固不足傳世。而新書不出一手，亦未得爲全善。本紀用《春秋》例，削去詔令，雖太略，猶不失簡古；至列傳用字多奇澀，殆類虬户銑谿體，識者病之。……溫公《通鑑》多據舊史，而唐庚子西直謂《新唐書》敢亂道而不好。雖過甚，亦不爲亡謂也。劉元城亦謂事增文省，正新書之失處云。

《解題》此條之後所附隨齋批注亦引程大昌言以評《新唐書》「事增文省」之失，曰：

> 文簡云：〈進唐書表〉自言其文減於前，其事多於舊，此正其所爲不逮遷、固者，顧以自衒，何哉？《論語》記夫子與弟子問答，率不過數語，而季氏將伐顓臾，記所詰對甚詳，不如是，不足以見體要，各造其極也。今唐史務爲省文，而拾取小說私記，則皆附著無棄，其有官品尊崇而不預治亂，又無善惡可垂鑑戒者悉聚，徒繁無補，殆與古作者不侔。始唐史置

局時，其同僚約日著舊史所無者三事，則固立於不善矣，弊必至於此。

是《舊唐書》之失，在「紀次無法，詳略失中」；《新唐書》之失，在「用字多奇澀」。至《新唐書》有「事增文省」之弊，實因唐史置局之初立約不善而造成。故程大昌之批評，深中肯綮，正可與直齋所論相發明。

綜上所述，則知振孫對正史撰作之要求：爲能創新，能作古，敘事則須典實而不虛誕，立論則須端正而不偏失，修辭立其誠，不繁蕪，不率略，紀次有法，詳略得中，力戒以「事增文省」而自礙。此振孫對「正史」撰作與評價之見地也。

二、別　史

《解題》一書，著錄別史書籍僅六種。而振孫所推譽者則有李延壽《南》、《北史》。《解題》卷四〈別史類〉「《南史》八十卷、《北史》八十卷」條曰：

> 唐崇賢館學士鄴李延壽撰。初，延壽父大師多識舊事，常以宋、齊、梁、陳，魏、齊、周、隋天下分隔，南謂北爲「索虜」，北謂南爲「島夷」，詳略訾美失實，思所以改正刊究，未成而沒。延壽追終先志，凡八代，合二書，爲百八十篇。其書頗有條理，刪落釀辭，過本書遠甚。

又盛譽呂祖謙之《新唐書略》。《解題》同卷同類「《新唐書略》三十五卷」條曰：

> 呂祖謙授徒，患新史難閱，摘要抹出，而門人鈔之。蓋節本之有倫理者也。

惟於王偁《東都事略》一書則貶斥之。《解題》同卷同類「《東都事略》一百五十卷」條曰：

> 承議郎、知龍州眉山王偁季平撰。其書紀、傳、附錄略具體，但無志耳。附錄用《五代史》例也。淳熙中上其書，得直秘閣。其所紀太簡略，未得爲全善。

據上所論，則振孫於別史類之史籍，其要求爲：須「有條理」，須「刪落釀辭」，然不能「所紀太簡略」，否則其所爲書亦「未得爲全善」。此振孫評「別史」類書所提出之意見也。

三、編　年

編年類之史籍，《解題》所褒貶者亦甚多，從中可探悉振孫史學見地。《解題》卷四〈編年類〉「《漢紀》三十卷」條曰：

> 漢侍中汝南荀悅仲豫撰。獻帝好典籍，常以班固《漢書》文繁難省，

> 乃令悅依《左氏傳》體以爲《漢紀》，詔尚書給筆札，辭約事詳，論辨多美。其〈自序〉曰：「立典有五志焉，曰達道義，章法式，通古今，著功勳，表賢能。」

此褒《漢紀》一書之「辭約事詳，論辨多美」也。

《解題》同卷同類「《讀史管見》三十卷」條曰：

> 禮部侍郎胡寅明仲撰。以《通鑑》事備而義少，故爲此書。議論宏偉嚴正，間有感於時事。其於熙、豐以來接於紹興權姦之禍，尤拳拳寓意焉。晦翁《綱目》亦多取之。

此褒《讀史管見》敢於批評時政，「議論宏偉嚴正」也。

同卷同類「《通鑑論篤》三卷」條曰：

> 侍講廣漢張栻敬夫撰。取《通鑑》中言論之精確者，表而出之。多或全篇，少至一二語，去取甚嚴，可以見前輩讀書眼目之高。

此褒《通鑑論篤》「去取甚嚴」，以見撰者「讀書眼目之高」也。

同卷同類「《國紀》五十八卷」條曰：

> 吏部侍郎睢陽徐度敦立撰。度，丞相處仁擇之之子也。其書詳略頗得中，而不大行於世。

此褒《國紀》「詳略頗得中」，而惜其書「不大行於世」也。

同卷同類「《續通鑑長編》一百六十八卷」條曰：

> 禮部侍郎眉山李燾仁父撰。長編云者，司馬公之爲《通鑑》也，先命其屬爲叢目，既成，乃修長編，然後刪之以爲成書。唐長編六百卷，今《通鑑》惟八十卷爾。燾所上〈表〉，自言未可謂之《通鑑》，止可謂之長編，故其書雖繁蕪而不嫌也。其卷數雖如此，而冊數至餘三百。蓋逐卷又自分子卷或至十餘。

此褒譽《續通鑑長編》「雖繁蕪而不嫌也」。

同卷同類「《皇王大紀》八十卷」條曰：

> 胡宏撰。述三王、五帝至周赧王。前二卷自盤古至帝嚳，年不可攷信，姑載其事而已。自堯以後，用《皇極經世》曆，起甲辰，始著年紀。博采經傳，時有論說，自成一家之言。然或取莊周寓言以爲實，及敘邃古之初，終於無徵不信云爾。

此則褒中帶貶。既褒此書「博采經傳，時有論說，自成一家之言」；又貶其「或取莊周寓言以爲實，及敘邃古之初，終於無徵不信」也。

同卷同類「《中興小曆》四十一卷」條曰：

> 熊克撰。克之爲書，往往疎略多牴牾，不稱良史。

此則貶斥此書「疎略多牴牾，不稱良史」也。

同卷同類「《皇朝編年舉要》三十卷、《備要》二十卷、《中興編年舉要》十四卷、《備要》十四卷」條曰：

> 太學生莆田陳均平甫撰。均，丞相俊卿之從孫。端平初，有言於朝者，下福州取其書，由是得初品官。大抵依倣朱氏《通鑑綱目》。《舉要》者，綱也；《備要》者，目也。然去取無法，詳略失中，未爲善書。

此則貶斥其書「去取無法，詳略失中」也。

同卷同類「《續稽古錄》一卷」條曰：

> 秘書丞歷陽龔頤正養正撰。以續司馬光前錄，而序述繁釀。其記紹熙甲寅事，歸功於韓侂胄。頤正本名敦頤，避崇陵諱改焉。嘗撰《元祐黨籍譜傳》得官。韓氏用事時，賜出身入館，非端士也。此書正以右韓也。

此則貶斥其書「序述繁釀」。至謂頤正「右韓」，則出於振孫之政治立場與見地也。

綜上所述，則振孫評論編年類史籍，其所要求者乃「辭約事詳，論辨多美」，故稱讚胡寅之書「議論宏偉嚴正」，徐度《國紀》「詳略頗得中」；批評《中興小曆》「疎略多牴牾」，而《續稽古錄》之文又「序述繁釀」也。至撰史時，資料之取捨，則須眼界高而去取嚴，若陳均所撰諸史，「去取無法，詳略失中」，振孫皆貶斥之，謂其「未爲善書」。此振孫對撰編年史之要求與見地也。

四、起居注

《解題》卷四〈起居注類〉有小序，曰：

> 〈唐志·起居注類〉，實錄、詔令皆附焉。今惟存《穆天子傳》及《唐創業起居注》二種，餘皆不存。故用《中興館閣書目》例，與實錄共爲一類，而別出詔令。

是《新唐書·藝文志》，其於〈起居注類〉中附實錄、詔令之書，而《中興館閣書目》則將〈起居注類〉與實錄共爲一類，而別出詔令。《解題》用《中興館閣書目》例，故其書卷五別出〈詔令類〉。

《解題》卷四〈起居注類〉「《穆天子傳》六卷」條曰：

> 晉武帝時汲冢所得書，其體制與起居注正同，郭璞爲之注。起居注者，自漢明德馬皇后始，漢、魏以來因之。

是振孫以爲起居注類之書，始自後漢明德馬后所撰《明帝起居注》。其實此說未必然。《隋書》卷三十三〈志〉第二十八〈經籍〉二〈史〉曰：

> 起居注者，錄紀人君言行動止之事。《春秋傳》曰：「君舉必書，書而不法，後嗣何觀？」《周官》，內史掌王之命，遂書其副而藏之，是其職也。漢武帝有《禁中起居注》，後漢明德馬后撰《明帝起居注》，然則漢時起居，似在宮中，爲女史之職。然皆零落，不可復知。今之存者，有漢獻帝及晉代已來起居注，皆近侍之臣所錄。晉時，又得《汲冢書》，有《穆天子傳》，體制與今起居正同，蓋周時內史所記王命之副也。

是起居注類之書始自《穆天子傳》，而以起居注命名之書，漢武時已有《禁中起居注》，其成書猶在《明帝起居注》前。是振孫謂起居注「自漢明德皇后始」，其說誤。至振孫於起居注類之書，多感不愜意。《解題》卷四〈起居注類〉「《唐創業起居注》五卷」條曰：

> 唐工部尚書晉陽溫大雅彥弘撰。所載自起義至受禪，凡三百五十七日。其述神堯不受九錫，反復之語甚詳。愚嘗書其後曰「新史」。稱除隋之亂比迹湯武。湯武未易比也，唐之受命正與漢高帝等爾。其不受九錫，足以掃除魏、晉以來欺天罔人之態，而猶不免曰受隋禪者，乃以尊立代王之故，曾不若以子嬰屬吏之爲明白洞達也。

此振孫不滿溫大雅以唐高祖比迹湯武，認爲「唐之受命正與漢高帝等爾」；又批評唐高祖之不受九錫，「猶不免曰受隋禪」。

同卷同類「《唐則天實錄》二十卷」條曰：

> 吳兢撰。……武氏罪大惡極，固不應復入唐廟，而題主猶有「聖帝」之稱。至開元中，禮官有言乃去之。武氏不應有實錄，猶正史之不應有本紀。皆沿襲《史》、《漢》呂后例。惟沈既濟之論爲正，而范氏《唐鑑》並用之。《唐鑑》中宗嗣聖元年書至二十一年（案神龍元年），黜武后光宅至長安並不用。

此謂武則天「罪大惡極」，「不應有實錄，猶正史之不應有本紀」；並以《唐鑑》用沈既濟之論「黜武后光宅至長安並不用」爲正。

同卷同類「《唐玄宗實錄》一百卷」條曰：

> 題元載撰。……史稱事多漏略，拙於取棄，不稱良史。

此又詆斥《唐玄宗實錄》「事多漏略，拙於取棄」也。

至蔡卞、林希等重修《神宗實錄》，振孫於此書抨擊特甚。《解題》同卷同類「《宋神宗實錄》朱墨本二百卷」條曰：

> 元祐中，兵部侍郎青社趙彥若元考、著作郎成都范祖禹淳甫、豫章黃庭堅魯直撰。紹聖中，中書舍人莆田蔡卞元度、長樂林希子中等重修。其

朱書繫新修，黃字繫刪去，墨字繫舊文，其增改刪易處則又有籤貼，前史官由是得罪。卞，王安石之壻，大抵以安石《日錄》爲主。陳瓘所謂「尊私史而壓宗廟」者也。

蓋蔡卞重修此書「以安石《日錄》爲主」，其書「尊私史而壓宗廟」，故振孫深表不滿。

振孫於宋高宗、孝宗《實錄》，亦評作「最爲缺典」，且致憾於南宋實錄院之修史制度。同卷同類「《孝宗實錄》五百卷」條曰：

嘉泰二年，修撰傅伯壽等撰進。中興以來，兩朝五十餘載事迹，置院既久，不以時成，涉筆之臣，乍遷忽徙，不可殫紀。及有詔趣進，則匆遽鈔錄，甚者一委吏手，卷帙猥多，而紀載無法，疎略牴牾，不復可稽據。故二《錄》比之前世，最爲缺典，觀者爲之太息。

是南宋實錄院制度極不完善，史官「乍遷忽徙」，工作「一委吏手」，故高、孝《實錄》雖各五百卷，惟「卷帙猥多，而紀載無法，疎略牴牾，不復可稽據」。是以二《錄》「最爲缺典」，乃理所當然之事。

綜上所述，可知振孫對歷朝之起居注多表不滿，尤咎病於南宋實錄院制度之不健全。至其所要求撰作起居注者，爲：（一）不隨意比附前人；（二）記事須詳盡，取捨須審慎；（三）涉筆之臣須專任其職；（四）切勿純以私史爲撰作實錄之依據。至謂「武氏不應有實錄」，此則出於視李唐爲正統之思想。蓋北宋淪亡，張邦昌、劉豫相繼稱帝。「武氏不應有實錄」，亦猶張邦昌、劉豫不應有實錄也。此振孫論撰作起居注之意見也。

五、詔　令

《解題》卷五〈詔令類〉所著錄之書僅八種。其中以「《東漢詔令》十一卷」條所記，最足體現振孫之史學見地。該條曰：

《東漢詔令》十一卷，宗正寺主簿鄞樓昉暘叔編。大抵用林氏舊體，自爲之〈序〉。帝王之制，具在百篇，後世不可及矣。兩漢猶爲近古。愚未冠時，無書可觀，雖二史亦從人借。嘗於班《書》志、傳錄出諸詔，與紀中相附，以便覽閱。既仕於越，乃得見林氏書，而樓氏書近出，其爲好古博雅，斯以勤矣。惟平、獻二朝，莽、操用事，如〈錫莽〉及〈廢伏后〉之類，皆當削去，莽時尤多也。

案：此條謂「大抵用林氏舊體」者，殆指用宋人林虙所編之《西漢詔令》十二卷體。振孫以爲《尚書》乃詔令之祖，故有「帝王之制，具在百篇，後世不可及矣」之說。

「帝王之制」即詔令也。又盛稱林、樓二人「好古博雅」，勤於編務。至此條末處云：「惟平、獻二朝，莽、操用事，如〈錫莽〉及〈廢伏后〉之類，皆當削去，莽時尤多也。」斯則振孫慎辨忠奸，主張述造須嚴於取棄，斯猶其於〈起居注〉類中力主「武氏不應有實錄」。此振孫論詔令撰作之見地也。

六、僞　史

振孫於僞史類書籍，褒崇者少，而貶斥者眾。《解題》卷五〈僞史類〉「《新修南唐書》十五卷」條曰：

> 寶謨閣待制山陰陸游務觀撰。采獲諸書，頗有史法。

此褒譽陸書有史法也。

同卷同類「《陰山雜錄》十六卷」條曰：

> 不著名氏。莆田《鄭氏書目》云：「趙志忠撰。志忠者，遼中書舍人，得罪於宗眞，挺身來歸。」歐公《歸田錄》云：「志忠本華人，自幼陷虜，爲人明敏，在虜中舉進士至顯官。歸國，能述虜中君臣世次、山川風物甚詳。」今觀此書，可概見矣。

此譽《陰山雜錄》「能述虜中君臣世次、山川風物甚詳」。

然於下列諸書，則多有所指斥。同卷同類「《南唐近事》二卷」條曰：

> 工部郎江南鄭文寶撰。〈序〉云：「三世四十年，起天福己酉，終開寶乙亥。」然泛記雜事，實小説傳記之類耳。

此責鄭書泛記雜事，書非信史，「實小說、傳記之類耳」。

同卷同類「《江表志》三卷」條曰：

> 鄭文寶撰。〈序〉言：「徐鉉、湯悅所錄事多遺落，無年可編。」然前錄固爲簡略，而猶以年月紀事，今此書亦止雜記，如事實之類爾。《近事》稱太平興國二年丁丑，今稱庚戌者，大中祥符三年也。

此又責《江表志》「亦止雜記，如事實之類」，非「志」也。廣棪案：此「志」乃如《三國志》之「志」，即史也。轉不如徐、湯所撰之《江南錄》「猶以年月紀事」也。

同卷同類「《湖南故事》十卷」條曰：

> 不知作者。記馬氏至周行逢事。……文辭鄙甚。

此則責《湖南故事》一書「文辭鄙甚」也。

同卷同類「《天下大定錄》一卷」條曰：

> 殿中丞通判桂州王舉撰。景祐間人。始高季興，終劉繼元。其所記疎略，獨江南稍詳。書本十卷，今但爲一卷，恐非全書也。

此又責王書「所記疎略」也。

綜上所述，是振孫所要求於撰僞史者，其書須有史法，記載翔實；而不應疎略，文辭鄙陋；更不應僅泛記雜事，令其書類乎小說、傳記，有史之名而失史之實。此振孫對僞史撰作之見地也。

七、雜　史

雜史類書籍，《解題》著錄不少。然振孫所撰解題，每多作書籍內容、卷帙之鋪述，而鮮作優劣之抑揚。其中有者僅如卷五〈雜史類〉「《後魏國典》三十卷」條曰：

> 唐太常少卿元行沖撰。行沖以系出拓跋，乃撰《魏典》三十篇，文約事詳，學者尚之。

此推譽行沖之書「文約事詳」也。

同卷同類「《建炎以來朝野雜記甲乙集》共四十卷」條曰：

> 李心傳撰。上自帝系、帝德、朝政、國典，下及見聞瑣碎，皆錄之。蓋南渡以後野史之最詳者。

此推譽心傳之書爲南宋「野史之最詳者」。

同卷同類「《大唐補記》三卷」條曰：

> 南唐程匡柔撰。〈序〉言懿宗朝有焦璐者撰《年代紀》，述神堯，止宣宗。匡柔襲《三百年曆》，補足十九朝。起咸通戊子，止癸巳，附璐書中。乾符以後備存《補記》。末有〈後論〉一篇，文辭雖拙，論議亦正。

此則批評匡柔書之〈後論〉「文辭雖拙，論議亦正」也。

同卷同類「《朱梁興創遺編》二十卷」條曰：

> 梁宰相馮翊敬翔子振撰。自廣明巢賊之亂，朱溫事迹，迄於天祐弒逆，大書特書，不以爲愧也。其辭亦鄙俚。

此則指斥敬翔之書於黃巢、朱溫之弒逆「大書特書，不以爲愧」，而「其辭亦鄙俚」也。

綜上所述，是振孫認爲撰作雜史類之書，須文約事詳，議論公正；而切忌忠奸不辨，喪失立場；至文辭鄙俚拙劣，亦嚴加貶斥。此振孫對撰作雜史之見地也。

八、典　故

《解題》著錄典故類之書頗富贍，且間寓褒貶。《解題》卷五〈典故類〉「《尊號錄》一卷」條曰：

> 丞相安陸宋庠公序撰。大意以爲徽號夸詡非古，而我祖宗往往謙遜不居，猶願超然遠覽，盡屏前號。其愛君以德者歟？至神宗遂卻不受，至於今行之。

此褒宋庠能撰是書，乃「愛君以德」也。

同卷同類「《四明尊堯集》一卷」條曰：

> 司諫延平陳瓘瑩中撰。專辨王安石《日錄》之誣僭不孫，與配食坐像之爲不恭。瓘初在諫省，未以安石爲非，合浦所著《尊堯集》，猶回隱不直，末乃悔之，復爲此書。以謂蔡卞專用《日錄》以修《神宗實錄》，薄神考而厚安石，尊私史而壓宗廟，以是編類其語，得六十五條，總而論之，坐此羈管台州。

此褒揚陳瓘能「辨王安石《日錄》之誣僭不孫，與配食坐像之爲不恭」也。

同卷同類「《續通典》二百卷」條曰：

> 翰林學士承旨大名宋白太素等撰。咸平三年奉詔，四年九月書成。起唐至德初，迄周顯德末。王欽若言杜佑《通典》上下數千載，爲二百卷，而其中四十卷爲開元禮。今之所載二百餘年，亦如前書卷數，時論非其重複。

此貶斥《續通典》記事「重複」也。

同卷同類「《本朝事實》三十卷」條曰：

> 右承議郎李攸撰。雜錄故事，不成條貫統紀。

此貶責攸書「雜錄故事，不成條貫統紀」。是則振孫以爲撰作典故類史籍者，必須忠君體國，明辨是非。所編史書須具「條貫統紀」而不「重複」。

又同卷同類「《國朝通典》二百卷」條曰：

> 不著名氏，或言魏鶴山所爲，似方草創未成書也。凡通典、會要，前〈志〉及《館閣書目》皆列之類書。按通典載古今制度沿革，會要專述典故，非類書也。

是振孫認爲通典與會要乃屬典故之書，而非類書。此振孫對撰作典故類史籍之見地也。

九、職　官

職官類之史書，振孫收藏亦富，《解題》著錄時頗有褒貶。《解題》卷六〈職官類〉「《官品纂要》十卷」條曰：

> 唐樂安任戩撰。以官品令爲主，而階職、勳爵隨品具列，歷代沿革頗著其要。戩舉進士不第。爲此書當太和丁未。

是戩此書記官品秩然有序，記沿革「頗著其要」也。

同卷同類「《職官分紀》五十卷」條曰：

富春孫逢吉彥同撰。大抵本《職林》而增廣之，其條例精密，事實詳備矣。

是逢吉此書能「條例精密，事實詳備」，故振孫褒揚之也。

同卷同類「《齊齋臺諫論》二卷」條曰：

尚書霅川倪思正父撰。嘉定初更化，矯韓氏用事之弊，於是爲論三篇，言爲之鷹犬者，罪在臺諫。已而其弊自若也，則又爲續論六篇，言其情狀益精詳。凡爲臺諫之所以得，所以失者，至矣，盡矣。

是倪思此書言臺諫之得失「至矣，盡矣」，振孫又從而推譽之。

至《唐六典》及《金國官制》諸書，振孫則貶斥殊甚。同卷同類「《唐六典》三十卷」條曰：

題御撰，李林甫等奉敕注。……今案《新書・百官志》皆取此書，即太宗貞觀六年所定官令也。〈周官〉六職，視《周禮》六典，已有邦土、邦事之殊，不可攷證。〈唐志〉內外官與周制迥然不同，而強名「六典」，可乎？善乎范太史祖禹之言曰：「既有太尉、司徒、司空，而又有尚書省，是政出於二也；既有尚書省，而又有九寺，是政出於三也。」本朝裕陵好觀《六典》，元豐官制盡用之，中書造命，門下審覆，尚書奉行，機事往往留滯，上意頗以爲悔也。

是振孫甚不滿唐代政制，以其政出多門，貽誤機事。而於《唐六典》，即其書之命名亦不以爲然。

同卷同類「《金國官制》」條曰：

虜雍僞大定年所頒。竊取唐及本朝舊制，以文其腥膻之俗，馬非馬，驢非驢，龜兹王所謂贏者耶。

宋、金既爲敵國，而此書乃竊取唐、宋舊制以文其腥膻。「馬非馬，驢非驢」，故振孫給予劣評。此頗見振孫民族觀念固甚強烈也。

綜上所述，則振孫以爲撰作職官類史籍者，其書須「條例精密，事實詳備」，且於歷代沿革「頗著其要」；切忌竊取舊制，隨意襲用，「馬非馬，驢非驢」，則終致貽誤政事。此振孫對職官類史籍撰作之見地也。

十、禮　注

《解題》著錄禮注類之書，凡四十餘種。振孫於此類著作，亦有評論其得失、優劣者。《解題》卷六〈禮注類〉「《開元禮》一百五十卷」條曰：

> 唐集賢院學士蕭嵩、王仲丘等撰。唐初有《貞觀》、《顯慶禮》，儀注不同，而《顯慶》又出於許敬宗希旨傅會，不足施用。開元十四年，通事舍人王嵒請刪《禮記》舊文，而益以今事。張說以爲《禮記》不可改易，宜折衷《貞觀》、《顯慶》以爲唐禮。乃詔徐堅、李銳、施敬本撰述，蕭嵩、王仲丘繼之。書成，唐之五禮之文始備，於是遂以設科取士。《新史・禮樂志》大略采摭著于篇。然唐初已降凶禮於五禮之末，至顯慶，遂削去〈國恤〉一篇。則敬宗諂諛諱惡、鄙陋亡稽，卒不能正也。

此批評許敬宗「諂諛諱惡、鄙陋亡稽」，削去〈國恤〉一篇之失也。

同卷同類「《天聖鹵簿圖記》十卷」條曰：

> 翰林學士常山宋綬公垂撰。始太祖朝鹵簿以繡易畫，號「繡衣鹵簿」。眞宗時，王欽若爲《記》二卷，闕於繪事，弗可詳識。綬與馮元、孫奭受詔質正古義，傅以新制，車騎、人物、器服之品，皆繪其首者，名同飾異，亦別出焉。天聖六年十一月上之，其攷訂援證，詳洽可稽。

此則推崇綬所撰書有「攷訂援證，詳洽可稽」之優點。

《解題》著錄禮注之書，亦有考及北宋開國之初天子躬行大饗禮沿革始末者。同卷同類「《大饗明堂記》二十卷、《紀要》二卷」條曰：

> 宰相河汾文彥博寬夫等撰。國朝開創以來，三歲親郊，未嘗躬行大饗之禮。皇祐二年二月，詔以季秋擇日有事於明堂，而罷冬至郊祀。直龍圖閣王洙言：「國家每歲大饗，止於南郊寓祭，不合典禮。古者明堂、宗廟、路寢同制，今大慶殿即路寢也，九月親祀，當於大慶殿行禮。」詔用其言。禮成，命彥博及次相宋庠、參預高若訥編修爲《記》。上親製序文。已而彥博以簡牘繁多，別爲《紀要》。首載聖訓，欲以大慶爲明堂禮官之議，適與聖意合云。

是大饗禮始未躬行，至皇祐二年二月，以王洙上言，九月親祀，仁宗方於大慶殿行大饗禮也。

綜上所述，是《解題》於北宋初天子躬行大饗禮始末，頗有考述。又認爲禮注類書籍，其編撰者須「攷訂援證，詳洽可稽」，而不能任意刪削，以蹈許敬宗「諂諛諱惡、鄙陋亡稽」之失。此振孫對禮注類史籍撰作之見地也。

十一、時　令

《解題》著錄時令類書籍，前有小序，曰：

前史時令之書，皆入〈子部・農家類〉。今案諸書上自國家典禮，下及里閭風俗悉載之，不專農事也。故《中興館閣書目》別爲一類，列之史部。是矣，今從之。

蓋振孫以時令類書籍，不專記農事，故不宜入〈子錄・農家類〉，乃改據《中興館閣書目》，列之〈史錄・時令類〉。如是處置，實事求是，最爲適宜。

時令之書，《解題》著錄僅十二種。振孫最推譽者爲杜臺卿《玉燭寶典》。《解題》卷六〈時令類〉「《玉燭寶典》十二卷」條曰：

隋著作郎博陵杜臺卿少山撰。以〈月令〉爲主，觸類而廣之，博采諸書，旁及時俗，月爲一卷，頗號詳洽。開皇中所上。

由是可知，編撰時令類書籍，須博采群書，以詳洽爲允。此類書籍既上自國典，而旁及時俗，所載資料又不專記農事，故振孫列之〈史錄・時令類〉。能作如此分類，既不襲用前史，而又能明辨細察，具實事求是之功效。此振孫對撰作時令類書籍所提出之見地也。

十二、傳　記

振孫於傳記類之書，凡著錄於《解題》者，多不甚愜意，《解題》卷七〈傳記類〉「《黃帝內傳》一卷」條曰：

〈序〉云：「籛鏗遊衡山得之石室，劉向校中秘書傳於世。」誕妄不經，方士輩所託也。

同卷同類「《梁四公記》一卷」條曰：

唐張說撰。……其所記多誕妄，而四公名姓尤怪異無稽，不足深辨。

此振孫對上述二書之「誕妄不經」及「怪異無稽」，皆有所非議也。

同卷同類「《錦里耆舊傳》八卷、《續傳》十卷」條曰：

前應靈縣令平陽句延慶昌裔撰。……其詞蕪穢。

同卷同類「《上庠後錄》十二卷」條曰：

三山周士貴撰。記中興太學事，頗疎略。

此則非議上述二書「疎略」與「蕪穢」也。

振孫一貫醜詆王安石新政，故於《熙寧日錄》一書，尤深予痛斥。同卷同類「《熙寧日錄》四十卷」條曰：

丞相王安石撰。本朝禍亂萌于此書，陳瓘所謂「尊私史而壓宗廟」者。其彊愎堅辯，足以熒惑主聽，鉗制人言。當其垂死，欲秉畀炎火，豈非其心亦有所愧悔歟？既不克焚，流毒遺禍至今爲梗，悲夫！

於此條中，振孫一謂「本朝禍亂萌于此書」，再謂「既不克焚，流毒遺禍至今為梗」。其厭惡痛恨之情，溢於詞表矣。

同卷同類「《韓文公歷官記》一卷」條曰：

> 新安張敦頤撰。頗疎略。其最誤者，〈序〉言擒吳元濟、出牛元翼為一事。此大謬也。為裴度行軍司馬，在憲宗元和時；奉使鎮州王庭湊，在穆宗長慶時。

此則批評張書所記事既「疎略」而又「大謬」也。

於傳記類諸書中，《解題》所略作推譽者僅二本。同卷同類「《平蜀實錄》一卷」條曰：

> 左藏庫副使康延澤撰。平蜀之役，延澤以內染院使為鳳州路馬軍都監。王全斌等既得罪，延澤亦貶唐州團練使。按本傳載蜀軍二萬七千人，諸將慮其為全師雄內應，欲盡殺之。延澤請簡老弱疾病七千人釋之，餘以兵衛浮江而下，諸將不能用。此書敘述甚詳。

此推譽康書「敘述甚詳」也。

同卷同類「《青唐錄》一卷」條曰：

> 右班殿直李遠撰。元符中取邈川、青唐，已而皆棄之。遠，紹聖武舉人，官鎮洮，奉檄軍前，記其經歷見聞之實，燦然可觀。

此又推譽李書所記經歷見聞之實，「燦然可觀」也。

綜上所述，是振孫認為傳記類之書，記事須詳盡，而忌疎略；須精確，而忌妄誕；用詞須省淨，而忌蕪穢；如所撰之書，有如《熙寧日錄》者，則可秉畀炎火，焚之惟恐不及，無為造禍於當時，而流毒於後世。此振孫對撰作傳記類書籍之見地也。

十三、法　令

《解題》著錄法令之書，振孫亦每加褒貶。《解題》卷七〈法令類〉「《役法撮要》一百八十九卷」條曰：

> 提舉編修宰相京鏜等慶元六年上。自紹興十七年正月以後，至慶元五年七月以前，為五十五門，又八十二小門，門為一卷，外為〈參詳目錄〉等。卷雖多而文甚少。其書於州縣差役，極便於引用。

同卷同類「《營造法式》三十四卷、《看詳》一卷」條曰：

> 將作少監李誡編修。初，熙寧中始詔修定，至元祐六年成書。紹聖四年命誡重修，元符三年上，崇寧二年頒印。前二卷為〈總釋〉，其後曰〈制度〉、曰〈功限〉、曰〈料例〉、曰〈圖樣〉，而壕寨石作，大小木雕鏇鋸作、

泥瓦、彩畫刷飾，又各分類，匠事備矣。

振孫於上述二書，皆予以褒譽。

同卷同類「《嘉泰條法事類》八十卷」條曰：

宰相天台謝深甫子肅等嘉泰二年表上。初，吏部七司有《條法總類》。《淳熙新書》既成，孝宗詔倣七司體，分門修纂，別爲一書，以「事類」爲名，至是以《慶元新書》修定頒降。此書便於檢閱引用，惜乎不併及《刑統》也。

是振孫對此書大褒而小貶之。

同卷同類「《刑名斷例》十卷」條曰：

不著名氏。以《刑統》、《敕令》總爲一書，惜有未備也。

此則貶斥其書有所未備也。

綜上所述，振孫認爲法令類之書，須內容詳備，文辭省淨，能便於檢閱與引用者爲上乘。如《嘉泰條法事類》、《刑名斷例》等書，因有所未備，振孫猶覺可惋也。此振孫對法令類書籍撰作之見地也。

十四、譜　牒

振孫於譜牒之學，於《解題》卷八〈譜牒類〉「《姓源韻譜》一卷」條中考述其源流曰：

古者賜姓別之，黃帝之子得姓者十四人是也；後世賜姓合之，漢高帝命婁敬、項伯爲劉氏是也。惟其別之也則離析，故古者論姓氏，推其本同；惟其合之也則亂，故後世論姓氏，識其本異。自五胡亂華，百宗蕩析，夷夏之裔與夫冠冕輿臺之子孫，混爲一區，不可遽知。此周、齊以來譜牒之學，所以貴於世也歟！

是振孫以爲古者賜姓，始自黃帝。黃帝賜姓以別，後世賜姓以合。惟其別也則離析，故古者論姓氏推其本同；合則亂，故後世論姓氏識其本異。又以爲自五胡亂華，百宗蕩析，不可遽知，故周、齊以來譜學貴於世也。是振孫於譜學源流變衍，甚爲瞭解也。

振孫於譜牒之書，其於《解題》鮮加褒貶，僅「《皇朝百族譜》四卷」條曰：

長沙丁維皋撰。周益公爲之〈序〉。時紹興末也。僅得百二十有三家，其闕遺尚多，未有能續裒集者。

是振孫頗致憾此書資料多所闕遺，而後人未有能續裒集之也。

振孫於譜牒之書，最珍視者厥爲《元和姓纂》。《解題》卷八〈譜牒類〉「《元和姓纂》十卷」條曰：

> 唐太常博士三原林寶撰。元和中，朔方別帥天水閻某者，封邑太原以爲言。上謂宰相李吉甫曰：「有司之誤，不可再也。宜使儒生條其源系，考其郡望，子孫職任，並總緝之。每加爵邑，則令閱視。」吉甫以命寶，二十旬而成。此書絕無善本，頃在莆田以數本參校，僅得七八，後又得蜀本校之，互有得失，然粗完整矣。

是振孫因「此書絕無善本」，故「以數本參校」，而「僅得七八」，「後又得蜀本校之」，始「粗完整」。則其珍視此書，歷經數校而不厭煩如此。

振孫於譜牒書籍，頗重視其編纂方法。蓋姓氏繁多，倘無善法以纂輯之，則查檢之際每多困難，而失其書之妙用。前引「《姓源韻譜》一卷」條曰：

> 唐張九齡撰。依《春秋正典》、柳氏《萬姓錄》、《世本圖》，捃摭諸書，纂爲此《譜》，分四聲以便尋閱。

是此書將姓氏分四聲以編纂，其法至善，故振孫特指出之。

同卷同類「《姓解》三卷」條曰：

> 雁門邵思撰。以偏旁字類爲一百七十門，二千五百六十八氏。景祐二年序。

是此書用偏旁字分一百七十門，以類二千五百六十八氏，以簡御繁，亦法之善者。

同卷同類「《千姓編》一卷」條曰：

> 不著名氏。……以《姓苑》、《姓源》等書，撮取千姓，以四字爲句，每字爲一姓，題曰《千姓編》。三字亦三姓也，逐句文義亦頗相屬，殆《千字文》之比云。

是此書效《千字文》之法以編就，甚具條理，而「逐句文義亦頗相屬」，故體制亦佳。

綜上所述，則振孫不惟於譜學之源流衍變頗具瞭解，又認爲譜牒書籍之編纂，須具良方善法，以增其效用；其於林寶《元和姓纂》，曾以數本參校，庶令其書粗得完整。此皆振孫之譜學見地與成效也。

十五、目　錄

振孫以目錄學見長，故《解題》著錄目錄之書，於其優劣利病，多加評騭，且每深入肯綮。其推譽之書，如卷八〈目錄類〉「《金石錄》三十卷」條曰：

> 東武趙明誠德甫撰。其所藏二千卷，蓋倣歐陽《集古》，而數則倍之。本朝諸家蓄古器物款式，其考訂詳洽，如劉原父、呂與叔、黃長睿多矣，大抵好附會古人名字，如「丁」字，即以爲祖丁；「舉」字，即以爲伍舉；

「方鼎」，即以爲子產；「仲吉匜」，即以爲偪姞之類。邃古以來，人之生世夥矣，而僅見於簡冊者幾何？器物之用於人亦夥矣，而僅存於今世者幾何？迺以其姓字、名物之偶同而實焉，余嘗竊笑之。惟其附會之過，併與其詳洽者，皆不足取信矣。惟此書〈跋尾〉獨不然，好古之通人也。明誠，宰相挺之之子。其妻易安居士李氏爲作〈後序〉，頗可觀。

是趙書詳洽而不附會，故振孫推譽之，又稱明誠爲「好古之通人」也。

同卷同類「《晁氏讀書志》二十卷」條曰：

昭德晁公武子止撰。其〈序〉言：「得南陽公書五十篋，合其家舊藏得二萬四千五百卷。其守榮州，日夕讎校，每終篇輒論其大指。時紹興二十一年也。」其所發明有足觀者。南陽公，未知何人，或云井度憲孟也。

是晁《志》於著錄之書皆「論其大指」，且「所發明有足觀者」，故振孫予以推譽。其所撰《書錄解題》，亦有取資《讀書志》者。

同卷同類「《鄭氏書目》七卷」條曰：

莆田鄭寅子敬以所藏書爲七錄，曰經，曰史，曰子，曰藝，曰方技，曰文，曰類。寅，知樞密院僑之子，博文彊記，多識典故。端平初召爲都司，執法守正，出爲漳州以沒。

是鄭《目》以七錄之法著錄藏書，其著錄突破四部，而分類多創意，故振孫注意及之。

《解題》卷十四〈音樂類〉小序曰：

劉歆、班固雖以《禮》、《樂》著之〈六藝略〉，要皆非孔氏之舊也，然《三禮》至今行於世，猶是先秦舊傳。而所謂《樂》六家者，影響不復存矣。竇公之〈大司樂章〉既已見於《周禮》，河間獻王之〈樂記〉亦已錄於《小戴》，則古樂已不復有書。而前〈志〉相承，迺取樂府、教坊、琵琶、羯鼓之類，以充樂類，與聖經並列，不亦悖乎！晚得鄭子敬氏《書目》獨不然，其爲說曰：「儀注、編年，各自爲類，不得附於《禮》、《春秋》，則後之樂書，固不得列於六藝。」今從之，而著於〈子錄・雜藝〉之前。

觀是，則知「儀注、編年，各自爲類，不得附於《禮》、《春秋》，則後之樂書，固不得列於六藝」之主張，乃創自鄭寅。《解題・史錄》有〈編年類〉、〈禮注類〉，不附於經；又不立〈樂類〉，而於〈子錄〉另立〈音樂類〉，以著錄「後之樂書」；如此處理，實深受鄭寅影響與啓迪。故振孫《解題》對鄭寅每多褒譽也。

振孫於目錄書中，頗貶斥《博古圖說》與《宣和博古圖》，以其傅會牽合也。《解題》卷八〈目錄類〉「《博古圖說》十一卷」條曰：

秘書郎邵武黃伯思長睿撰。有〈序〉。凡諸器五十九品，其數五百二十七；印章十七品，其數二百四十五。案李丞相伯紀爲長睿志墓，言所著〈古器說〉四百二十六篇，悉載《博古圖》。今以《圖說》考之，固多出於伯思，亦有不盡然者。又其名物亦頗不同，錢、鑑二品至多，此所載二錢、二鑑而已。《博古》不載印章，而此印章最夥。蓋長睿沒於政和八年，其後修《博古圖》頗采用之，而亦有所刪改云爾。其書大抵好傅古人名字，說已見前。

同卷同類「《宣和博古圖》三十卷」條曰：

宣和殿所藏古器物，圖其形製，而記其名物，錄其款識。品有〈總說〉，以舉其凡。而物物考訂，則其目詳焉。然亦不無牽合也。

是此二書或傅會，或牽合，考核雖詳，然亦失其眞，振孫不以爲然也。

至《中興館閣書目》及《館閣續書目》二書，振孫則指責其疎謬與草率。同卷同類「《中興館閣書目》三十卷」條曰：

秘書監臨海陳騤叔進等撰。淳熙五年上之。中興以來，庶事草創，網羅遺逸，中秘所藏，視前世獨無歉焉，殆且過之。大凡著錄四萬四千四百八十六卷，蓋亦盛矣。其間考究疎謬，亦不免焉。

同卷同類「《館閣續書目》三十卷」條曰：

秘書丞吳郡張攀從龍等撰。嘉定十三年上。以淳熙後所得書，纂續前錄，草率尤甚。凡一萬四千九百四十三卷。

是此二書，或網羅雖富，而考究不免疎謬；或雖纂續前錄，而草率尤甚；故振孫斥責之也。

綜上所述，是振孫於目錄之書，力主考證詳洽而發明足觀，著錄書籍不妨如鄭寅《書目》之有創意而求突破。惟撰作解題必須力避附會與牽合，勿蹈疎謬與草率。此振孫對編撰目錄學書籍所提出之意見也。

十六、地　理

《解題·史錄》著錄地理類書籍最爲富贍，振孫對此類書籍亦每加褒貶。至其最所褒譽之地理類書籍即爲記述詳明與刊刻精緻者。《解題》卷八〈地理類〉「《皇朝方域志》二百卷」條曰：

東陽布衣王希先撰。凡前代謂之〈譜〉，十六譜爲八十卷；本朝謂之〈志〉，爲一百二十卷。〈譜〉敘當時事實，而注以今之郡縣；〈志〉述今日疆理，而系於古之州國。古今參考，〈譜〉、〈志〉互見，地理學之詳明者，無以過此矣。嘉熙二年上于朝，得永免文解。其父玠，本建寧人，己未進士，試詞科不中，頗該洽。希先述其遺稿，以成此書。

同卷同類「《襄陽志》四十卷」條曰：

郡守朐山高夔命教授吳興劉宗、幕官上蔡任洐編纂。爲書既詳備，而刊刻亦精緻，圖志之佳者。

上述二書以記述詳明，而刊刻精緻，故見譽於直齋也。

至地志書能創通義例，分門別類，亦爲振孫所喜愛。同卷同類「《永嘉譜》二十四卷」條曰：

禮部侍郎郡人曹叔遠器遠撰。曰〈年譜〉、〈地譜〉、〈名譜〉、〈人譜〉。時紹熙三年，太守宛陵孫楙屬器遠裒集，創爲義例如此。

同卷同類「《吳興統記》十卷」條曰：

攝湖州長史左文質撰。分門別類，古事頗詳。〈序〉稱甲辰歲者，本朝景德元年也。

是上述二書或創通義例，或分門別類，其撰作形式均有所創新，故亦爲振孫所推崇。

惟振孫於地理類書籍，亦有指斥其缺點而深表不滿者。同卷同類「《桂林志》一卷」條曰：

靜江教授江文叔編。時乾道五年，張維爲帥。撰次疎略，刊刻草率，亦不分卷次。

同卷同類「《吳興志》二十卷」條曰：

樞密院編修郡人談鑰元時撰。嘉泰元年也。其爲書草率，未得爲盡善。

同卷同類「《高郵志》三卷、《續修》十卷」條曰：

興化縣主簿孫祖義撰。郡守趙不慚刻之。淳熙四、五年間也。其書在圖志中最爲疎略。嘉定中，守汪綱再修，稍詳定矣。

是上述三書均以撰次疎略、草率，而爲振孫貶斥也。

綜上所述，則振孫認爲編撰地理書，以詳明爲上，並須創通義例，於形式上求突破，而切忌撰次疎略、刊刻草率。此振孫於地志撰作之見地也。

至振孫一生喜遊歷，讀《解題》卷八〈地理類〉「《天台山記》一卷」條，即可略悉其好尚。至振孫喜讀地志書，其目的有二：一以發思古之幽情，二以作臥遊之助。同卷同類「《晉陽事跡雜記》十卷」條曰：

唐河東節度使李璋纂。〈序〉言四十卷。〈唐志〉亦同，今刪爲十卷。蓋治平中太原府所刻本也，從莆田李氏借錄。自南渡以來，關河阻絕，圖志泯亡，得見一二僅存者，猶足以發傷今思古之歎。然唐并州治晉陽、太原二縣，國初克復，徙治陽曲，而墟其故。二縣後皆併省，則唐之故跡，皆不復存矣。

此振孫藉讀地理書，「以發傷今思古之歎」也。

同卷同類「《續成都古今集記》二十二卷」條曰：

知府事王剛中居正撰。寔紹興三十年。余嘗手寫〈洛陽名園記〉，而題其後曰：「晉王右軍聞成都有漢時講堂，秦時城池、門屋、樓觀，慨然遠想，欲一遊目。其與周益州帖，蓋數致意焉。近時呂太史有感於宗少文臥遊之語，凡昔人紀載人境之勝，錄爲一編。其奉祠亳社也，自以爲譙、沛眞源，恍然在目，而兗之太極、嵩之崇福、華之雲臺，皆將臥遊之。噫嘻！弧矢四方之志，高人達士之懷，古今一也。顧南北分裂，蜀在境内，雖遠，患不往爾，往則至矣。亳、兗、嵩、華，視蜀猶邇封也，欲往，其可得乎？然則太史之情，其可悲也已！余近得此〈記〉，手寫一通，與〈東京記〉，〈長安〉、〈河南志〉、〈夢華錄〉諸書並藏，而時自覽焉，是亦臥遊之意云爾。」于時歲在己丑，蜀故亡恙也。後七年而有虜禍，秦、漢故跡，焚蕩無遺，今其可見者，惟此二〈記〉耳，而板本亦不可復得矣。嗚呼，悲夫！

此振孫藉讀地理書以作臥遊之助也。蓋南宋之世，神州土壤，半淪敵手，振孫欲遊而無從，故不覺於《解題》中發其憂幽悲憤之思，以表達其愛國懷土之情矣。

以上分十六項介紹振孫評論各類史籍撰作之見地，於褒貶之際，每表見其史學與史才。惟史有四長，至振孫之史德與史識，則於其評論古今人物中每可得而見之。

振孫極勇於批評古今人物，前文引述其評司馬遷、王莽、曹操、陳壽、顏師古、武則天、許敬宗、宋庠、王安石、蔡卞、龔頤正、鄭寅諸人，當可見其梗概。惟《解題・史錄》中如斯之評論仍所在多有，茲不妨再選取若干例，分述如下：

振孫評論之古今人物，約分三類。

第一類爲政治人物，如上述之王莽、曹操、武則天、王安石等是也。《解題》卷六〈職官類〉「《唐六典》三十卷」條有評及宋神宗者，此條曰：

題御撰，李林甫等奉敕注。……本朝裕陵好觀《六典》，元豐官制盡用之，中書造命，門下審覆，尚書奉行，機事往往留滯，上意頗以爲悔云。

裕陵指神宗。是謂神宗頗能警覺感悟，知錯而有悔改意也。

振孫最不贊同新政，於主持新政之小人如蔡京、呂惠卿輩抨擊尤烈。《解題》卷五〈雜史類〉「《國史後補》五卷」條曰：

蔡絛撰。絛，京之愛子。京末年事皆出絛。絛兄攸既叛父，亦與絛

> 不咸。此書大略爲其父自解，而滔天之惡，終有不能隱蓋者。其間所載宮闈禁密，非臣庶所得知，亦非臣庶所宜言。既出條筆，事遂傳世，殆非人力也。

此抨擊蔡京「滔天之惡，終有不能隱蓋者」。

《解題》卷六〈職官類〉「《縣法》一卷」條曰：

> 北京留守溫陵呂惠卿吉甫撰。曰法令、詞訟、刑獄、簿歷、催科、給納、災傷、盜賊、勸課、教化，凡十門。爲縣之法備於此矣，雖今古事殊，而大體不能越也。惠卿，小人之雄，於材術固優。然法令居首，而教化乃居其末，不曰俗吏，而謂之何哉！

此又醜詆呂惠卿爲「俗史」，爲「小人之雄」也。

惟敢於反對新政，屢建軍功之游師雄，振孫則褒譽之。《解題》卷七〈傳記類〉「《元祐分疆錄》卷三」條曰：

> 直龍圖閣京兆游師雄景叔撰。元祐初，議棄西邊四寨，執政召師雄問之，對曰：「先帝棄之可也，主上棄之則不可。且示弱夷狄，反益邊患。」爭之甚力，不聽，卒棄之。四寨者：葭蘆、米脂、浮屠、安疆也。夏人以事出望外，萌侵侮之心，連年犯順，皆如師雄所料。此書前三卷記當時論辨本末，後一卷行實，不知何人作也。是歲，師雄被命行邊，請以便宜行事。夏人與鬼章謀寇熙河。師雄說劉舜卿出師，种誼遂破洮州，擒鬼章以獻，其功偉矣。元祐諸老固欲休兵息民，師雄言既不行，功復不賞，殆以專反熙、豐，失于偏滯，終成紹述之禍，亦有以也。

此稱讚師雄能說劉、种出師以破洮州，「擒鬼章以獻，其功偉矣」；又惆惜其因「專反熙、豐，失于偏滯」，而「終成紹述之禍」。

其第二類爲學術人物，如上述司馬遷、顏師古等是也。振孫於史遷撰《史記》，師古注《漢書》，皆給予極高之評價。惟於魏收撰《魏書》，則評爲「以史招怨」。《解題》卷四〈正史類〉「《後魏書》一百三十卷」條曰：

> 北齊中書令兼著作郎鉅鹿魏收伯起撰。始，魏初鄧彥海撰《代記》十餘卷；其後，崔浩典史爲編年體，李彪始分作紀、表、志、傳。收搜採遺亡，綴續後事，備一代史籍上之。時論言收著史不平，詔與諸家子孫共加論討，前後訴者百有餘人，眾口諠然，號爲「穢史」。僕射楊愔、高德正與收皆親，抑塞訴辭，遂不復論。今〈紀〉闕二卷，〈傳〉闕二十二卷，又三卷不全，〈志〉闕〈天象〉二卷。收既以史招怨，齊亡之歲，竟遭發冢棄骨之禍。

是抨擊魏收因「著史不平」，其所撰《魏書》，時號「穢史」，終致「以史招怨」，齊亡後「竟遭發冢棄骨之禍」。

司馬光撰《涑水記聞》，記及呂夷簡數事，司馬伋因呂氏子孫而諱之，毀其板，振孫大不以爲然。《解題》卷五〈雜史類〉「《涑水記聞》十卷」條曰：

> 司馬光撰。此書行於世久矣，其間記呂文靖數事，呂氏子孫頗以爲諱，蓋嘗辨之，以爲非溫公全書，而公之曾孫侍郎伋季思遂從而實之，上章乞毀板。識者以爲譏。

是振孫於司馬伋之畏懼權貴，不忠事實，隱瞞眞相，引以爲譏也。

至林希依附章惇，首鼠兩端，振孫亦抨擊之。同卷同類「《林氏野史》八卷」條曰：

> 同知樞密院長樂林希子中撰。希不得志於元祐，起從章惇，甘心下遷西掖，草諸賢謫詞者也。而此書記熙寧、元豐以來事，頗平直，不類其所爲。或言此書作於元祐之前，其後時事既變，希亦隨之，書藏不毀。久而時事復變，其孫懋於紹興中始序而行之耳。

是希雖著《林氏野史》「記熙寧、元豐以來事，頗平直」，然其「起從章惇，甘心下遷西掖，草諸賢謫詞」，則屬人而無品，見利忘義之輩，故振孫亦指摘其未是。

至洪遵一門多士，趙珣恂恂儒者，謝諤君子樂易，對上述學術人物，振孫則推而尊之。《解題》卷六〈職官類〉「《翰苑群書》三卷」條曰：

> 學士承旨鄱陽洪遵景嚴撰。自李肇而下十一家及〈年表〉、〈中興後題名〉共爲一書，而以其所錄〈遺事〉附其末，總爲三卷。遵後至簽樞，父皓、兄邁、弟适，四人入翰苑，可謂盛矣。

同書卷七〈傳記類〉「《陝西聚米圖經》五卷」條曰：

> 閤門通事舍人雄州趙珣撰。珣父振，博州防禦使，久在西邊。珣訪得五路徼外山川道里，康定二年爲此書。韓魏公經略言於朝，詔取其書，召見。執政呂許公、宋莒公言用兵以來，策士之言以千數，無如珣者。擢涇原都監，定川之敗死焉。珣勁特好學，恂恂類儒者，人皆惜之。

同卷同類「《孝史》五十卷」條曰：

> 太學博士新喻謝諤昌國撰集。曰〈君紀〉五、〈后德〉一、〈宗表〉五、〈臣傳〉三十五、〈文類〉二、〈夷附〉一。諤後至御史中丞，淳熙名臣，樂易君子也。

上述三條乃推尊洪遵、趙珣、謝諤者也。

第三類乃評論不同類型之人物，如汪季良、李繁、滕賡、鄭翁歸、何異等。《解題》卷五〈典故類〉「《平陽會》四卷」條曰：

　　通直郎知平陽縣汪季良子駟撰。平陽號難治，爲浙東「三陽」之冠，季良治有聲。迺以一邑財計，自兩稅而下，爲二十一篇，終於歲會，旁通沿革，本末大略備矣。又爲〈外篇〉五條，如砧基副本、催科檢放及書手除科數之類，以爲此財用所從出也。季良，端明應辰之孫，佳士且能吏也。得年不永，士論惜之。

此評季良爲「佳士」，且屬「能吏」也。

同書卷七〈傳記類〉「《鄴侯家傳》十卷」條曰：

　　唐亳州刺史京兆李繁撰。繁，宰相泌之子。坐事下獄，知且死，恐先人功業泯滅，從吏求廢紙拙筆爲傳。按《中興書目》有柳玭〈後序〉，今無之。繁嘗爲通州，韓退之〈送諸葛覺詩〉所謂「鄴侯家多書，插架三萬軸」者也，其曰：「行年餘五十，出守數已六；屢爲丞相言，雖懇不見錄。」則韓公于繁亦拳拳矣。《新》、《舊》史本傳稱繁無行，漏言裴延齡以誤陽城，師事梁肅而烝其室，殆非人類。然則韓公無乃溢美，而所述其父事，庸可盡信乎！

此又痛斥李繁之「無行」，烝人之室，「殆非人類」。

同卷同類「《滕公守台錄》一卷」條曰：

　　不著名氏。睢陽滕膺子勤爲台州戶曹，方臘之亂，仙居人呂師囊應之，攻城甚急。膺佐太守備禦，卒全一城，郡人德之，至今廟食。〈行狀〉、〈事實〉，聚見此編。膺後至直秘閣、京西漕而終。

此評滕膺「佐太守備禦，卒全一城」，故「郡人德之，至今廟食」也。

同卷同類「《夾漈家傳》一卷」條曰：

　　莆田鄭翁歸述其父樵漁仲事跡。樵死時，翁歸年八歲，安貧不競，頃佐莆郡時猶識之。

此評翁歸能「安貧不競」也。

同書卷八〈地理類〉「《何氏山莊次序本末》一卷」條曰：

　　尚書崇仁何異同叔撰。其別墅曰三山小隱。「三山」者，浮石山、巖石山、玲瓏山，其實一山也。周回數里，敘其景物次序爲此編。自號月湖，標韻清絕，如神仙中人。膺高壽而終，其山聞今蕪廢矣。

此評何異「標韻清絕，如神仙中人」也。

綜上所述，則振孫評論古今人物，均能一秉董狐之筆，不畏權勢，而作忠實確當之批評，其史德與史識，殊令人欽仰不已也。

第四章　陳振孫之史學目錄學

陳振孫以目錄學名家，所撰《直齋書錄解題》一書蜚聲於時。余前撰作《陳振孫之經學及其〈直齋書錄解題〉經錄考證》，其中第四章乃爲〈陳振孫之經學目錄學〉。於該章中，嘗分別探討及振孫於宋代目錄學史上之地位、《解題》之體制、《解題》經錄之分類、《解題》經錄著錄書名之方式、《解題》經錄撰寫解題之義例各項。爲避免重複，本章擬集中於考論《解題》史錄之分類，《解題》史錄著錄書名之方式、《解題》史錄撰寫解題之義例三項。

一、《解題》史錄之分類

吾國圖書之四部分類法，肇始於晉荀勗因魏鄭默《中經》而撰之《中經新簿》。《隋書》卷三十二〈志〉第二十七〈經籍〉一〈經〉曰：

> 魏氏代漢，采掇遺亡，藏在祕書、中、外三閣。魏祕書郎鄭默始制《中經》，祕書監荀勗又因《中經》更著《新簿》。分爲四部，總括群書。一曰甲部，紀六藝及小學等書；二曰乙部，有古諸子家、近世子家、兵書、術數；三曰丙部，有《史記》、舊事、《皇覽簿》、雜事；四曰丁部，有詩賦、圖讚、《汲冢書》。大凡四部，合二萬九千九百四十五卷。

是荀氏《中經新簿》始分四部，而以經、子、史、集爲序也。清錢大昕〈補元史藝文志序〉曰：

> 晉荀勗撰《中經簿》，始分甲、乙、丙、丁四部，而子猶先於史。至李充爲著作郎，重分四部。《五經》爲甲部，《史記》爲乙部，諸子爲丙部，詩賦爲丁部，而經、史、子、集之次始定。

是至李充重分四部，乃更以經、史、子、集爲序。振孫《解題》一書，分經、史、子、集四錄作解題，其書雖不稱「部」而稱「錄」，然其分類方法，實以李充之書爲椝矱也。振孫之前，恪守四部之法以著錄群書之目錄書籍，現存者計爲《隋書・經籍志》、《舊唐書・經籍志》、《新唐書・藝文志》、《崇文總目》、《郡齋讀書志》等五種。茲試將《解題》史錄之分類，與上述五書史部之分類，列表作一比較，以觀《解題》史錄分類法傳承與獨創之所在，及此六種目錄書籍於史部分類方面彼此之分合異同與正誤得失。

	隋　志	舊唐志	新唐志	崇文總目	讀書志	解　題
史部	正史類	正史類	正史類	正史類	正史類	正史類
	古史類	編年類	編年類	編年類	編年類	別史類
	雜史類	雜史類	雜史類	實錄類	實錄類	編年類
	霸史類	僞史類	僞史類	雜史類	雜史類	起居注類
	起居注類	起居注類	起居注類	僞史類	僞史類	詔令類
	舊事類	故事類	故事類	職官類	史評類	僞史類
	職官類	職官類	職官類	儀注類	職官類	雜史類
	儀注類	雜傳類	雜傳記類	刑法類	儀注類	典故類
	刑法類	儀注類	儀注類	地理類	刑法類	職官類
	雜傳類	刑法類	刑法類	氏族類	傳記類	禮注類
	地理類	目錄類	目錄類	歲時類	地理類	時令類
	譜系類	譜牒類	譜牒類	傳記類	譜牒類	傳記類
	簿錄類	地理類	地理類	目錄類	目錄類	法令類
						譜牒類
						目錄類
						地理類

綜觀上表所列，是〈正史〉、〈雜史〉、〈職官〉、〈地理〉四類均六書所同有，而排列次第各書偶有未同，惟《解題》與彼五書傳承之迹，則昭然可睹。至〈隋志〉之〈古史〉、〈霸史〉、〈譜系〉、〈簿錄〉四類，《解題》與其餘四書均作〈編年〉、〈僞史〉、〈譜牒〉、〈目錄〉，此四類之名稱，自〈舊唐志〉始已與〈隋志〉有所不同。〈起居注類〉或稱〈實錄類〉，然觀六書於此類中所著錄之書，其範圍則不盡一致。〈隋書〉所著錄凡四十四部，全屬起居注類之書；〈舊〉、〈新唐志〉除起居注外，兼附實

錄與詔令；《崇文總目》不收起居注，所著錄者均爲實錄，凡三十三部；《郡齋讀書志》亦不收起居注，然其〈實錄類〉中則著錄有《元符庚辰以來詔旨》三卷，又有《邵氏辨誣》一卷，是其書亦兼收詔令。至《郡齋讀書志》將《邵氏辨誣》一卷收歸〈實錄〉，則體例殊不純也。《解題》於〈起居注類〉有小序，曰：

〈唐志·起居注類〉，實錄、詔令皆附焉。今惟存《穆天子傳》及《唐創業起居注》二種，餘皆不存。故用《中興館閣書目》例，與實錄共爲一類，而別出詔令。

是振孫以起居注書僅存二種，故依陳騤《中興館閣書目》之例，與實錄合類，而別出〈詔令類〉。其著錄之法，顯與其餘五書不盡相同。〈隋志〉之〈舊事類〉，兩〈唐志〉均改稱〈故事類〉，而《解題》則稱〈典故類〉。〈儀注類〉與〈刑法類〉之稱謂，〈隋志〉等五者同，而《解題》則更作〈禮注類〉與〈法令類〉。〈雜傳類〉，〈隋志〉、〈舊唐志〉同，〈新唐志〉作〈雜傳記類〉，《崇文總目》、《郡齋讀書志》與《解題》則更作〈傳記類〉。《崇文總目》有〈歲時類〉，《解題》作〈時令類〉，並有小序，曰：

前史時令之書，皆入〈子部·農家類〉。今案諸書，上自國家典禮，下及里閭風俗悉載之，不專農事也。故《中興館閣書目》別爲一類，列之〈史部〉，是矣。今從之。

是《解題》將〈時令類〉隸〈史部〉，殆依《中興館閣書目》。惟《中興館閣書目》之〈史部〉收〈時令類〉，實據《崇文總目》之〈歲時類〉而略作名稱之更動，振孫似未注意及之。〈史評類〉，則僅《郡齋讀書志》有之。惟《解題·集錄》有〈文史類〉，其中著錄有唐劉知幾《史通》二十卷、唐柳璨《史通析微》十卷、唐劉餗《史例》三卷，則屬史評類之書也。〈別史類〉乃振孫所獨創，前此目錄書籍未有此類。紀昀《四庫全書總目》卷五十〈史部〉六〈別史類〉小序曰：

漢〈藝文志〉無史名，《戰國策》、《史記》均附見於《春秋》。厥後著作漸繁，〈隋志〉乃分〈正史〉、〈古史〉、〈霸史〉諸目。然梁武帝、元帝實錄列諸〈雜史〉，義未安也。陳振孫《書錄解題》創立〈別史〉一門，以處上不至於正史，下不至於雜史者。義例獨善，今特從之。

是振孫於目錄分類學上實有所獨創，故《四庫全書總目》推崇之。至〈詔令類〉，《解題》據《中興館閣書目》，於〈起居注類〉外別出之，至爲合理。蓋起居注所記者乃人君言行動止之事，而詔令則爲王言之所敷，以號令臣下者。二者有所不同，確有別出而不與起居注、實錄相混之必要。故《解題》別出詔令，較之〈舊〉、〈新唐志〉附詔令於起居注中，其分類見解之高下，夐乎遠矣。

二、《解題》史錄著錄書名之方式

《解題》經錄著錄書名之方式凡四種，余嘗考之詳矣。〔註 1〕至於史錄之部著錄書名之方式，有與經錄相同者，亦有溢出經錄之外者。大別言之，其方式有九：

甲、先著錄書名，後著錄卷數，如：

《史記》一百三十卷 見〈正史類〉

《高氏小史》一百三十卷 見〈別史類〉

《漢紀》三十卷 見〈編年類〉

乙、一書中如包含兩種以上之內容，或有其他附錄之材料者，則一併詳予著錄，如：

《豫章職方乘》三卷、《後乘》十二卷 見〈地理類〉。 案：此一書中包含兩種內容之例。

《燕北雜錄》五卷、〈西征寨地圖〉附 見〈地理類〉。 案：「圖」乃所附之材料。

《趙丞相行實》一卷、《附錄》二卷 見〈傳記類〉。

丙、一書兼包兩種以上不同之部分，惟撰者同屬一人，其著錄方式如：

《續百官公卿表》十卷、《質疑》十卷 見〈編年類〉。 案：此書蔡幼學撰，《質疑》乃對《表》攷異之部。

《大饗明堂記》二十卷、《紀要》二卷 見〈禮注類〉。 案：此書文彥博撰，後以卷帙繁多，別為《紀要》。

《呂忠穆家傳》一卷、《逢辰記》一卷、《遺事》一卷 見〈傳記類〉。 案：此書不著名氏，三部分所記者皆屬建炎丞相呂頤浩事。

丁、同條著錄兩書，而撰者則同屬一人。其方式爲：

《南史》八十卷、《北史》八十卷 見〈別史類〉。 案：二書同屬李延壽撰。

《思陵大事記》三十六卷、《阜陵大事記》二卷 見〈編年類〉。 案：二書同屬李燾撰。

《夾漈書目》一卷、《圖書志》一卷 見〈目錄類〉。 案：二書同屬鄭樵撰。

戊、同條著錄兩書，而撰者分屬兩人。其方式爲：

《國璽傳》一卷、《傳國璽記》一卷 見〈典故類〉。 案：《傳》，無名氏所記；《記》，

〔註 1〕請參考《陳振孫之經學及其〈直齋書錄解題〉經錄考證》第四章〈陳振孫之經學目錄學〉一〈有關《解題》之體制〉。

嚴士元所撰。

《續翰林志》一卷、《次續志》一卷　見〈職官志〉。　案：《續志》，蘇易簡撰；《次續志》，易簡子耆所撰。

《錦里耆舊傳》八卷、《續傳》十卷　見〈傳記類〉。　案：《傳》，句延慶撰；《續傳》，張緒撰。

己、同條著錄兩書，其卷數相同者，有作如下方式之著錄：

《官制》、《學制》各一卷　見〈職官類〉。

庚、著錄書名、卷數，而兼涉版本者，其方式如：

《神宗實錄》朱墨本二百卷　見〈起居注類〉。

辛、著錄書籍多種，各具卷數，而又另著總卷數，其方式如：

《慶元敕》十二卷、《令》五十卷、《格》三十卷、《式》三十卷、《目錄》一百二十二卷、《隨敕申明》十二卷，總二百五十六卷　見〈法令類〉。

《紹興監學法》二十六卷、《目錄》二十五卷、《申明》七卷、《對修釐正條法》四卷，總六十二卷　見〈法令類〉。

壬、同條著錄二書，而卷數合爲一卷者，如：

《龍圖閣瑞物寶目》、《六閣書籍圖畫目》共一卷　玉宸殿書數附　**見〈目錄類〉。**

癸、如書無卷數，則僅著錄書名，如：

《金國官制》　見〈職官類〉。

綜上所考，則《解題》史錄之部，其著錄書名方式有十，其中甲、乙、丙、癸四項著錄之法均與經錄相同，其餘五種方式則爲溢出經錄之外者。蓋《解題》史錄所著錄書籍遠較經錄爲多，具體情況有所變遷，則不得不另創新方式以處理之。

三、《解題》史錄撰寫解題之義例

《解題》史錄撰寫解題之義例，有因襲經錄之法者，亦有因應書籍內容之不同，而撰寫義例之法有所創新者。茲各予考論，並略舉實例說明如下：

甲、著錄撰人之義例

1、每書必先著撰人之時代、宦歷、籍貫、姓名、別字。亦有於宦歷下增記封爵者，如撰人有別號亦記之。惟上述任何一項不詳悉者，則付之闕如。撰者爲本朝人，一律不著其時代。撰人爲重見者，則僅著其時代及姓名；本朝人則僅著錄姓名。

《史記》一百三十卷，漢太史令夏陽司馬遷子長撰。　見〈正史類〉。　案：此條乃著錄撰人時代、宦歷、籍貫、姓名、別字之例。

《資治通鑑》二百九十四卷、《目錄》三十卷、《考異》三十卷，丞相溫公河內司馬光君實撰。　見〈編年類〉。　案：此條乃增記封爵之例。

《何氏山莊次序本末》一卷，尚書崇仁何異同叔撰。……自號月湖。　見〈地理類〉。　案：此記撰人別號之例。

《高氏小史》一百三十卷，唐殿中丞高峻撰。　見〈別史類〉。　案：此條乃闕籍貫、別字之例。

《通鑑問疑》一卷，高安劉羲仲壯輿纂集。　見〈編年類〉。　案：此條乃闕宦歷之例。

《水經》三卷、《水經注》四十卷，桑欽撰。後魏御史中尉范陽酈道元善長注。　見〈地理類〉。　案：此條所著之「桑欽」，乃時代、宦歷、籍貫、別字均闕之例。

《唐書糾繆》二十卷，朝請大夫知蜀州成都吳縝廷珍撰。　見〈正史類〉。案：縝，北宋人，故不著其時代。

《貞觀政要》十卷，唐吳兢撰。　見〈典故類〉。　案：撰人重見，僅著其時代及姓名。

《五代史纂誤》五卷，吳縝撰。　見〈正史類〉。　案：吳縝，重見，本朝人，僅著其姓名。

2、其書撰者不止一人，則詳舉各人姓名，或稱某某等撰。如撰者不可考，則云無名氏，無撰人名氏；或不知何人作，不知何人所集，不知作者，不知名氏；或不著撰人名氏，不著作者，不著姓名，不著名氏等。亦有既知撰人姓名矣，而不知其生平事迹者，則云未詳爵里，或未詳何所人。撰人疑而未可信者，則稱某某撰，題某某撰，序稱某某撰。

《三劉漢書標注》六卷，侍讀學士清江劉敞原父、中書舍人劉攽貢父、端明殿學士劉奉世仲馮撰。　見〈正史類〉。

《續通典》二百卷，翰林學士承旨大名宋白太素等撰。　見〈典故類〉。案：以上二條均撰者不止一人之例。

《汴都記》一卷，無名氏。　見〈雜史類〉。

《越絕書》十六卷，無撰人名氏，相傳以爲子貢者，非也。　見〈雜史類〉。

《御史臺記》五卷，不知何人作。　見〈職官類〉。

《十書類編》三卷，不知何人所集。　見〈禮注類〉。

《群書備檢》三卷，不知名氏。　見〈目錄類〉。

《湖南故事》十卷，不知作者。　見〈偽史類〉。

《靖康要錄》五卷，不著撰人名氏。　見〈雜史類〉。

《唃廝囉傳》一卷，不著作者。　見〈傳記類〉。

《江南餘載》二卷，不著姓名。　見〈偽史類〉。

《辨鳩錄》一卷，不著名氏。　見〈偽史類〉。　案：以上十條均撰人不可考之例。

《紹運圖》一卷，諸葛深通甫撰。元祐中人，未詳爵里。　見〈編年類〉。

《歷代帝王年運詮要》十卷，左朝請大夫朱繪撰。紹興五年序，未詳何所人。　見〈編年類〉。　案：以上二條均知撰者姓名而不知其生平之例。

《飛燕外傳》一卷，稱漢河東都尉伶玄子于撰。　見〈傳記類〉。

《甘陵伐叛記》一卷，題文升撰，不知何人。　見〈雜史類〉。

《紹興正論》二卷，〈序〉稱瀟湘野夫，不著名氏。　見〈雜史類〉。　案：以上三條均撰人疑而未可信之例。

3、其書著錄撰人，亦有兼及撰人之身分及其師友、門人。更有其書初不著名氏，後乃考出者。

《匈奴須知》一卷，歸明人田緯編次。　見〈偽史類〉。

《乙卯記》一卷，唐布衣李潛用撰。　見〈雜史類〉。

《靖康錄》一卷，太學生朱邦基撰。　見〈雜史類〉。

《金人犯闕記》一卷，草茅方冠撰。　見〈雜史類〉。

《括蒼志續》一卷，郡人陳百朋撰。　見〈地理類〉。　案：以上五條均記撰人身分之例。

《紀年統紀論》一卷，永嘉朱黼文昭撰。黼從陳止齋學。　見〈編年類〉。

《職官記》一卷，大理寺少卿張縯季長撰。……縯，蜀人，陸務觀與之厚善。　見〈職官類〉。　案：以上二條著撰人師友之例。

《尊堯錄》八卷，延平羅從彥仲素撰。從彥師事楊時，而李侗又師從彥，所謂南劍三先生者也。　見〈典故類〉。　案：此條著其師，而兼及其門人之例。

《陰山雜錄》十六卷，不著名氏。莆田鄭氏《書目》云趙志忠撰。志忠者，遼中書舍人，得罪於宗眞，挺身來歸。歐公《歸田錄》云：「志忠本華人，自幼陷虜，爲人明敏，在虜中舉進士至顯官，歸國，能述虜中君臣世次，山川風物甚詳。」今觀此書，可概見矣。　見〈僞史類〉。　案：此條乃初不著名氏，後始考出之例。

4、其書於撰人、撰人之家世、家學、宦歷、遭遇等，遇有疑問或於必要時，皆作考證或敘述。

《中興遺史》六十卷，從義郎趙甡之撰。慶元中上進。其書大抵記軍中事爲詳，而朝政則甚略，意必當時遊士往來邊陲，出入幕府者之所爲。及觀其記張浚攻濠州一段，自稱姓名曰開府張鑑。然則此書鑑爲之，而甡之竊以爲己有也。或曰鑑即甡之婦翁，未知信否？　見〈編年類〉。

《梁四公記》一卷，唐張說撰。案《館閣書目》稱梁載言纂。〈唐志〉作盧詵，注云：「一作梁載言。」《邯鄲書目》云：「載言得之臨淄田通。」又云：「別本題張說，或爲盧詵。」今按此書卷末所云田通事跡，信然；而首題張說，不可曉也。　見〈傳記類〉。

《孝行錄》三卷，京兆胡訥撰。始得此書，不知訥何人也。所記多國初人，已而知其爲安定先生翼之之父，仕爲寧海節度推官。　見〈傳記類〉。　案：以上三條均考撰人之例。

《米氏譜》一卷，奉直大夫米憲錄。蓋國初勳臣米信之後。信五世爲芾元章，又三世爲憲。　見〈譜牒類〉。　案：此條考撰人家世之例。

《西漢會要》七十卷、《東漢會要》四十卷，武學博士清江徐天麟仲祥撰。……仲祥，乙丑進士，世有史學。其世父夢莘商老著《北盟會編》，父得之思叔爲《左氏國紀》，兄筠孟堅作《漢官攷》，皆行於世　見〈典故類〉。案：此考撰人家學之例。

《貞觀政要》十卷，唐吳兢撰。前題衛尉少卿兼修國史，按《新》、《舊書・列傳》，兢未嘗爲此官，而書亦不記歲月。　見〈典故類〉。案：此考撰人宦歷之例。

《金鑾密記》三卷，唐翰林學士承旨京兆韓偓致堯撰。……昭宗屢欲相之，卒不果而貶，竟終於閩。非不幸也，不然與崔垂休輩駢肩就戮於朱溫之手矣。　見〈雜史類〉。　案：此考撰人遭遇之例。

5、其他有關撰人之卒年、志節、治學、避諱改姓名，外此之著述、親屬及誌墓者，亦考論及之。

《大事記》十二卷、《解題》十二卷、《通釋》一卷，著作郎東萊呂祖謙伯恭撰。……東萊年方強仕而得末疾，平生論著大抵經始而未及成，如《讀詩記》、《書說》是已。是書之作，當淳熙七年，又二年而沒。使天假之年，所傳於世者，寧止是哉！　見〈編年類〉。　案：此考撰人卒年及外此著述之例。

《西漢詔令》十二卷，吳郡林虙德祖編。……虙嘗試中詞學，爲開封府掾。尹以佞幸進，有所不樂，引疾納祿去，遂終於家。　見〈詔令類〉。　案：此條著撰人志節之例。

《晁氏讀書志》二十卷，昭德晁公武子止撰。……其守榮州，日夕讎校，每終篇輒論其大指。時紹興二十一年也。其所發明有足觀者。　見〈目錄類〉。案：此著撰人治學之例。

《江南錄》十卷，給事中廣陵徐鉉鼎臣、光祿卿池陽湯悅德川撰。……悅即殷崇義，避宣祖諱及太宗舊名，并姓改焉。　見〈僞史類〉。　案：此著撰人避諱改姓名之例。

《至道雲南錄》三卷，左侍禁知興化軍辛怡顯撰。……或云此書妄也。余在莆田視壁記，無怡顯名字，恐或然。　見〈地理類〉。　案：此條辨撰人宦歷之例。

《後魏書》一百三十卷，北齊中書令兼著作郎鉅鹿魏收伯起撰。……時論言收著史不平，詔與諸家子孫共加論討，前後訴者百有餘人，眾口諠然，號爲「穢史」。……收既以史招怨，齊亡之歲，竟遭發冢棄骨之禍。　見〈典故類〉。　案：此條著撰人之遭遇。

《吳郡圖經續記》三卷，祕書省正字郡人朱長文伯原撰。……長文，吳中名士，病廢不仕，字號樂圃，卒於元符元年。　見〈地理類〉。案：此條記撰人卒年之例。

《陝西聚米圖經》五卷，閤門通事舍人雄州趙珣撰。……珣勁特好學，恂恂類儒者，人皆惜之。　見〈傳記類〉。　案：此條著撰人好學之例。

《聖唐偕日譜》一卷，前賀州刺史李匡文撰。……匡文字濟翁，又有《資暇集》見於錄。　見〈譜牒類〉。　案：此條著外此著述之例。

《翰林盛事》一卷，唐剡尉常山張著處晦撰。……首載張文成七登科者，即著之祖也。 見〈典故類〉。

《陝西聚米圖經》五卷，閤門通事舍人雄州趙珣撰。珣父振，博州防禦使。 見〈傳記類〉。

《南越志》七卷，宋武康令吳興沈懷遠撰。……懷遠，懷充之弟，見《宋書》。 見〈地理類〉。

《蜀檮杌》十卷，殿中侍御史裏行新建張唐英次功撰。唐英自號黃松子，商英天覺之兄也。 見〈偽史類〉。

《金石錄》三十卷，東武趙明誠德甫撰。……其妻易安居士李氏爲作〈後序〉，頗可觀。 見〈目錄類〉。

《括蒼志》七卷，教授曾貴撰。……鑰之父也。 見〈地理類〉。

《洛陽名園記》一卷，禮部員外郎濟南李格非文叔撰。……世所謂易安居士清照者，其女也。 見〈地理類〉。 案：以上七條著撰者家人之例。

《翟忠惠家傳》一卷，翟耆年伯壽述其父汝文公巽事實。忠惠者，私謚也。耆年實邢恕外孫。 見〈傳記類〉。

《編年通載》十五卷，集賢院學士建安章衡子平撰。……其族父楶質夫爲之〈序〉。 見〈編年類〉。

《北行日錄》一卷，參政四明樓鑰大防，乾道己丑，待次溫州教授，此書狀官從其舅汪大猷仲嘉使金紀行。 見〈傳記類〉。

《職林》二十卷，集賢院學士錢唐楊侃撰……歐陽公，其壻也，《集》中有〈墓誌〉。 見〈職官類〉。 案：以上四條著撰人親戚之例。

《祖宗官制舊典》三卷，直龍圖閣東萊蔡惇元道撰。……元道，文忠公參政齊之侄孫，而翰林學士延慶之子，渡江卒於涪陵。尹和靖焞嘗題其墓。 見〈職官類〉。 案：此條著題墓者之例。

乙、著錄書籍之義例

《解題》史錄著錄書籍之義例，與經錄亦有異同。茲各予考論，並舉例說明如下：

1、於所著錄之書名，如遇隱晦難曉者則解說之，同書異名亦作闡說，偶且記及其書之篇目。

《越絕書》十六卷，無撰人名氏，相傳以爲子貢者，非也。……越絕之義曰：「聖人發一隅，辯士宣其辭；聖文越於彼，辯士絕於此。」故題曰《越絕書》。雖則云然，而終未可曉也。　見〈雜史類〉。　案：此條解說書名之例。

《金人亡遼錄》二卷，燕山史愿撰。或稱《遼國遺事》。　見〈偽史類〉。　案：此條闡說同書異名之例。

《西漢決疑》五卷，國子司業宛邱王逨致君撰。一曰〈失寔〉，二曰〈引古〉，三曰〈異言〉，四曰〈雜證〉，五曰〈注釋〉。　見〈正史類〉。　案：此條記書篇目之例。

2、從不同角度以論說書籍之內容，間亦考及著者撰書之目的。

《新五代史》七十四卷，歐陽修撰。其爲說曰：「昔孔子作《春秋》，因亂世而立法；余爲本紀，以治法而正亂君。」發論必以「嗚呼」，曰：「此亂世之書也。」　見〈正史類〉。　案：此條引撰者之言以論說內容之例。

《百官公卿表》十五卷，司馬光撰。其〈序〉曰：「朝廷所以鼓舞群倫，緝熙庶績者，曰官，曰差遣，曰職而已。所謂『官』者，乃古之爵也；所謂『差遣』者，古之官也；所謂『職』者，古之加官也。自建隆以來，文官知雜御史以上，武官閤門使以上，內臣押班以上，遷轉黜免存其實，以先後相次爲表。」　見〈編年類〉。　案：此引撰人〈自序〉以述內容之例。

《稽古錄》二十卷，司馬光撰。其〈表〉云：「由三晉開國，迄於顯德之末造，臣既具之於〈歷年圖〉；自六合爲宋，接於熙寧之元，臣又著之於〈百官表〉，乃若威烈丁丑而上，伏羲書契以來，悉從論纂，皆有依憑。」蓋元祐初所上也。　見〈編年類〉。　案：此引撰者所上〈表〉以述內容之例。

《續後漢書》四十二卷，廬陵貢士蕭常撰。周益公〈序〉云：「曹氏代漢，名禪實篡，特新莽之流亞。丕方登禪壇，自形舜、禹之言，固不敢欺其心矣。今隔千載，好惡豈復相沿？而蘇軾記王、彭之說，以爲途人談三國時事，兒童聽者，聞劉敗則顰蹙，聞曹敗則稱快，遂謂君子小人之澤，百世不斬，茲豈人力強致也歟？陳壽身爲蜀人，徒以仕屢見黜，父又爲諸葛亮所髡，於劉氏君臣不能無憾。著《三國志》以魏爲帝，而指漢爲蜀，與孫氏俱謂之主，設心已偏。故凡當時祫祭高帝以下昭穆制度，皆略而弗書。方且乞米於人，欲爲佳傳，私意如此，史筆可知矣。其死未幾，習鑿齒作《漢晉春秋》，起漢光武，終晉愍帝，以蜀爲正，魏爲篡，謂漢亡僅一二年，則已爲晉，炎興之名，天實命之，是蓋公論也。然五十四卷，徒見於《唐・藝文志》及本朝《太平御覽》之目。

逮仁宗時修《崇文總目》，其書已逸，或謂世亦有之，而未之見也。幸《晉史》載所著論，千三百餘言，大指昭然。劉知幾《史通》云：『備王道，則曹逆而劉順。』本朝歐陽修論正統而不黜魏，其賓客章望之著〈明統論〉非之，見於《國史》。近世張栻《經世紀年》直以先主上繼獻帝爲漢，而附魏、吳於下，皆是物也。今廬陵貢士蕭常潛心史學，謂古以班史爲《漢書》，范史爲《後漢書》，乃起昭烈章武元年辛丑，盡後主炎興元年癸未，爲《續後漢書》。既正其名，復擇注文之善者並書之，積勤二十年，成〈帝紀〉、〈年表〉各二卷，〈列傳〉十八卷，〈吳載記〉十一卷，〈魏載紀〉九卷，別爲〈音義〉四卷。惜乎壽疎略於前，使不得追記英賢憲章於後，以釋裴松之之遺恨也！」 見〈正史類〉。

案：此條引他人之〈序〉以述說內容之例。

《四明尊堯集》一卷，司諫延平陳瓘瑩中撰。專辨王安石《日錄》之誣僭不孫，與配食坐像之爲不恭。……以謂蔡卞專用《日錄》以修《神宗實錄》，薄神考而厚安石，尊私史而壓宗廟，以是編類其語，得六十五條，總而論之。見〈典故類〉。　案：此條言撰書目的之例。

3、既論說書籍之內容矣，亦有兼考及其書之學術源流，及記述學術上之紛爭者。

《姓源韻譜》一卷，唐張九齡撰。依《春秋正典》、柳氏《萬姓錄》、《世本圖》，捃摭諸書，纂爲此《譜》，分四聲以便尋閱。古者賜姓別之，黃帝之子得姓者十四人是也；後世賜姓合之，漢高帝命婁敬、項伯爲劉氏是也。惟其別之也則離析，故古者論姓氏，推其本同；惟其合之也則亂，故後世論姓氏，識其本異。自五胡亂華，百宗蕩析，夷夏之裔與夫冠冕輿臺之子孫，混爲一區，不可遽知。此周、齊以來譜牒之學，所以貴於世也歟？ 見〈譜牒類〉。　案：此考學術源流之例。

《唐順宗實錄》五卷，唐史館修撰韓愈撰。……《新史》謂議者鬨然不息，卒竄定無完篇，以閹官惡其書禁中事切直故也。 見〈起居注類〉。 案：此記學術紛爭之例。

4、亦有引用史志、公私書目及相關書籍以說明問題者，惟上述所引書有錯誤，則訂正之。

《行在河洛記》十卷，唐宰相尉氏劉仁軌正則撰。……。按〈唐志〉作《行年記》二十卷。 見〈雜史類〉。 案：此條引史志以說明問題之例。

《新定寢祀禮》一卷，不知作者。《中興館閣書目》有此書，云：「前後有〈序〉，題太常博士陳致雍撰集。」今此本亦前後有〈序〉，意其是也。致雍，晉江人，及仕本朝。　見〈禮注類〉。　案：此條引公家書目以說明問題之例。

《晉朝陷蕃記》四卷，宰相大名范質文素撰，據莆田鄭氏《書目》云爾。本傳不載，故《館閣書目》云「不知作者」。未悉鄭氏何所據也。　見〈雜史類〉。　案：此條引私家書目以說明問題之例。

《秦中歲時記》一卷，唐膳部郎中趙郡李綽撰。綽別未見，此據《中興書目》云爾。……按朱藏一《紺珠集》、曾端伯《類說》載此書，有「杏園探花使」、「端午扇市」、「歲除儺公儺母」及「太和八年無名子詩」數事，今皆無之，豈別一書乎？　見〈時令類〉。　案：此條引相關書籍以說明問題之例。

《魏鄭公諫錄》五卷，唐尚書吏部郎中瑯邪王綝撰。綝，字方慶，以字行。相武后，其爲吏部當在高宗時。《館閣書目》作王琳，誤也。　見〈典故類〉。　案：此訂正書目錯誤之例。

5、於其書體、卷數、卷後所附材料均有所考論，有時並述及作注者、輯書者，間亦考及同書名而不同撰人之問題。

《唐曆》四十卷，唐集賢學士河東柳芳仲敷撰。芳所輯《國史》，敘天寶後事不倫，及謫黔中，會高力士同貶，因從之質開元、天寶禁中事本末，史已上送，不可追刊，乃用編年法作此書。　見〈編年類〉。　案：此條考書體之例。

《高氏小史》一百三十卷，唐殿中丞高峻撰。本書六十卷，其子迥分爲一百二十。……今案《國史志》凡一百九卷，《目錄》一卷。《中興書目》一百二十卷，止於文宗。今本多十卷，直至唐末。……迥之所序，但云分六十卷爲百二十，取其便易而已，初未嘗有所增加也。　見〈別史類〉。　案：此條考卷數之例。

《唐書直筆新例》四卷，修書官溫陵呂夏卿撰。紀、傳、志各一卷，摘舊史繁闕，又爲〈新例須知〉附於後，略舉名數如目錄之類。　見〈正史類〉。案：此條記卷後附材料之例。

《帝王照略》一卷，唐洺州刺史劉軻撰。僞蜀馮鑑注，並續唐祚以後。見〈編年類〉。　案：此條記作注者之例。

《通鑑前例》一卷、《修書帖》一卷、《三十六條四圖》共一卷，司馬光記集修書凡例，諸帖則與書局官屬劉恕、范祖禹往來書簡也。其曾孫侍郎伋季思裒爲一編。　見〈編年類〉。　案：此條記裒集者之例。

《通鑑釋文》二十卷，司諫司馬康公休傳。溫公之子也。 見〈編年類〉。

《通鑑釋文》三十卷，左宣義郎眉山史炤見可撰。……今攷之公休之書，大略同而加詳焉，蓋因其舊而附益之者也。 見〈編年類〉。 案：以上二條考同書名而不同撰人之例。

6、於編書過程，成書之法，書之作年，撰序之年，表上之年均有所考述，間亦考及撰序、跋者。

《後周書》五十卷，唐秘書監華原令狐德棻撰。初，德棻武德中建言近代無正史，詔德棻及諸臣論撰，歷年不能就，罷之。貞觀二年，復詔撰定。議者以魏有收、澹二書爲已詳，唯五家史當立，德棻與岑文本、崔仁師次周史，李百藥次齊史，姚思廉次梁、陳史，魏徵次隋史，房玄齡總監而修撰之。原自德棻發之。 見〈正史類〉。 案：此條考述編書過程之例。

《千姓編》一卷，末云：「嘉祐八年采眞子記。」以《姓苑》、《姓源》等書，撮取千姓，以四字爲句，每字爲一姓，題曰《千姓編》。三字亦三姓也，逐句文義亦頗相屬，殆《千字文》之比云。 見〈譜牒類〉。 案：此條考述成書方法之例。

《中興十三處戰功錄》一卷，參政眉山李壁季章撰。……開禧乙丑，北事將作，其書成。 見〈雜史類〉。 案：此條考成書年之例。

《通鑑綱目》五十九卷，侍講新安朱熹元晦撰。……自爲之〈序〉，乾道壬辰也。 見〈編年類〉。 案：此考序年之例。

《慶元敕》十二卷、《令》五十卷、《格》三十卷、《式》三十卷、《目錄》一百二十二卷、《隨敕申明》十二卷，總二百五十六卷，丞相豫章京鏜仲遠等慶元四年表上。 見〈法令類〉。 案：此考表上年之例。

《太和辨謗略》三卷，唐宰相李德裕撰。……集賢學士裴潾爲之〈序〉。見〈典故類〉。 案：此記撰序者之例。

《釋書品次錄》一卷，題唐僧從梵集。末有黎陽張翬〈跋〉，稱大定丁未。 見〈目錄類〉。 案：此記撰跋者之例。

7、於著錄之書多作評論，或抑或揚，或抑揚兼備，間亦有指出其書之特點者。

《皇王大紀》八十卷，胡宏撰。……博采經傳，時有論說，自成一家之言。 見〈編年類〉。 案：此褒譽之例。

《孝宗實錄》五百卷，嘉泰二年，修撰傅伯壽等撰進。中興以來，兩朝五十餘載事迹，置院既久，不以時成，涉筆之臣，乍遷忽徙，不可殫紀。及有詔趣進，則匆遽鈔錄，甚者一委吏手，卷帙猥多，而紀載無法，疎略牴牾，不復可稽據。故二《錄》比之前世，最爲缺典，觀者爲之太息。　見〈起居注類〉。　案：此貶斥之例。

《三國志》六十五卷，晉治書侍御史巴西陳壽承祚撰。……壽書初成，時人稱其善敘事，張華尤善之。然乞米作佳傳，以私憾毀諸葛亮父子，難乎免物議矣。王通謂壽有志於史，依大義而黜異端，然要爲率略。　見〈正史類〉。　案：此抑揚兼備之例。

《唐餘錄史》三十卷，直集賢院益都王皥子融撰。寶元二年上。是時惟有薛居正《五代舊史》，歐陽修書未出。此書有紀，有志，有傳，又博采諸家小說，倣裴松之《三國志注》附其下方，蓋五代別史也。其書列韓通於〈忠義傳〉，且表出本朝襃贈之典，《新》、《舊》史皆不及此。　見〈別史類〉。　案：此記書之特點之例。

8、於著錄之書，多記其得書由來，稿藏處亦間記之。得書每考及其板本，如本之未善者，則更求之。

《後魏國典》三十卷，唐太常少卿元行沖撰。……此本從莆田劉氏借錄，卷帙多寡不同，歲月首尾不具，殆類鈔節，似非全書。　見〈雜史類〉。　案：此記得書由來之例。

《通鑑舉要曆》八十卷，司馬光撰。其稿在晁說之以道家。紹興初，謝克家任伯得而上之。　見〈編年類〉。　案：此記稿藏處之例。

《三朝訓鑑圖》十卷，學士李淑、楊偉等修纂。……頃在莆田，有售此書者，亟求觀之，則已爲好事者所得，蓋當時御府刻本也。卷爲一冊，凡十事，事爲一圖，飾以青赤。　見〈典故類〉。　案：此考板本之例。

《唐年小錄》八卷，唐戶部尚書扶風馬總會元撰。……舊有一本略甚，復得程文簡本傳之，始爲全書。　見〈傳記類〉。　案：此記更求善本之例。

9、於著錄之書，就其歸類、眞僞、存佚，甚而書之內容增損改定，書之刊刻，與書中所涉人物均有所考述。

《國朝通典》二百卷，不著名氏。或言魏鶴山所爲，似方草創未成書也。凡通典、會要，前〈志〉及《館閣書目》皆列之類書。按通典載古今制度沿革，會要專述典故，非類書也。　見〈典故類〉。　案：此論歸類之例。

《元經薛氏傳》十五卷，稱王通撰，薛收傳，阮逸補并注。案河汾王氏諸書，皆《唐・藝文志》所無。其傳出阮逸，或云皆逸僞作也。今攷唐神堯諱淵，其祖景皇，諱虎。故《晉書》戴淵、石虎皆以字行。薛收，唐人，於〈傳〉稱戴若思，石季龍，宜也。《元經》作於隋世，而太興四年亦書曰「若思」，何哉？意逸之心勞日拙，自不能掩耶？　見〈編年類〉。　案：此考書真偽之例。

《皇宋館閣錄》五卷，不著名氏所記。止於元祐。《中興館閣書目》云：「祕閣校理宋匪躬撰。」又云：「共八門，原十五卷，存十一卷。」今本止五卷，不見門類，前三卷又混而爲一，意未必全書也。　見〈職官類〉。　案：此考書存佚之例。

《宣宗實錄》三十卷、《懿宗實錄》二十五卷、《僖宗實錄》三十卷、《昭宗實錄》三十卷、《哀帝實錄》八卷。案：〈唐志〉惟有《武宗實錄》三十卷，其後皆未嘗修纂。更五代，《武錄》亦不存，《邯鄲書目》惟存一卷而已。《五錄》者，龍圖閣直學士常山宋敏求次道追述爲書。案《兩朝史志》初爲一百卷，其後增益爲一百四十八卷。今案《懿錄》三十五卷，止有二十五卷，而始終皆備，非闕也。實一百四十三卷。《館閣書目》又言「闕第九十一卷」，今本亦不闕云。　見〈起居注類〉。　案：此考書增損改定之例。

《附索隱史記》一百三十卷，淳熙中廣漢張材介仲刊於桐川郡齋，削去褚少孫所續，而附以司馬貞《索隱》。其後，江陰耿秉直之復取所削者別刊之。　見〈正史類〉。　案：此記刊刻之例。

《江南餘載》二卷，不著姓名。〈序〉言：「徐鉉始奉詔爲《江南錄》，其後王舉、路振、陳彭年、楊億皆有書。大概六家皆不足以史稱，而龍袞爲尤甚。熙寧八年，得鄭君所述於楚州，其事迹有六家所遺或小異者，刪落是正，取百九十五段，以類相從。」鄭君者，莫知何人，豈即文寶也耶？　見〈偽史類〉。　案：此考所涉人物之例。

丙、其他著錄義例

1、《解題》史錄有原注。

《丁未錄》二百卷，左修職郎昭武李丙撰。自治平丁未王安石初召用，迄於靖康童貫之誅，故以「丁未」名之。每事皆全載制詔章疏甚詳。原注：靖康亦丁未也。　見〈編年類〉。　案：此《解題》有原注之例。

2、《解題》史錄用互著法。

《邵氏見聞錄》二十卷，邵伯溫撰。多記國朝事。又有《後錄》三十卷，其子溥所作，不專紀事。在〈子錄・小說類〉。　見〈雜史類〉。　案：此用互著法之例。

3、《解題》史錄有記振孫遊蹤

《天台山記》一卷，唐道士徐靈府撰。元和中人也。余假守臨海，就使本道。嘉熙丙申十月，解郡符趨會稽治所，道過之，銳欲往遊，會大雪不果，改轅由驛道，至今以爲恨。偶見此《記》，錄之以寄臥遊之意。　見〈地理類〉。　案：此條記振孫遊蹤之例。

綜上所述，有關《解題》史錄之分類、《解題》史錄著錄書名之方式、《解題》史錄撰寫解題之義例，均一一舉例予以說明，並略加考論。統此以觀，則於振孫史學目錄學，或庶可知其梗概矣。

第五章　《直齋書錄解題》史錄考證

正史類第一

史記一百三十卷

《史記》一百三十卷，漢太史令夏陽司馬遷子長撰。宋南中郎參軍河東裴駰集註。案班固云：「遷據《左氏》、《國語》，采《世本》、《戰國策》，述《楚漢春秋》，接其後事，迄於大漢，斯以勤矣。十篇缺，有錄亡書。」張晏曰：「遷沒之後，亡〈景武紀〉、〈禮〉、〈樂〉、〈兵書〉、〈漢興將相年表〉、〈三王世家〉、〈日者〉、〈龜筴傳〉、〈靳歙傅寬列傳〉。廣棪案：盧校本『〈日者〉、〈龜筴傳〉、〈靳歙傅寬列傳〉』作『〈日者〉、〈龜筴〉、〈傅靳列傳〉』。元、成之間，褚先生補作〈武紀〉、〈三王世家〉、〈日者〉、〈龜筴傳〉。館臣案：原本脱『元成』以下二十字，今據《文獻通考》補入。言辭鄙陋，非遷本意也。」顏師古曰：「本無〈兵書〉，張說非也。」今案此十篇者，皆具在，褚所補〈武紀〉，全寫〈封禪書〉，〈三王世家〉但述封拜策書，二列傳皆猥釀不足進，廣棪案：盧校本「進」作「道」。而其餘六篇，〈景紀〉最疏略，〈禮〉、〈樂書〉謄荀子〈禮論〉、河間王〈樂記〉，〈傅靳列傳〉與《漢書》同，而〈將相年表〉迄鴻嘉，則未知何人所補也。褚先生者，名少孫。裴駰即注《三國志》松之之子也。始，徐廣作《史記音義》，駰本之以成《集解》。竊嘗謂著書立言，述舊易，作古難。六藝之後，有四人焉：摭實而有文采者，左氏也；憑虛而有理致者，莊子也；屈原變〈國風〉、〈雅〉、〈頌〉而為〈離騷〉；及子長易編年而為紀傳，皆前未有其比，後可以為法，非豪傑特起之士，其孰能之？

廣棪案：晁公武《郡齋讀書志》卷第五〈正史類〉著錄：「《史記》一百三十卷。右漢太史令司馬遷續其父談書，創爲義例，起黃帝，迄漢武獲麟之歲。撰成十二紀以序帝王，十年表以貫歲月，八書以紀政事，三十世家以敘公侯，七十列傳以志士庶。上下三千餘載，凡爲五十二萬六千五百言。遷沒後，闕〈景〉、〈武紀〉、〈禮〉、〈樂〉、〈律書〉、〈三王世家〉、〈漢興以來將相年表〉、〈日者〉、〈龜策傳〉、〈靳蒯列傳〉等十篇。元、成間，褚少孫追補，及益以武帝後事，辭旨淺鄙，不及遷書遠甚。遷書舊有裴駰爲之解，云：『班固嘗譏遷，論大道則先黃、老而後《六經》，序游俠則退處士而進姦雄，述貨殖則崇勢利而羞貧賤。』後世愛遷者多以此論爲不然，謂遷特感當世之所失，憤其身之所遭，寓之於書，有所激而爲此言耳，非其心所謂誠然也。當武帝之世，表章儒術而罷黜百家，宜乎大治；而窮奢極侈，海內彫弊，反不若文、景尚黃、老，時人主恭儉，天下饒給。此其所以先黃、老而後《六經》也。武帝用法刻深，群臣一言忤旨，輒下吏誅，而當刑者得以貨免。遷之遭李陵之禍，家貧無財賄自贖，交遊莫救，卒陷腐刑。其進姦雄者，蓋遷歎時無朱家之倫，不能脫己於禍，故曰：『士窮窘得委命。』此非人所謂賢豪者耶？其羞貧賤者，蓋自傷特以貧故，不能自免於刑戮，故曰：『千金之子，不死於市。』非空言也。固不察其心而騶譏之，過矣！」《玉海》卷第四十六〈藝文・正史〉「漢《史記》」條載：「〈司馬遷傳〉：『司馬氏世典周史，談爲太史公，有子曰遷云云。遷俯首流涕曰：「小子不敏，請悉論先人所次舊聞，不敢缺。」卒三歲而遷爲太史令，紬史記金匱石室之書。』〈漢官儀〉：『司馬遷父談，世為太史，遷年十三，使乘傳行天下，求諸侯之史記。又見《西京雜記》。』《史記正義》：『《博物志》云：「遷年二十八。三年六月乙卯，除六百石。五年，而當太初元年，十一月甲子朔旦冬至，天曆始改建於明堂，諸神受記。太史公曰：『先人有言：「周公卒五百歲而有孔子，孔子卒至今五百歲，有能紹而明之，正《易傳》，繼《春秋》，本《書》、《詩》、《禮》、《樂》之際，意在斯乎？」小子何敢讓焉！於是論次其文。七年而遭李陵之禍。天漢三年。卒述陶唐以來，至於麟止。自黃帝始。』張晏曰：『猶《春秋》止於獲麟。』師古曰：『遷敘事盡太初。』班彪《略論》曰：『上自黃帝，下訖獲麟。』注：『太始二年獲白麟。』秦撥去古文，焚滅《詩》、《書》，故明堂石室金鐀玉版圖籍散亂。如淳曰：『刻玉版畫為文字也。』漢興，百餘年間，天下遺文古事靡不畢集。太史公仍父子相繼，纂其職，曰：『於戲！余維先人嘗掌斯事，顯於唐、虞，至於周復典之，故司馬氏世主天官，至於余乎，欽念哉！罔羅天下放失舊聞，王迹所興，原始察終，見盛觀衰，論攷之行事。略三代，錄秦漢，上記軒轅，下至於茲，著十二本紀，既科條之矣；並時異世，年差不明，作十表；禮樂損益，律曆改易，兵權山川、鬼神天人之際，承弊通變，作八書；二十八宿環北辰，三十輻共一轂，運行無窮，輔弼股肱之臣配焉，忠信行道，以奉主上，作三十世家；扶義俶儻，不令己失時，立功名於天下，作七十列傳；凡百三十篇，五十二萬六千六百字。《正義》曰：「《史記》起黃帝，訖于漢武天漢四年，合二千四百一十三年。百三十篇，象一歲十二月及閏餘也。後漢楊終受詔，刪《太史公書》為十餘萬言。」爲〈太史公書序略〉以拾遺補蓺，成一家言，協《六經》異傳，齊百家雜語，藏之名山，副在京師，以俟後聖君子。』遷之〈自序〉云爾。而十篇缺，有錄無書。贊曰：『自古書契之作，而有史官，其載籍博矣。至孔子纂之，上繼唐堯，下訖秦穆，唐、虞以前，雖有遺文，其語不經，故言黃帝、顓頊之事，未可明也。及孔子，因《魯史記》而作《春秋》；而左邱明論輯其本事，以爲之《傳》；又纂異同爲《國語》；又有《世本》，錄黃帝以來至春秋時帝王、公侯、卿大夫祖世所出。春秋之後，七國並爭，秦兼諸侯，有《戰國策》。漢興伐秦定天下，有《楚漢春秋》。故司馬遷據《左氏》、《國語》，采《世本》、《戰國策》，述《楚漢春秋》，接其後事，訖于大漢，其言秦漢詳矣。至於采經摭傳，分散數家之事，甚多疎略，或有牴牾。亦其涉獵者廣博，貫穿經傳，馳騁古今，上下數千載間，斯以勤矣。又其是非頗繆於聖人，論大道，則先黃、老而後《六經》；序遊俠，則退處士而進姦雄；述貨殖，則崇勢利而羞貧賤，此其所蔽也。然自劉向、揚雄，博極群書，皆稱遷有良史之才，服其善序事理，辨而不華，質而不俚，其文直，其事核，不虛美，不隱惡，故謂之實錄。』楊惲始讀外祖《太史公記》。東平王宇求《太史公書》，王鳳言：『《太史公書》有戰國從橫之謀，天官災異、地形阨塞，不宜在諸侯，王不可予。』〈藝文志・春秋家〉：『《太史公》百三十篇，十篇有錄無書。』東萊呂氏曰：『以張晏所列亡篇之目校之，《史記》或其篇具在，或草具而未成，非皆無書也。唯〈武紀〉終不見。』魏王肅曰：『漢武帝聞遷述《史記》，取〈孝景〉及己〈本紀〉覽之，於是大怒，削而投之。於今此兩〈紀〉有錄無書。』馮商所《續太史公》七篇。注：韋昭曰：『馮商受詔《續太史公》十餘篇，在《別錄》。商字子高。』師古曰：『《七略》云：「陽陵人，事五鹿充宗，後事劉向，能屬文，與孟柳俱待詔，頗序列傳。」』〈隋志〉：『《漢史記》百三十卷、《目錄》一卷。』〈唐志〉：『裴駰《集解》八十卷，司馬貞《索隱》三十卷，注：開元潤州別駕。張守節《正義》三十卷，開元二十四年八月作。竇祥《史記名臣疏》三十四卷，王元感、徐堅、李鎮、陳伯宣注。韓琬《續史記》一百三十卷，葛洪《史記鈔》十四卷。隋楊素奏陸從典

《續史記》，迄于《隋書》未就。』裴駰〈集解序〉曰：『徐廣研核眾本，爲作《音義》，具列異同，兼述訓解。增演徐氏，采經傳百家並先儒之說，或義在可疑，則數家兼列。《漢書音義》稱臣瓚者，莫知氏姓，今直云瓚曰，又都無姓名者，但云《漢書音義》。』司馬貞〈索隱自序〉曰：『《史記》於班書微爲古質，故漢晉名賢未知見重；晉末，徐廣作《音義》十三卷，宋裴駰作《集解》合爲八十卷，南齊鄒誕生作《音義》三卷，貞觀中劉伯莊作《音義》二十卷，又撰《史記地名》二十卷，許子儒《注》又《音》三卷。貞釋文演注，重爲述贊，凡三十卷，號《索隱》。又作〈補史記序〉，改定篇目，補其缺遺，重為之注，號曰《小司馬史記》，作〈三皇本紀〉，補其闕。』張守節曰：『班固《漢書》，與《史記》同者五十餘卷。又《史記》五十二萬六千五百言，敘二千四百十三年事；《漢書》八十一萬言，敘二百二十五年。優劣可知。』《正義》有〈論史例注音字例諡法解〉。晁公武曰：『班固譏遷云云，遷特感當世之所失，憤其身之所遭，寓之於書，有所激而爲此言耳，非其心所謂誠然也。』呂氏曰：『太史公高氣絕識，包舉廣而興寄深。』《史通》：『元、成之間，會稽褚先生更補其缺，作〈武帝紀〉、〈三王世家〉、〈龜策〉、〈日者〉等傳，辭多鄙陋，非遷本意也。』」足資參證。

漢書一百卷

《漢書》一百卷，漢尚書郎扶風班固孟堅撰。唐祕書監京兆顏師古注。本傳稱字籀，恐當名籀，而以字行也。固父彪叔皮，以司馬氏《史記》太初以後闕而不錄，故作《後傳》數十篇。固以所續未詳，探撰前紀，綴集所聞，以為《漢書》。起高祖，終孝平王莽之誅，二百三十年，為春秋考紀，表、志、傳凡百篇。自永平受詔，至建初中乃成。案〈班昭傳〉云：「八表並〈天文志〉未竟而卒。和帝詔昭就東觀藏書踵成之。」今《中興書目》以為章帝時，非也。固坐竇憲，死永元初，不在章帝時。師古以太子承乾之命，總先儒注解，服虔、應劭而下二十餘人，刪繁補略，裁以己說，遂成一家。世號杜征南、顏監為左氏、班氏忠臣。

廣棪案：《郡齋讀書志》卷第五〈正史類〉著錄：「《前漢書》一百卷。右後漢玄武司馬班固續司馬遷《史記》，撰十二帝紀，八年表，十本志，七十列傳。起高祖，終於王莽之誅，二百三十年，凡八十餘萬字。固既瘐死，書頗散亂，章帝令其妹曹世叔妻昭就東觀緝校，內八表、〈天文志〉，皆其所補也。唐太宗子承乾令顏師古考眾說爲之注。范曄譏固飾主闕，蓋亦不然，其贊多微文，顧讀者弗察耳。劉知幾又詆其〈古今人物表〉無益於漢史。此論誠然，但非固之罪也。至受金鬻筆，固雖諂附匪人，亦何至是歟？然識者以固書皆因司馬遷、王商、揚雄、歆、向舊文潤色之，故其文章首尾皆善，而中間頗多冗瑣，良由固之才視數子微劣耳。固之〈自敘〉稱述者，豈亦謂有所本歟？」《玉海》卷第四十六〈藝文・正史〉「《漢書》」條載：「後漢班彪才高好述作，專心史籍。武帝時，司馬遷著《史記》，自太初以後闕而不錄。後好事者頗或綴集，謂揚雄、劉歆、褚少孫、史孝山之徒。然多鄙俗，不足以踵繼其書。彪乃述採前史遺事，傍貫異聞，作《後傳》數十篇，因斟酌前史，譏正得失，其略論云云。今此後篇不為世家，唯紀、傳而已。〈隋志〉云：『遷卒後，好事者亦頗著述。然多鄙淺不足相繼。至彪綴《後傳》數十篇，并譏正前失。』子固以彪所續前史未詳，潛精研思，欲就其業。有告固私作國史者，弟超言固著述意，郡亦上其書，顯宗奇之，《史通》曰：『太初以後雜引《新序》、《說苑》、《七略》之辭。』召詣校書郎，除蘭臺令史，與前睢陽令陳宗、長陵令尹敏、司隸從事孟異，共成〈世祖本紀〉，遷為郎，典校秘書。固又撰功臣、平林、新市、公孫述事，作列傳、載紀二十八篇，奏之。帝乃復使終成前所著書。固以為漢紹堯運，以建帝業，至於六世史臣，乃追述功德，私作本紀，編於百王之末，廁於秦、項之列，太初以後，闕而不錄，故採撰前記，綴集舊聞，以為《漢書》。起元高祖，終於孝平王莽之誅，十有二世，二百三十年，綜其行事，傍貫《五經》，上下洽通，為春秋考紀、表、志、傳凡百篇。紀十二、表八、志十、列傳七十。考紀，謂帝紀也。言考覈時事，具四時以立言。〈隋志〉云：『六十九傳。』固自永平中始受詔，潛精積思二十餘年，至建初中乃成，學者莫不諷誦焉。論曰：『遷文直而事覈，固文贍而事詳，固之序事不激詭，不抑抗，贍而不穢，詳而有體。然其論議常排死節，否正直，而不敘殺身成仁美。班昭，曹世叔妻。彪之女。兄固著《漢書》，其八表及〈天文志〉未及竟而卒，和帝詔昭就東觀藏書閣踵而成之。』劉昭〈補志序〉曰：『續志，昭表。以是推之，八表其班昭所補，〈天文志〉，其馬續所成歟？』應劭曰：『〈元〉、〈成帝紀〉皆班固父彪所作。贊曰：「臣外祖兄弟為元帝侍中，語臣曰。」注：「臣則彪也。外祖，金敞也。」』劉昭曰：『司馬遷作《史記》，爰建八書，班固因廣曰十志。天人經緯，帝政綱維，創藏山之祕寶，肇刊石之遐貫。〈律曆〉、〈禮樂〉、〈刑法〉、〈食貨〉、〈郊祀〉、〈天文〉、〈五行〉、〈地理〉、〈溝洫〉、〈藝文〉。』〈隋志〉：『一百一十五卷，漢護軍班固撰，應劭《集解》。建初中始奏表、紀、傳，其十志不就，曹大家續成之。』《中興書目》：『《漢書》一百卷，漢尚書郎班固撰。』《南史・劉之遴傳》：『鄱陽王範得班固所撰《漢書》眞本，獻東宮。皇太子令之遴與張纘、到溉、陸襄等參校異同。之遴錄其異狀數十事。大略云：古本稱永平十六年五月二十一日己酉郎班固上，而今本無上書年月日。』唐〈顏師古傳〉:『爲太子承乾注班固《漢書》，上之，賜物二百段，時人謂杜征南、顏祕書爲左邱明、班孟堅忠臣。其所注《漢書》、《急就章》大顯于時。初，師古叔游秦，武德初撰《漢書決疑》，師古多資取其義。』〈志・正史類〉:『顏游秦《漢書決疑》十二卷。』〈唐志〉:『《御銓》定《漢書》八十七卷。高宗與郝處俊等撰。姚察《漢書訓纂》三十卷。又著《續訓》，以發明舊義。察，珽之曾祖。珽，睿宗時人。《紹訓》四十卷，項岱《漢書敘傳》八卷，陸澄《新注》八卷，《漢書英華》八卷，失姓名。』〈隋志〉:『晉葛洪《漢書鈔》三十卷。』〈文史類〉:『《史漢異義》三卷，裴傑開元十七年上。』詳見《唐七十家正史》。《文中子》:『史之失，自遷、固始也。記繁而志寡。』談之書，遷能終之。彪之史，固能修之。王充著書，伸班而屈馬；張輔持論，又劣固而優遷。晉張輔云:『遷之著述，辭約而事舉，敘三千年事，唯五十萬言。班固敘二百年事，八十萬言。』〈宋志・序〉:『司馬遷於紀、傳之外，創立八書，班氏因之，〈律〉、〈曆〉、〈禮〉、〈樂〉，其名不變，以〈天官〉爲〈天文〉，改〈封禪〉爲〈郊祀〉，易〈貨殖〉、〈平準〉之稱，革〈河渠〉、〈溝洫〉之名。綴孫卿之辭，以述〈刑法〉；採孟軻之書，用序〈食貨〉；劉向《鴻範》，始自《春秋》；劉歆《七略》，儒墨異部。朱贛博採風謠，尤爲詳洽。固並因仍，以爲三志。而〈禮〉、〈樂〉疎簡，所漏者多，典章事數，百不記一。〈天文〉雖爲該舉，而不言天形，致使三天之說，紛然莫辨。《樂經》殘缺，其來已遠，班氏所述，抄舉〈樂記〉，馬、彪《後書》，又不備續。』」足資參證。

後漢書九十卷

《後漢書》九十卷，宋太子詹事順陽范蔚宗撰。唐章懷太子賢注。案《唐・藝文志》，為後漢史者，有謝承、薛瑩、司馬彪、劉義慶、華嶠、謝沈、袁山松七家，其前又有劉珍等《東觀記》，至蔚宗乃刪取眾書，為一家之作。其自視甚不薄，謂諸傳、序、論，精意深旨，實天下之奇作。然頗有略取前人舊文者，注中亦著其所從出。至於論後有贊，尤自以為傑思，殆無一字虛設，自今觀之，幾於贅矣。蔚宗父泰、祖甯皆為時名臣，蔚宗乃以怨望反逆，至於滅族，其與遷、固之人禍天刑不侔矣。然則豈作史之罪哉！十志未成而誅，為謝儼蠟以覆車，故惟存紀、傳。賢，高宗太子，招集諸儒庶子張大安、洗馬劉訥言等共為之注。賢坐明崇儼得罪武后，廢死，大安、訥言亦流貶。

廣棪案：《郡齋讀書志》卷第五〈正史類〉著錄：「《後漢書》九十卷、《志》三十卷。右宋范曄撰十帝紀，八十列傳。唐高宗令章懷太子賢與劉訥言、革希元作注。初，曄令謝儼撰志，未成而曄伏誅，儼悉蠟以覆車。梁世劉昭得舊本，因補注三十卷。觀曄〈與甥姪書〉，敘其作書之意，稱：『自古體大而思精，未有如此者。』又謂：『諸序、論筆勢放縱，實天下之奇作，往往不減〈過秦篇〉。常以此擬班氏，非但不愧之而已。』其自負如此。然世多譏曄創爲〈皇后紀〉，及采《風俗通》中王喬、《抱朴子》中左慈等詭譎事，列之於傳，又贊辭佻巧，失史之體云。」《郡齋讀書志》所著錄多志三十卷。《玉海》卷第四十六〈藝文·正史〉「《後漢書》」條載：「《宋書》：『范曄爲吏部郎，元嘉元年左遷宣城太守，不得志，乃刪眾家《後漢書》爲一家之作，至屈伸榮辱之際，未嘗不致意焉。』〈自序〉略曰：『詳觀古今著述及評論，殆少可意者，班氏最有高名，既任情無例，唯志可推耳，博贍可不及之，整理未必愧也。吾雜傳、論皆有精思深旨，至於〈循吏〉以下，及六夷諸序、論，筆勢縱放，實天之下奇作，其中合者，往往不減〈過秦篇〉。贊自是吾文傑思，殆無一字空設，此書行，故應有賞音者。自古體大而思精，未有此也。』〈隋志〉：『《後漢書》九十七卷，宋太子詹事范曄撰。』〈唐志〉：『九十二卷，《論贊》五卷。』〈隋志〉：『《讚論》四卷。』《中興書》：『《後漢書》一百二十卷。』并劉昭補注志。曄作紀十、志十、列傳八十，凡百篇。十志未成。初，曄令謝儼撰志，搜次垂畢，會曄亡，儼蠟以覆車，一代爲恨。梁劉昭補成之。注引〈序例〉。唐章懷太子賢與張士安、劉訥言等為之注。晁氏《志》：『《後漢》九十卷、《志》三十卷，曄敘作書之意，以比方班氏。然世多譏曄創爲〈皇后紀〉及采《風俗通》王喬、《抱朴子》左慈等詭譎事列於傳，又贊辭佻巧，失史之體。』《史通》：『漢中興以來，劉珍等作《漢記》，見上。晉司馬彪爲《續漢書》，華嶠爲《後漢書》，其十典不成。自後作者相繼，爲編年者四族，創紀傳者五家，至宋宣城太守范曄，乃廣集學徒，窮覽舊籍，刪煩補略，作《後漢書》。會曄以罪被收，十志未成。先是晉袁宏抄撮漢氏後書，依荀悅體著《後漢紀》三十篇。』《南史》：『梁劉昭集後漢同異，以注范曄《後漢》，世稱博悉。又吳均注《後漢書》九十卷。』〈唐志〉：『章懷太子賢《注》一百卷。賢命劉訥言、格希元等注。儀鳳元年十二月二日丙申，皇太子賢上所注《後漢書》，詔付祕省。劉昭《補注》五十八卷，劉熙注范曄《書》一百二十二卷，韋機《音義》二十七卷，蕭該、劉芳、臧兢《音》，合七卷。』〈隋志〉：『臧兢、范曄《音訓》三卷，劉芳《音》一卷，蕭該《音》三卷。』晉〈謝沈傳〉：『有史才，著《後漢書》百卷，及《毛詩》、《漢書外傳》行於世，其學在虞預之右。』〈隋志〉:『吳謝承撰《後漢書》一百三十卷。無帝紀,〈唐志〉錄一卷。〈吳志〉:「承撰《後漢書》百餘卷。」晉薛瑩《後漢記》六十五卷,本一百卷,〈唐志〉百卷。華嶠《書》十七卷,本九十七卷,今殘缺。謝沈《書》八十五卷,本一百二十二卷,〈唐志〉一百二卷,《外傳》十卷。張瑩《後漢南記》四十五卷,本五十五卷。袁山松《書》九十五卷,本一百卷,〈唐志〉一百一卷,《錄》一卷。晉本傳:『山松著《後漢書》百篇。』〈宋志〉引山松《漢百官志》。〈唐志〉有劉義慶《書》五十八卷。宋范曄《書》九十七卷,《讚論》四卷,《漢書纘》十八卷,梁劉昭注曄《書》一百二十五卷。梁有蕭子顯《書》一百卷,王韶《後漢林》二百卷。韋闡《音》二卷。〈雜史〉有漢侍中劉艾傳《二帝紀》三卷。梁六卷。張緬《後漢略》二十五卷。〈唐志〉:「葛洪《後漢書鈔》三十卷。」』《文心雕龍》:『後漢紀傳,發源東觀。袁、張偏駁,薛、謝疏繆。若司馬彪之詳實,華嶠之準當,則其冠也。』」足資參證。

續後漢書四十二卷

《續後漢書》四十二卷,廬陵貢士蕭常撰。館臣案:原本脱此句,今據《文獻通考》校補。周益公〈序〉云:「曹氏代漢,名禪實篡,特新莽之流亞。丕方登禪壇,自形舜、禹之言,固不敢欺其心矣。今隔千載,好惡豈復相沿?而蘇軾記王、彭之說,以為途人談三國時事,兒童聽者,聞劉敗則顰蹙,聞曹敗則稱快,遂謂君子小人之澤,百世不斬,茲豈人力強致也歟!館臣案:《通考》此上〈序〉語節去。陳壽身為蜀人,徒以仕屢見黜,父又為諸葛亮所髡,於劉氏君臣不能無憾。著《三國志》,以魏為帝,而指漢為蜀,與孫氏俱謂之主,設心已偏。故凡當時祫祭高帝以下昭穆制度,皆略而弗書。方且乞米於人,欲為佳傳,私意如此,史筆可知矣。廣棪案:《四庫全書》本此句誤作為「史可筆知矣」,今改正。其死未幾,習鑿齒作《漢晉春秋》,起漢光武,終晉愍帝,以蜀為正,魏為篡,謂漢亡僅一二年,則已為晉,炎興之名,天實命之,是蓋公論也。然五十四卷,徒見於《唐·藝文志》及本朝《太平御覽》之目。逮仁宗時,修《崇文總目》,其書已逸,或謂世亦有之,而未之見也。幸《晉史》載所著論,館臣案:原本此下不載,繫以隨齋批注,蓋有脱誤。今據《文獻通考》所存周平園〈序〉校補。千三百餘言,大指昭然。劉知幾《史通》云:『備王道,則曹逆而劉順。』本朝歐陽修論正統而不黜魏,其賓客章望之著〈明統論〉非之,見於《國史》。近世張栻《經世紀年》,直以先主上繼獻帝為漢,而附魏、吳於下,皆是物也。

今廬陵貢士蕭常潛心史學，謂古以班史廣棪案：盧校本「史」上有「少」字。疑衍。**為《漢書》，范史為《後漢書》，乃起昭烈章武元年辛丑，盡後主**館臣案：《通考》作少帝，今校改。**炎興元年癸未，為《續後漢書》。既正其名，復擇注文之善者並書之，積勤二十年，成帝紀、年表各二卷，列傳十八卷，〈吳載紀〉十一卷，〈魏載紀〉九卷，別為〈音義〉四卷。惜乎壽疎略於前，使不得追記英賢憲章於後，以釋裴松之之遺恨也！」**

廣棪案：《宋史》卷二百三〈志〉一百五十六〈藝文〉二〈別史類〉著錄：「蕭常《續後漢書》四十二卷。」所著錄與此同。昌彼得等編《宋人傳記資料索引》載：「蕭常字季韶，世稱晦齋先生，吉州人。鄉貢進士。父壽朋病陳壽《三國志》帝魏黜蜀，欲爲更定，未及成書而卒。常因述父志，作《續後漢書》以正陳壽之失，義例精審，爲後人所稱。」此書有周益公〈續後漢書序〉，收入《周文忠公集》卷五十三。《四庫全書總目》卷五十〈史部〉六〈別史類〉著錄：「《續後漢書》四十七卷，編修莊承籛家藏本。宋蕭常撰。常，廬陵人。鄉貢進士。初，常父壽朋病陳壽《三國志》帝魏黜蜀，欲爲更定，未及成書而卒。常因述父志爲此書，以昭烈帝爲正統，作帝紀二卷、年表二卷、列傳十八卷。以吳、魏爲載記，凡二十卷。又別爲音義四卷，義例一卷。於〈蜀志〉增傳四十二，廢傳四。移〈魏志〉傳入漢十。〈吳志〉廢傳二十。〈魏志〉廢傳八十九，多援裴註以入傳。其增傳亦皆取材於註，間有註所未及者。建安以前事則據范書，建安以後則不能復有所益，蓋其大旨在書法，不在事實也。然其義例精審，實頗得史法。如魏、吳諸臣本附見二國載記之後，而中有一節可名，如孟宗、陳表等，則別入〈孝友傳〉；杜德、張悌等，則別入〈忠義傳〉，管寧、吳範等，則別入〈隱逸〉、〈方技傳〉。其體實本之《晉書》。又曹操封魏公，加九錫等事，陳《志》皆稱天子命公，而此乃書『操自爲』云云。則本之范蔚宗《後漢書・本紀》。其他筆削，亦類多謹嚴。惟陳《志・先主傳》稱封涿縣陸城亭侯，而常於〈昭烈紀〉但云封陸城侯。陳《志》建安十四年魏延爲都督，而常則云『拔魏延爲鎮遠將軍』。裴註概無此語，不知常何所本。然常之所長，不在考證，殆偶然筆誤，非別有典據也。當成此書時，嘗以〈表〉自進於朝。所列但有本紀、表、傳、載記、而無音義。至周必大〈序〉，始并音義言之，或成書之後又續輯補入歟？」足資參證。此書《解題》作四十二卷，是未計音義四卷、義例一卷也。又此條有館臣案語，謂「原本此下不載，繫以隨齋批注」，今《四庫全書》本不見隨齋批注，殆佚之矣。

後漢志三十卷

《後漢志》三十卷，晉秘書監河內司馬彪紹統撰。梁剡令平原劉昭宣卿補注。蔚宗本書，〈隋〉、〈唐志〉皆九十七卷。今書紀、傳共九十卷，蓋未嘗有志也。劉昭所註，乃司馬彪《續漢書》之八志爾，〈序〉文固云范志今闕，乃借舊志注以補之。其與范氏紀、傳，自別為一書。其後，紀、傳孤行，而志不顯。至本朝乾興初，判國子監孫奭始建議校勘，但云補亡補闕，而不著其為彪書也。《館閣書目》乃直以百二十卷併稱蔚宗撰，益非是。今攷章懷注所引稱《續漢志》者，文與今《志》同，信其為彪書不疑。彪，晉宗室高陽王睦之長子，多所著述，注《莊子》及《九州春秋》之類是也。

案：此書有劉昭〈自序〉，曰：「昔司馬遷作《史記》，爰建八書；班固因廣是曰十志。天人經緯，帝政紘維，區分源奧，開廓著述。創藏山之祕寶，肇刊石之遐貫，誠有繫於《春秋》，亦自敏於改作。至乎永平執簡，東觀紀傳，雖顯書志，未聞推檢。舊紀先有地理，張衡欲存炳發，未有成功。靈憲精遠，天文已煥。自蔡邕大弘鳴條，寔多紹宣，協妙元卓，律曆已詳，承洽伯始，禮儀克舉。郊廟社稷，祭祀該明；輪排冠章，車服瞻列。於是應、譙纘其業，董、巴襲其軌，司馬《續書》，總爲八志，〈律曆〉之篇，仍乎洪、邕。所構車服之本，即依董、蔡所立。〈儀祀〉得於往制，〈百官〉就乎故簿，並籍據前修，以濟一家者也。王者之要，國典之源，粲然略備，可得而知矣。既接繼班書，通其流貫，休裁淵深，雖難踰等，序致膚約，有傷懸越，後之名史，弗能罷意。叔駿之書，是謂十典，務緩殺青，竟亦不成。二子於業，俱稱麗富。華轍亂亡，典則偕泯，雅言邃義，於是俱絕。沈松因循，尤鮮功創，時改見句，非更搜求。加文藝以矯前乘，流書品採自近錄。初平、永嘉，圖籍焚喪，塵消煙滅焉。識其限借南晉之新虛，爲東漢之故實，是以學者亦無取焉。范曄《後漢》良史，誠跨眾氏，〈序〉或未周，志遂全闕。國史鴻曠，須寄勤閑，天才富博，猶俟改具。若草昧厥始，無相憑據，窮其身世，少能已畢。遷有承考之言，固深資父之力，太初以前，班甲馬史，十志所因，實多往制。升入校部，出二十載，續〈志〉昭〈表〉，以助其間，成父述者，夫何易哉！況曄思雜風塵，必撓成毀，弗克員就，豈以茲乎！夫詞潤婉贍，可得起改，覈求見事，必應寫襲。故序例所論，備精與奪。及語八志，頗褒其美，雖出拔前群，歸相沿也。又尋本書，當見〈禮樂志〉，其〈天文〉、〈五行〉、〈百官〉、〈車服〉，爲名則同，此外諸篇，不著紀、傳。〈律歷〉、〈郡國〉，必依往式，曄遺書〈自序〉，應遍作諸志，《前漢》有者，悉欲備製。卷中發論，以正得失。書雖未明，其大旨也。層臺雲構，所缺過乎榱桷，爲山霞高，不終踰乎一簣。鬱絕斯作，吁可痛哉！縱懷纘緝，理慚鉤遠，迺借舊志，注以補之。狹見寡陋，匪同博遠，及其所植，微得論列，分爲三十卷，以合范使。求於齊工，孰曰文類，比茲闕恨，庶賢乎已！昔褚先生補子長之筆削，少馬氏接孟堅之不畢，相成之義，古有之矣。引彼先志，又何猜焉？而歲代逾邈，立言湮散，義存廣求，一隅未睹，兼鍾律之妙，素揖校讎；參曆算之徵，有慚證辨。星候祕阻，圖緯藏嚴，是須甄明，每用疑略。時或有見，頗邀傍遇，非覽正部，事乖詳密，今令行禁止，此書外絕，其有疎漏，諒不是誚。」是昭自言嘗補注司馬彪所續《後漢書》八志也。《四庫全書總目》卷四十五〈史部〉一〈正史類〉一「《後漢書》一百二十卷」條亦云：「今本八志，凡三十卷，別題梁剡令劉昭注。據陳振孫《書錄解題》，乃宋乾興初判國子監孫奭建議校勘，以昭所注司馬彪《續漢書志》，與范書合爲一編。案〈隋志〉載司馬彪《續漢書》八十三卷，《唐書》亦同。〈宋志〉惟載劉昭補注《後漢志》三十卷，而彪書不著錄。是至宋僅存其志，故移以補《後漢書》之闕。其不曰《續漢志》，而曰《後漢志》，是已併入范書之稱矣。或謂酈道元《水經注》嘗引司馬彪《州郡志》，疑其先已別行。又謂杜佑《通典》述科舉之制，以《後漢書》、《續漢志》連類而舉，疑唐以前已併八志入范書，似未確也。自八志合併之後，諸書徵引，但題《後漢書》某志。儒者或不知爲司馬彪書，故何焯《義門讀書記》曰：『八志，司馬紹統之作。案紹統，彪之字也。本漢末諸儒所傳，而述於晉初。劉昭注補，別有〈總敘〉。緣諸本或失載劉〈敘〉，故孫北海《藤陰箚記》亦誤出蔚宗志〈律歷〉之文』云云。考洪邁《容齋隨筆》，已誤以八志爲范書，則其誤不自孫承澤始。今於此三十卷并題司馬彪名，庶以袪流俗之訛焉。」所論與直齋同，足相參證。

三國志六十五卷

《三國志》六十五卷，晉治書侍御史巴西陳壽承祚撰。宋中書侍郎河東裴松之世期注。壽書初成，時人稱其善敘事，張華尤善之。然乞米作佳傳，以私憾毀諸葛亮父子，難乎免物議矣。王通謂：「壽有志於史，依大義而黜異端，然要為率略。」松之在元嘉時，承詔為之注，鳩集傳記，增廣異文。大抵本書固率略，而注又繁蕪，要當會通裁定，以成一家，而未有奮然以為己任者。豐、祐間，南豐呂南公銳意為之，題其齋曰「衮斧」，書垂成而死，遂弗傳。

又紹興間，吳興鄭知幾維心嘗為之，鄉里前輩多稱其善，而書亦不傳。近永康陳亮亦頗有意焉，僅成論贊數篇，見《集》中，而書實未嘗修也。

廣棪案：《郡齋讀書志》卷第五〈正史類〉著錄：「《三國志》六十五卷。右晉陳壽撰。魏四紀、二十六列傳，蜀十五列傳，吳二十列傳。宋文帝嫌其略，命裴松之補注，博采群說，分入書中，其多過本書數倍。王通數稱壽書，今細觀之，實高簡有法。如不言曹操本生，而載夏侯惇及淵於諸曹傳中，則見嵩本夏侯氏之子也；高貴鄉公書卒，而載司馬昭之奏，則見公之不得其死也。他皆類是。但以魏爲紀，而稱漢、吳曰傳，又改漢曰蜀，世頗譏其失。至於謂其銜諸葛孔明髡父，而爲貶辭；求丁氏之米不獲，不立儀、廙傳之類，亦未必然也。」《玉海》卷第四十六〈藝文・正史〉「《三國志》」條載：「晉〈陳壽傳〉：『壽爲著作郎，撰《三國志》，凡六十五篇，時人稱甚善序事，有良史才。張華深善之，曰：「當以《晉書》相付。」夏侯湛時著《魏書》，見壽所作而罷。元康七年，尚書郎范頵等上〈表〉曰：「故治書侍御史壽作《三國志》，辭多勸戒，有益風化，文豔不及相如，而質直過之。」詔洛陽令就家寫。其書不爲丁儀立傳，又言諸葛亮將略非長，議者少之。壽又撰《古國志》五十篇，《益都耆舊傳》十篇。』壽定《諸葛亮故事》為二十四篇。〈隋志〉：『晉陳壽《三國志》六十五卷，〈敘錄〉一卷。宋裴松之注。何常侍《論》九卷，徐爰《評》三卷，〈唐志〉：「徐眾。」晉王濤《序評》三卷，盧宗道《魏志音義》一卷。』三國鼎峙，魏氏及吳並有史官，晉時巴西陳壽刪集三國之事，唯魏帝爲紀，其功臣及吳、蜀之主並爲傳，各依其國，部類相從。〈唐志〉：『〈魏志〉三十卷、〈蜀〉十五卷、〈吳〉二十一卷。』《中興書目》：『初，王沈撰《魏書》，四十八卷。爲時諱惡，殊非實錄。項峻撰《吳書》，韋昭續成之，五十五卷。〈隋志〉二十五卷。壽集爲《三國志》，撰魏紀四、列傳二十六，吳列傳二十，蜀列傳十五。』《史通》：『先是魏魚豢私撰《魏略》，五十卷。後孫盛撰《魏氏春秋》，二十卷。王隱撰《蜀記》，七卷。張勃撰《吳錄》，三十卷。宋文帝以《志》簡略，命裴松之兼采眾書，補注其缺。世言《三國志》以裴注爲本。元嘉六年七月二十四日上之，〈表〉云：「詔使采三國異同以注《國志》，壽書銓序可觀，事多審正，近世之嘉史，然失在於略，時有脫漏。臣上搜舊聞，傍摭遺逸，頗以愚意有所論辨。」注引《吳曆》。〈隋志〉有晉環濟《吳紀》九卷。吳左右國史薛瑩、華覈。陰澹《魏紀》十二卷。』《後魏書》，梁祚撰，并陳壽《三國志》名曰《國統》。〈隋志・雜史〉：『《魏國統》二十卷。』《文中子》：『陳壽有志於史，依大義而削異端。』晁氏《志》：『以魏爲紀，而稱漢、吳爲傳，又改漢曰蜀，世頗譏其失。』《蜀志》注引孫盛《異同記》，又引《蜀記》、孫盛《蜀世譜》、譙周《蜀本紀》。」均足供參證。至《解題》所言呂南公，《宋史》四百四十四〈列傳〉第二百三〈文苑〉六有傳。其〈傳〉曰：「呂南公字次儒，建昌南城人。於書無所不讀，於文不肯綴緝陳言。熙寧中，士方推崇馬融、王肅、許慎之業，剽掠補拆，臨摹之藝大行，南公度不能逐時好，一試禮闈不偶，退築室灌園，不復以進取爲意。益著書，且借史筆以褒善貶惡，遂以『衮斧』名所居齋。」是《宋史》以南公爲南城人，非南豐人。余另考《題解》卷十七〈別集類〉中「《灌園集》三十卷」條著錄：「鄉貢進士呂南公次儒撰。熙寧初，試禮部不利，會以《新經》取士，遂罷舉。欲修《三國志》，題其齋曰『衮斧』，書將成而死，其書亦不傳。」可參證。余又撰〈呂南公里籍考〉，刊《新國學》第三卷，（二〇〇一年七月），後收入《碩堂文存五編》，可參考。至鄭知幾，則無可考。陳亮字同甫，婺州永康人。《宋史》卷四百三十六〈列傳〉第一百九十五〈儒林〉六有傳。所著《龍川集》卷十二有〈三國紀年〉。另撰〈酌古論〉，見《龍川集》卷五至卷九，其中多論及三國人物，斯即《解題》所謂「僅成論贊數篇，見《集》中」者耶？

晉書一百三十卷

《晉書》一百三十卷，唐宰相房玄齡等修，題御撰。案《唐・藝文志》，為《晉書》者，有王隱、虞預、臧榮緒、謝靈運、干寶等諸家。太宗以為未善，命玄齡修之。與其事者，褚遂良、許敬宗、令狐德棻、李延壽、敬播、趙宏智等二十人。館臣案：《新唐書・藝文志》：預修《晉書》者，有房玄齡、褚遂良、許敬宗、來濟、陸元仕、劉子翼、令狐德棻、李義甫、薛元超、上官儀、崔行功、李淳風、辛丘馭、劉引之、陽仁卿、李延壽、張文恭、敬播、李安期、李懷儼、趙宏智等二十一人。此書云二十人，誤。**〈宣〉、〈武紀〉、〈陸機〉、〈王羲之傳論〉，太宗自為之，故稱「制曰」**，廣棪案：各書均稱「制旨」，疑《解題》誤。**而總題其書曰「御撰」。其凡例則發於敬播云。**

廣棪案：《郡齋讀書志》卷第五〈正史類〉著錄：「《晉書》一百三十卷。右唐房喬等撰。貞觀中，以何法盛等十八家《晉史》未善，詔喬與褚遂良、許敬宗再加撰次，乃據臧榮緒書增損之。後又命李淳風、李義府、李延壽等十三人分掌著述，敬播等四人考正類例。西晉四帝、五十四年，東晉十一帝、一百二年，又胡、羯、氐、羌、鮮卑割據中原，爲五涼、四燕、三秦、二趙、夏、蜀十六國，共成帝紀十、志二十、列傳七十、載記三十。例出於播。〈天文〉、〈律曆〉，淳風専之。喬以〈宣〉、〈武紀〉、〈陸機〉、〈王羲之傳論〉，上所自爲，故曰『制旨』，又總題『御撰』焉。按歷代之史，惟晉叢冗最甚，可以無譏。至於取沈約誕誣之說，采《語林》、《世說》、《幽明錄》、《搜神記》詭異謬妄之言，亦不可不辨。」《玉海》卷第四十六〈藝文・正史〉「《晉史》、《晉紀》、《晉書》、《晉中興書》、《十志》」條載：「〈列傳〉：『王隱父銓，有著述之志，私錄晉事未就。隱受父業，西都舊事多所諳究。太興初，元帝。召爲著作郎，隱及郭璞俱為著作郎。令撰晉史。《晉春秋》云：「王隱著國史成，八十八卷。」時虞預私撰《晉書》，而生長東南，不知中朝事，數訪於隱，并借隱所著書竊寫之。隱依庾亮，亮供紙筆，乃成書，詣闕上之，文辭鄙拙，蕪舛不倫。其書次第可觀者，其父所撰；文體混漫者，隱之作也。本九十三卷。〈隋志〉八十六卷。《春秋正義》引王隱《晉書》。干寶博覽書記，中興草創，未建史官。中書監王導上疏宜建立國史，撰集帝紀，宜備史官，敕佐著作郎干寶等撰集。於是著《晉紀》，自宣迄愍五十三年，凡二十卷，奏之。其書簡直，而婉稱良史。』〈隋志〉二十三卷，劉彤注四十卷。虞預著《晉書》四十四卷，〈隋志〉二十六卷，訖明帝。《會稽典錄》二十篇，《諸虞傳》十二篇，行於世。謝、沈有史才，康帝時爲著作，撰《晉書》三十餘卷。沈先著《後漢書》百卷，及《漢書外傳》。郗紹作《晉中興書》，何法盛竊之，凡七十八卷，起東晉。徐廣領著作，敕撰成《國史》。廣舉荀伯子、王韶之為佐郎，同撰《晉史》。義熙初，十二年。成《晉紀》四十六卷，上之。〈隋志〉四十五卷。鄧粲著《元明紀》十篇。〈隋志〉十一卷。《文心雕龍》：『鄧粲《晉紀》，始立條例。』荀綽撰《晉後書》十五篇。〈隋志〉：「綽《晉後略記》五卷。」束皙，武帝時佐著作郎，撰《晉書帝紀》、《十志》。著〈晉書紀志〉。」《南史》：『裴松之著《晉紀》。謝靈運爲祕書監，撰《晉書》，粗立條流。沈約撰一百二十卷，條流雖舉，采掇未周。失第五秩。齊臧榮緒括東西晉爲一書，紀錄志、傳百一十卷。』《後魏書》：『崔浩以《晉書》諸家多誤，著《晉後書》未就，傳世者五十餘卷。』」又同書同卷「《晉史》十八家」條載：「〈隋志〉：『《晉書》有王隱八十六卷、虞預二十三卷、朱鳳十卷、本十四卷，訖元帝。謝靈運三十六卷、臧榮緒一百十卷、蕭子雲十一卷，本一百二卷。梁有鄭忠七卷、沈約一百十一卷、庾銑《東晉新書》七卷，亡。又蕭子顯《晉史草》三十卷、梁張緬《晉書鈔》三十卷、張氏《晉書鴻烈》六卷。《中興書》有何法盛七十八卷、《晉紀》有陸機四卷、干寶二十三卷、曹嘉之十卷、鄧粲十一卷、宋劉謙之二十五卷。《南史》云二十卷。王韶之十卷、徐廣四十五卷、郭季產《續》五卷。《陽秋》有習鑿齒、孫盛、檀道鸞之書。卷見上。又有荀綽《晉後略記》五卷。〈唐志〉又有《晉錄》五卷。』貞觀二十年閏三月詔曰：『十有八家雖存記注，才非良史，書虧實錄。榮緒煩而寡要，行思勞而少功，叔寧味同畫餅，子雲學堙涸流，處叔不預於中興，法盛莫通於創業。洎乎干、陸、曹、鄧，略紀帝王；鸞、盛、廣、松，纔編載祀。其文既野，其事罕有。』」又同書同卷「唐御撰《晉書》」條載：「〈志〉：『房玄齡、褚遂良、許敬宗、來濟、陸元仕、劉子翼、令狐德棻、李延壽等二十一人修，名爲御撰，一百二十卷。』《會要》：『貞觀二十年閏三月四日詔：「宜令修纂所更撰《晉書》，銓次舊聞，裁成義類，如修《五代史》故事。」於是司空房玄齡、中書令褚遂良、太子左庶子許敬宗掌其事。來濟、陸元仕、劉翼、李淳風、李義府、薛元超、上官儀、崔行功、辛玄馭、劉胤之、楊仁卿、李延壽、張文恭，並分功撰錄。令狐德棻、敬播、李安儀、李懷儼，詳其條例。以臧榮緒《晉書》爲本，爲十紀、十志、七十列傳、三十載記。其太宗所著〈宣〉、〈武〉二帝及〈陸機〉、〈王羲之〉四論，稱制旨焉。房玄齡已下稱史臣，凡起例皆播獨創。其以書賜皇太子及新羅使者各一部。』案修史事，〈志〉有二十一人，《會要》止有二十人，無趙宏智名。〈列傳〉：『令狐德棻會修《晉史》，房玄齡奏起之，預柬十有八人，德棻爲先進，類例多所諏定。』敬播撰《晉書》，大抵凡例皆播所創。《書目》：『太宗以《晉史》何法盛等十八家，制作雖多，未能盡善，於是敕史官更加纂錄，採正典與舊説數十部，兼引為史。十六國書，為百三十篇。命來濟、李淳風、李義府等十三人分掌著述，令狐德棻、敬播等四人考正類例。凡例多出敬播，〈天文〉、〈律曆〉則李淳風爲之。惟〈宣〉、〈武紀〉、〈陸〉、〈王傳論〉，太宗自爲之，故總題曰御撰云。當時修史者多文辭之士，好采詭異，以廣聞見，學者譏之。』」均足資參證。

宋書一百卷

《宋書》一百卷，齊太子家令吳興沈約休文撰。約永明中兼著作郎，被敕撰。本何承天、山謙之、蘇寶生所撰，至徐爰勒為一史，起義熙，迄大明，自永光以來闕而不錄。今新史始義熙，終昇明三年，本紀、列傳七十卷，志三十卷，獨闕〈到彥之傳〉。《館閣書目》謂其志兼載魏、晉，失於限斷。揆以班、馬史體，未足為疵。至其所創〈符瑞〉一志，不經且無益，其贅甚矣。約後入梁為僕射、侍中。

廣棪案：《崇文總目》卷二〈正史類〉著錄：「《宋書》一百卷，沈約撰。原釋：其書雖諸〈志〉失于限斷，然有博洽多聞之益。今世雖所傳文多舛失，參補未獲。〈趙倫之傳〉一卷，今闕；〈謝靈運傳〉，文注訛駁。見《文獻通考》。」錢東垣輯釋本。《郡齋讀書志》卷第五〈正史類〉著錄：「《宋書》一百卷。右梁沈約撰。十本紀，三十志，六十列傳。齊永明中，約奉詔爲是書，以何承天書爲本，旁采徐爰之說，頗爲精詳。但本志兼載魏、晉，失於限斷。又王劭謂其喜造奇說，以誣前代，如瑯琊王妃通小吏牛氏生中宗，孝武於路太后處寢息，時人多有異議之類是也。後梁武帝知而不以爲非。嘉祐中，以《宋》、《齊》、《梁》、《陳》、《魏》、《北齊》、《周書》舛謬亡闕，始詔館職讎校。曾鞏等以秘閣所藏多誤，不足憑以是正，請詔天下藏書之家，悉上異本，久之始集。治平中，鞏校定《南齊》、《梁》、《陳》三書上之，劉恕等上《後魏書》，王安國上《周書》。政和中始皆畢，頒之學官，民間傳者尙少。未幾，遭靖康丙午之亂，中原淪陷，此書幾亡。紹興十四年，井憲孟爲四川漕，始檄諸州學官，求當日所頒本。時四川五十餘州皆不被兵，書頗有在者，然往往亡闕不全，收合補綴，獨少《後魏書》十許卷，最後得宇文季蒙家本，偶有所少者，於是七史遂全，因命眉山刊行焉。」《玉海》卷第四十六〈藝文・正史〉「《宋書》、《宋略》」條載：「〈唐志〉：『沈約《宋書》一百卷、王智深三十卷，又《宋紀》三十卷，裴子野《宋略》二十卷，鮑衡卿、王琰《宋春秋》各二十卷。』〈隋志〉：『《宋書》，徐爰、孫嚴撰，皆六十五卷。梁有宋文明中所撰六十一卷，沈約撰《齊紀》二十卷。』梁〈沈約傳〉：『齊建元四年，敕撰《國史》。永明二年兼著作，撰次《起居注》。五年春，敕撰《宋書》。六年二月畢，上之。』《史通》：『《宋書》，元嘉中，著作郎何承天草創紀傳，一本云止於武帝功臣，其志唯〈天文〉、〈律厤〉。自此外委山謙之。又命裴松之續成《國史》，尋卒。孫沖之表求別自創立，爲一家之言。孝建初，蘇寶生續造諸傳，元嘉名臣皆其所撰。大明六年，徐爰踵成前作。起義熙初，訖大明末。其〈臧質〉、〈魯爽〉、〈王僧達〉諸傳，又皆孝武所造。沈約本承天舊書，兼採謙之、沖之、寶生、徐爰諸說，一本云約更製新史。始自義熙，終於昇平三年。爲紀十、志三十、列傳六十，合百卷。〈唐志〉卷同。今本〈到彥之傳〉卷末殘缺。志乃兼載魏、晉，論者以為失於限斷。元嘉十六年，承天攝國史，其志十五篇。永明末，裴子野，松之曾孫。刪爲《宋略》二十卷，敘事評論多善，約見而嘆曰：「吾所不逮也。」世言宋史者，以裴《略》爲上，沈《書》次之。』《中興書目》卷同。」足資參證。約字休文，吳興武康人。《宋書》卷十三〈列傳〉第七、《南史》卷五十七〈列傳〉第四十七有傳。《解題》謂此書「獨闕〈到彥之傳〉」。《四庫全書總目》卷四十五〈史部〉一〈正史類〉一錄：「《宋書》一百卷。內府刊本。……其書至北宋已多散失，《崇文總目》謂闕〈趙倫之傳〉一卷。陳振孫《書錄解題》謂獨闕〈到彥之傳〉。今本卷四十六有〈趙倫之〉、〈王懿〉、〈張邵傳〉，惟〈彥之傳〉獨闕，與陳振孫所見本同。」又此書創〈符瑞〉一志，《四庫全書總目》謂：「八志之中，惟〈符瑞〉實爲贅疣。」與《解題》所見同。

齊書五十九卷

《齊書》五十九卷，梁吳興太守蕭子顯景陽撰。本傳稱六十卷。子顯者，齊豫章王嶷之孫也。

廣棪案：《郡齋讀書志》卷第五〈正史類〉著錄：「《南齊書》五十九卷。右梁蕭子顯撰。八紀，十一志，四十列傳。初，江淹已作十志，沈約又有紀，子顯自表別修。然〈天文〉但紀災祥，〈州郡〉不著戶口，〈祥瑞〉多載圖讖，〈表〉云：『天文事秘，戶口不知，不敢私載。』曾子固謂子顯於斯史，喜自馳騁，其更改破析，刻彫藻繢之變尤多，而文比七史最下云。」《玉海》卷第四十六〈藝文·正史〉「《齊書》」條載：「〈唐志〉：『蕭子顯《齊書》六十卷。』《書目》：『今存五十九卷。初，江淹著十《志》，沈約著《齊紀》二十卷，子顯表於梁武，別爲此書。紀八、志十一、列傳四十。合五十九篇。〈天文志〉但紀災祥，〈州郡〉不著戶口，〈祥瑞〉多載圖讖。〈表〉言素不知戶口，且天文復祕，不私載焉。曾鞏〈序〉謂：『子顯之文，喜自馳騁，其更改破析，藻繢之變尤多。吳均亦表請撰《齊史》，遂撰《齊春秋》三十篇。』〈唐志〉卷同。」足資參證。子顯，《梁書》卷三十五〈列傳〉第二十九附其兄〈蕭子恪〉。其〈傳〉曰：「子顯字景陽，子恪第八弟也。幼聰慧，文獻王異之，愛過諸子。」又曰：「蕭子恪字景沖，蘭陵人，齊豫章文獻王嶷第二子也。」考《南史》卷四十二〈列傳〉第三十二〈齊高帝諸子〉上〈豫章文獻王嶷子子廉、子恪、子操、子範、子範子乾、子範弟子顯、子雲〉載：「豫章文獻王嶷字宣儼，高帝第二子也。」又載：「子顯字景陽，子範弟也。幼聰慧，嶷偏愛之。」是子顯乃子恪、子範之弟，豫章文獻王之第八子，《解題》謂：「子顯者，齊豫章王嶷之孫也。」其誤顯然。

梁書五十六卷

《梁書》五十六卷，唐弘文館學士京兆姚思廉撰。思廉名簡，以字行。

廣棪案：《郡齋讀書志》卷第五〈正史類〉著錄：「《梁書》五十六卷，右唐姚思廉撰。六本紀，五十列傳。唐貞觀三年，詔思廉同魏徵撰。思廉者，梁史官察之子。推其父意，采謝、吳等所記以成此書。徵惟著〈總論〉而已。」《玉海》卷第四十六〈藝文・正史〉「《梁書》」條載：「〈唐志〉：『姚思廉《梁書》五十六卷。』紀六，列傳五十。〈隋志〉：『《梁典》三十卷，劉璠撰。三十卷，何之元撰。』〈唐志〉有謝昊三十九卷。〈姚思廉傳〉：『父察，在隋修《梁》、《陳》二史，未就。採謝昊、顧野王等諸家推究總括，爲《梁》、《陳》二家史，以卒父業，賜雜綵五百段。』陳顧野王撰《國史》。《陳書》，紀、傳二百卷。《史通》：『梁武帝時，周興嗣、鮑衡卿、謝昊昊四十九卷，本百卷。撰錄已百篇，後亡逸。何之元、劉璠合撰《梁典》三十篇。之元著《梁典》，起齊永元元年，迄于王琳遇獲。七十五年行事，為三十卷。姚察《梁書》〈帝紀〉七卷。許亨良《史》五十三卷。云云。』」足供參證。思廉《舊唐書》卷七十三〈列傳〉第二十三載：「姚思廉字簡之，雍州萬年人。」《新唐書》卷一百二〈列傳〉第二十七載：「姚思廉，本名簡，以字行，陳吏部尚書察之子。」《解題》殆據《新唐書》也。

陳書三十六卷

《陳書》三十六卷，姚思廉撰。初，思廉父察嘗修《梁》、《陳》二史未成，以屬思廉。後受詔與魏徵共撰。思廉采謝炅、顧野王等諸書，綜括為二史，以卒父業。

廣棪案：《舊唐書》卷七十三〈列傳〉第二十三〈姚思廉〉載：「貞觀初，遷著作郎、弘文館學士。寫其形像，列於十八學士圖，令文學褚亮爲之讚，曰：『志苦精勤，紀言實錄。臨危殉義，餘風勵俗。』三年，又受詔與祕書監魏徵同撰《梁》、《陳》二史，思廉又採謝炅等諸家《梁史》續成父書，並推究陳事，刪益傅縡、顧野王所修舊史，撰成《梁書》五十卷、《陳書》三十卷。魏徵雖裁其〈總論〉，其編次筆削，皆思廉之功也。賜綵絹五百段，加通直散騎常侍。」《郡齋讀書志》卷第五〈正史類〉著錄：「《陳書》三十六卷。右唐姚思廉撰。六本紀，三十列傳。其父察在陳，嘗刪撰梁、陳事，未成。陳亡，隋文帝問之，察以所論載，每一篇成，輒奏之，未訖而沒。察且死，屬思廉繼其業。貞觀中，與《梁書》同上之。其書世亦罕傳，多脫誤。」《玉海》卷四十六〈藝文・正史〉「《陳書》」條載：「〈唐志〉：『姚思廉《陳書》三十六卷。』紀六、列傳五十，魏徵等同撰。《史通》：『《陳史》初有顧野王、傅縡，大建初陸瓊續撰。陸瓊《陳書》四十二卷。姚察刪改。察有志修《梁》、《陳》二史。至貞觀初，三年。其子思廉爲著作佐郎，續成之。』魏徵唯裁其〈總論〉。《陳書》歷三世，傳父子，數十歲而後成。嘉祐六年八月校讎，八年七月始校定。」足資參證。惟《舊唐書》思廉本傳謂《梁書》五十卷、《陳書》三十卷，則卷數均與《解題》著錄不同。

後魏書一百三十卷

《後魏書》一百三十卷，北齊中書令兼著作郎鉅鹿魏收伯起撰。始，魏初鄧彥海撰《代記》十餘卷；其後，崔浩典史，為編年體，李彪始分作紀、表、志、傳。收搜採遺亡，綴續後事，備一代史籍上之。時論言收著史不平，詔與諸家子孫共加論討，前後訴者百有餘人，眾口諠然，號為「穢史」。僕射楊愔、高德正與收皆親，抑塞訴辭，遂不復論。今紀闕二卷，傳闕二十二卷，又三卷不全，志闕〈天象〉二卷。收既以史招怨，齊亡之歲，竟遭發冢棄骨之禍。隋文帝命魏澹等更撰《魏書》九十二卷。館臣案：《舊唐書・經籍志》、《新唐書・藝文志》俱一百七卷。**以西魏為正，東為偽，義例簡要。〈唐志〉又有張太素《後魏書》一百卷，今皆不傳，而收書獨行。《中興書目》謂：「所闕〈太宗紀〉，以澹書補之，闕志以太素書補之。」二書既亡，惟此紀、志獨存，不知何據？**館臣案：《宋史》存〈澹紀〉一卷，太素〈天文志〉二卷。

廣棪案：《崇文總目》卷二〈正史類〉著錄：「《後魏書》一百三十卷，魏收撰。原釋：齊天保中，始詔收撰《魏史》。收博采諸家舊文，隨條甄舉，綴屬後事，成一代大典。追敘魏先祖二十八帝，下終孝靜，作十二紀、九十二列傳、十志，析之凡一百三十篇。而史有三十五例、二十五敘、九十四論、前後二表、一啓。然收諂于齊氏，言魏室多所不平。至隋開皇中，敕魏澹更作《魏史》，唐李延壽作《北史》，並行于世。與收史相亂，因而卷第殊舛，今所存僅九十餘篇。見《文獻通考》。」錢東垣輯釋本。《郡齋讀書志》卷第五〈正史類〉著錄：「《後魏書》一百三十卷。右北齊魏收撰。初，魏史官崔浩既誅，太和後，始有李彪、崔鴻等書。魏末，山偉、綦儁更主國書，二十餘年，事迹蕩然，萬不紀一。文宣時，始詔收撰次，成十二紀、十志、九十二列傳，上之，悉焚舊書。多諂諱不平，受爾朱榮子金，故滅其惡；夙有怨者，多沒其善；黨北朝，貶江左，時人嫉之，號爲『穢史』。劉知幾謂其生絕胤嗣，死逢剖斮，皆陰慝所致。後隋文帝命顏之推等別修。唐貞觀中，陳叔達亦作《五代史》，皆不傳，獨收書在。皇朝命劉恕等校正。」《玉海》卷第四十六〈藝文・正史〉「《後魏書》」條載：「北齊天保二年，詔魏收撰《魏史》，勒成十一紀、九十二列傳，合一百一十卷。五年三月奏上之。十一月奏十志，〈天象〉、〈地形〉，至〈官氏〉、〈釋老〉，凡二十卷，合一百三十卷。分爲十二袠。隋以魏收所撰書，褒貶失實，平繪爲《中興書》，事不倫序，詔魏澹別成《魏史》，爲十二紀、七十八列傳，〈史論〉及〈例〉各一卷，合九十二卷。《書目》:『今收書，紀闕二卷，傳闕二十二卷，不全者三卷，志闕二卷，補以魏澹、張太素所作，及《北史》、《高氏小史》、《修文殿御覽》。澹及太素書今亡。』〈唐志〉:『魏收《後魏書》一百三十卷、魏澹一百七卷、張太素一百卷、裴安時《元魏書》三十卷。』《唐舊史》:『張太素撰《後魏書》一百卷，〈天文志〉未成，一行續成之。』志又有張太素《魏書》百卷。〈隋志〉:『魏彥深撰一百卷。』〈唐元行沖傳〉:『以系出拓拔，恨史無編年，乃撰《魏典》三十篇，事詳文約，學者尚之。』《會要》:『景龍三年十二月。』〈志・雜史類〉:『《魏典》三十卷。』」均足資參證。收撰《後魏書》事，猶可參見《北齊書》卷三十七〈列傳〉第二十九、《北史》卷五十六〈列傳〉第四十四〈魏收〉。

北齊書五十卷

《北齊書》五十卷，唐中書舍人定武李百藥重規撰。百藥父德林先已創紀、傳諸篇。百藥因父業，受詔成之。

廣棪案:《郡齋讀書志》卷第五〈正史類〉著錄:「《北齊書》五十卷。右唐李百藥撰。本紀八，列傳四十二。百藥父德林，在齊嘗撰著紀、傳。貞觀初，詔分修諸史，百藥因父書續成以獻。諸史稱帝號，百藥避唐朝名諱，不書『世祖』、『世宗』之類，例既不一，議者少之。書今亡闕不完。」《四庫全書總目》卷四十五〈史部〉一〈正史類〉一著錄:「《北齊書》五十卷，內府刊本。唐李百藥奉敕撰。蓋承其父德林之業，纂緝成書，猶姚思廉之繼姚察也。大致仿《後漢書》之體，卷後各繫論、贊。然其書自北宋以後漸就散佚，故晁公武《讀書志》已稱殘闕不完。今所行本，蓋後人取《北史》以補亡，非舊帙矣。今核其書，本紀則〈文襄紀〉沓集亢雜;〈文宣紀〉、〈孝昭紀〉，論辭重複;列傳則九卷、十卷、十一卷、十四卷、十五卷、二十六卷、二十七卷、二十九卷至四十卷俱無論、贊。二十八卷有贊無論。十二卷、四十六卷、四十七卷、四十八卷、四十九卷有論無贊。又《史通》引李百藥《齊書》論魏收云:『若使子孫有靈，竊恐未挹高論。』又云:『足以入相如之室，游尼父之門，志存實錄，詆訐姦私。』今〈魏收傳〉無此語，皆掇拾者有所未及也。至如〈庫狄干傳〉之連及其子士文，〈元斌傳〉之稱齊文襄，則又掇拾者刊削未盡之辭矣。北齊立國本淺，文宣以後，綱紀廢弛，兵事俶擾，既不及後魏之整飭疆圉，復不及後周之修明法制，其倚任爲國者，亦鮮始終貞亮之士，均無奇功偉節資史筆之發揮。觀〈儒林〉、〈文苑傳敘〉，去其已見《魏書》及見《周書》者，寥寥數人，聊以取盈卷帙。是其文章萎苶，節目叢脞，固由於史材史學不及古人，要亦其時爲之也。然一代興亡，當有專史。典章之沿革、政事之得失、人材之優劣，於是乎有徵焉，未始非後來之鑒也。」足資參考。

後周書五十卷

《後周書》五十卷，唐祕書監華原令狐德棻撰。初，德棻武德中建言近代無正史。詔德棻及諸臣論撰，歷年不能就，罷之。貞觀二年，復詔撰定。議者以魏有收、澹二家書為已詳，唯五家史當立。德棻與岑文本、崔仁師次周史，李百藥次齊史，姚思廉次梁、陳史，魏徵次隋史，房玄齡總監而修撰之。原自德棻發之。

廣棪案：《郡齋讀書志》卷第五〈正史類〉著錄：「《周書》五十卷。右唐令狐德棻等撰。本紀八，列傳四十二。貞觀中，德棻請撰次，乃詔德棻與陳叔達、唐儉成之。先是，蘇綽秉周政，軍國辭令，多準尚書。牛弘爲史，尤務清言，德棻因之以成是書，故多非實錄。仁宗朝出太清樓本，合史館、秘閣本，又募天下書，而取夏竦、李巽家本，下館閣是正其文字。其後林希、王安國上之。」《玉海》卷第四十六〈藝文・正史〉「唐五家史梁、陳、齊、周、隋」條載：「〈令狐德棻傳〉：『武德初爲祕書丞，《會要》：『武德四年十一月，起居舍人德棻言。』建言：「近代無正史，梁、陳、齊文籍猶可據；至周、隋事多捐脫，今耳目尚相及，史有所憑，一易世，事皆汨暗，無所掇拾。陛下受禪於隋，隋承周，二祖功業多在周，今不論次，各爲一王史，則先烈世庸不光明，後無傳焉。」帝喟然。於是五年十二月二十六日，詔中書令蕭瑀、王敬業、殷聞禮主魏，封德彝、顏師古主隋，崔善爲、孔紹安、蕭德言主梁，裴矩、祖孝孫、魏徵主齊，竇璡、歐陽詢、姚思廉主陳，陳叔達、庾檢及德棻主周。由魏迄隋，振整論撰，歷年不能就，罷之。貞觀三年，復詔撰定。議者以魏有魏收、魏澹二家已詳，惟五家史當立。《會要》：「三年於中書置祕書內省，修五代史。」德棻更與秘書郎岑文本、殿中崔仁師次周，中書舍人李百藥次齊，著作郎姚思廉次梁、陳，祕書監魏徵次隋，左僕射房元齡總監。修撰之原，自德棻發之。書成，賜絹四百匹，遷禮部侍郎。』」可資參考。德棻，宜州華原人。《舊唐書》卷七十三〈列傳〉第二十三、《新唐書》卷一百二〈列傳〉第二十七有傳。《舊唐書》本傳載：「貞觀三年，太宗復敕修撰，乃令德棻與祕書郎岑文本修周史，中書舍人李百藥修齊史，著作郎姚思廉修梁、陳史，祕書監魏徵修隋史，與尚書左僕射房玄齡總監諸代史。眾議以魏史既有魏收、魏澹二家，已爲詳備，遂不復修。德棻又奏引殿中侍御史崔仁師佐修周史，德棻仍總知類會梁、陳、齊、隋諸史。武德已來創修撰之源，自德棻始也。」案：《新唐書》本傳同。《解題》所述，殆據兩《唐書》也。

隋書八十五卷

《隋書》八十五卷，唐祕書監魏徵、顏師古等撰。其十志，高宗時始成上，總梁、陳、齊、周之事，俗號《五代志》。

廣棪案：《郡齋讀書志》卷第五〈正史類〉著錄：「《隋書》八十五卷。右唐魏徵等撰紀五、列傳五十五，長孫無忌等撰志三十。初，詔顏師古、孔穎達修述，徵總其事，序、論皆徵自作。後又詔于志寧、李淳風、韋安仁、李延壽同修《五代史志》，無忌上之，詔編第入《隋書》，人亦號《五代史志》。〈天文〉、〈律曆〉、〈五行〉三志，淳風獨作。」考《郡齋讀書志》著錄「列傳五十五」，實乃「五十」之誤。《玉海》卷第四十六〈藝文・正史〉「《隋書》」條載：「〈唐志〉：『《隋書》八十五卷，志三十卷。〈紀〉、〈傳〉五十五卷。顏師古、孔穎達、于志寧、李淳風、韋安化、李延壽，與令狐德棻、敬播、趙宏智、魏徵等撰。』」同書同卷「《五代史志》」條載：「《會要》：『貞觀十年正月二十日壬子，尚書左僕射房玄齡等撰成周、梁、陳、齊、隋五史，上之，進階頒賜有差。顯慶元年五月四日，己卯。史官修梁、齊、陳、周、隋《五代志》三十卷，始〈禮儀〉，終〈經籍〉。太尉無忌進之。』貞觀十五年詔于志寧、李淳風、李延壽同修《五代史志》，勒成十志三十卷，後編入《隋書》，合八十五卷。《史通》：『十志三十卷，雖編入《隋書》，其實別行，呼為《五代史》。』」足資參證。

唐書二百卷

《唐書》二百卷，五代晉宰相涿郡劉昫等撰。

廣棪案：《郡齋讀書志》卷第五〈正史類〉著錄：「《唐書》二百卷。右石晉劉昫、張昭遠等撰。因韋述舊史增損以成，繁略不均，校之實錄，多所漏闕，又是非失實，其甚至以韓愈文章爲大紕繆，故仁宗時刪改，蓋亦不得已焉。」《玉海》卷第四十六〈藝文・正史〉「《唐書》」條載：「《中興書目》：『五代晉宰相劉昫、史官張昭遠等撰。唐三百年間，國史野錄，參錯不一，至昫刪集爲紀二十、志五十、列傳一百五十，凡二百卷。』開運二年六月上，計二十帙。」足資參證。昫字耀遠，涿州歸義人。《舊五代史》卷八十九〈晉書〉十五〈列傳〉第四、《新五代史》卷五十五〈雜傳〉第四十三有傳。

新唐書二百二十五卷

《新唐書》二百二十五卷，館臣案：曾公亮〈進新唐書表〉及《文獻通考》、鄭樵《通志》所著數卷並與此同。惟《宋史・藝文志》作二百五十五卷，於李繪補注者仍作二百二十五卷，其互異所由不可考。**翰林學士廬陵歐陽修永叔、端明殿學士安陸宋祁子京撰。初，慶曆中詔王堯臣、張方平等刊修，久而未就。至和初，乃命修為紀、志，祁為列傳，范鎮、王疇、宋敏求、呂夏卿、劉羲叟同編修，嘉祐五年上之。凡廢傳六十一，增傳三百三十一，志三，表四，故其進書上〈表〉曰：「其事則增於前，其文則省於舊。」第〈賞增秩訓詞〉，劉敞原父所行，最為古雅。曰：「古之為國者，法後王，為其近於己，制度文物可觀故也。唐有天下且三百年，明君賢臣相與經營扶持之，其盛德顯功、美政善謀固已多矣，而史官非其人，記述失序，使興壞成敗之迹，晦而不章，朕甚恨之。肆擇廷臣筆削舊書，勒成一家，具官歐陽修、宋祁創立統紀，裁成大體，范鎮、王疇、宋敏求等網羅遺逸，厥協異同。凡十有七年，大典乃立，閎富精覈，度越諸子矣。校讎有功，朕將據古鑑今，以立時治，為朕得法，其勞不可忘也。皆增秩一等，布其書於天下，使學者咸觀焉。」舊例，修書止著官高一人名銜。歐公曰：「宋公於我為前輩，且於此書用力久且深，何可沒也？」遂於紀、傳各著之，宋公感其退遜。今案舊史成於五代文氣卑陋之時，紀次無法，詳略失中，論贊多用儷語，固不足傳世。而新書不出一手，亦未得為全善。本紀用《春秋》例，削去詔令，雖太略，猶不失簡古，至列傳用字多奇澀，殆類虯戶銑谿體，識者病之。歐公嘗臥聽〈藩鎮傳序〉曰：「使筆力皆如此，亦未易及也。然其〈序〉全用杜牧〈罪言〉，實無宋公一語。」然則歐公殆不滿於宋，名銜之著，固惡夫爭名，抑亦以自表異耶？溫公《通鑑》多據舊史，而唐庚子西直謂《新唐書》敢亂道而不好，雖過甚，亦不為亡謂也。劉元城亦謂事增文省，正《新書》之失處云。**文簡云：「〈進唐書表〉自言其文滅於前，其事多於舊，此正其所為不逮遷、固者，顧以自衒，何哉？《論語》記夫子與弟子問答，率不過數語，而季氏將伐顓臾，記所詰對甚詳，不如是，不足以見體要，各造其極也。今唐史務為省文，而拾取小說、私記，則皆附著無棄，其有官品尊崇而不預治亂，又無善惡可垂鑑戒者悉聚，徒繁無補，殆與古作者不侔。始，唐史置局時，其同僚約日著舊史所無者三事，則固立於不善矣，弊必至於此。然其名臣關國治亂者，如〈裴度〉、〈陸贄〉、〈魏徵傳〉，悉致其詳，則其有補亦不可掩。」隨齋批注。

廣棪案：《郡齋讀書志》卷第五〈正史類〉著錄：「《新唐書》二百二十五卷。右皇朝嘉祐中曾公亮等被詔刪定，歐陽修撰紀、志，宋祁撰列傳。《舊書》約一百九十萬，《新書》約一百七十四萬，而其中增表。故書成上於朝，自言曰：『其事則增於前，其文則省於舊』也。而議者頗謂永叔學《春秋》，每務褒貶；子京通小學，惟刻意文章，采雜說既多，往往牴牾，有失實之歎焉。」《玉海》卷第四十六〈藝文・正史〉「嘉祐《新唐書》」條載：「《國史志》：『慶曆五年，五月四日己未。詔王堯臣、張方平、宋祁等刊修，慶曆四年，賈昌朝建議修《唐書》。久而未就。至和初，至和元年八月戊申。乃命歐陽修撰紀、表、志，宋祁撰列傳，范鎮、王疇、宋敏求、呂夏卿、劉羲叟同編修，嘉祐二年十月庚子，命參政曾公亮提點編修《唐書》。凡十有七年，至嘉祐五年而成，提舉曾公亮上之。七月戊戌。一本云：六月二十四日進呈。紀十、志五十、表十五、列傳百五十，凡廢舊傳六十一，增新傳三百三十一，又增三志、四表，凡二百二十五卷，〈錄〉一卷。舊史凡一百九十萬字，新史凡一百七十五萬九百三十字。〈制詞〉謂閎富精覈，度越諸子。脩等進秩。庚子。宣和中，進士李繪以《舊書》參《新書》，而為之注。崇寧五年董衡為《釋音》二十五卷，吳鎮《糾繆》二十卷。』宋祁傳修《唐書》十餘年，皇祐元年刊修。自出亳州，皆以槀自隨，撰列傳一百五十卷。〈進唐書表〉：『唐有天下幾三百年，其君臣行事之始終，所以治亂興衰之迹，與其典章制度之異，宜其粲然著在簡冊。而紀次無法，詳略失中，文采不明，事實零落，蓋百有五十年，然後得以發揮幽昧，補緝闕亡，黜正偽謬，克備一家之史。其事則增於前，其文則省於舊。至於名篇著目，有革有因；立傳紀實，或增或損；義類凡例，具載別錄。』晁氏《志》：『劉昫因韋述舊史增損以成，繁略不均，多所漏闕，又是非失實。嘉祐中，歐陽修、宋祁撰《新書》，議者頗謂永叔學《春秋》，每務褒貶；子京通小學，唯刻意文章，采雜說既多，有失實之歎。』樊先生注《新書紀》十卷。」《四庫全書總目》卷四十六〈史部〉二〈正史類〉二著錄：「《新唐書》二百二十五卷，內府刊本。宋歐陽修、宋祁等奉敕撰。其監修者則曾公亮。故書首〈進表〉以公亮為首。陳振孫《書錄解題》曰：『舊例修書，止署官高一人名銜。歐公曰：「宋公於我為前輩，且於此書用力久，何可沒也？」遂於紀、傳各著之。宋公感其退遜，故書中列傳題祁名，本紀、志、表題修名。』

然考《隋書》諸志已有此例，實不始於修與祁。又《宋史・呂夏卿傳》稱〈宰相世系表〉，夏卿所撰，而書中亦題修名，則仍以官高者爲主，特諸史多用一人，此用二人爲異耳。是書本以補正劉昫之舛漏，自稱『事增於前，文省於舊』。劉安世《元城語錄》則謂：『事增文省，正《新書》之失。』而未明其所以然。今即其說而推之：史官記錄，具載舊書，今必欲廣所未備，勢必蒐及小說，而至於猥雜；歷代詞章，體皆詳贍，今必欲減其文句，勢必變爲澀體，而至於詰屈。安世之言，所謂中其病源者也。若夫《史》、《漢》本紀，多載詔令。古文簡質，至多不過數行耳。唐代王言，率崇縟麗，駢四儷六，累牘連篇。宋敏求所輯《唐大詔令》，多至一百三十卷，使盡登本紀，天下有是史體乎？祁一例刊除，事非得已。過相訾議，未見其然。至於呂夏卿私撰〈兵志〉，見晁氏《讀書志》；宋祁別撰紀、志，見王得臣《麈史》，則同局且私心不滿。書甫頒行，吳縝《糾謬》即踵之而出，其所攻駁，亦未嘗不切中其失。然一代史書，網羅浩博，門分類別，端緒紛挐。出一手則精力難周，出眾手則體裁互異。爰從三史，以逮八書，牴牾參差，均所不免，不獨此書爲然。呂、宋之書，未知優劣。吳縝所糾，存備考證則可；因是以病《新書》，則一隅之見矣。」均足資參證。

五代史一百五十卷

《五代史》一百五十卷，宰相薛居正子平撰。開寶中，盧多遜、扈蒙、張澹、李昉等所修。居正，蓋監修官也。

廣棪案：《郡齋讀書志》卷第五〈正史類〉著錄：「《五代史》一百五十卷。右皇朝薛居正等撰。開寶中，詔修梁、唐、晉、漢、周書，盧多遜、扈蒙、張澹、李昉、劉兼、李穆、李九齡同修，居正監修。」《玉海》卷第四十六〈藝文・正史〉「《五代史》」條載：「《中興書目》：『一百五十卷，薛居正等撰。開寶六年四月二十五日戊申，詔梁、後唐、晉、漢、周《五代史》，宜令參政薛居正監修，盧多遜、扈蒙、張澹、李穆、李昉等同修。七年閏十月甲子，書成，凡百五十卷，《目錄》二卷，賜器帛有差。其事凡記十四帝、五十三年，爲紀六十一、志十二、傳七十七。』其書取《建康實錄》為準，胡旦以為褒貶失實。」足資參證。居正字子平，開封浚儀人。《宋史》卷二百六十四〈列傳〉第二十三有傳。其〈傳〉曰：「（居正）開寶五年，兼淮南、湖南、嶺南等道都提舉三司水陸發運使事，又兼判門下侍郎事，監修國史；又監修《五代史》，踰年畢，錫以器幣。六年，拜門下侍郎平章事。」即記修《五代史》事。此書實撰就於開寶七年。

新五代史七十四卷

《新五代史》七十四卷，歐陽修撰。其為說曰：「昔孔子作《春秋》，因亂世而立法；余為本紀，以治法而正亂君。」發論必以「嗚呼」，曰：「此亂世之書也。」諸臣止事一朝，曰某臣傳；其更事歷代者，曰雜傳。尤足以為世訓。然不為韓瞠眼立傳，識者有以見作史之難。案韓通之死，太祖猶未踐極也，其當在〈周臣傳〉明矣。惟王皞《唐餘雜史》以入〈忠義傳〉云。

廣棪案：《郡齋讀書志》卷第五〈正史類〉著錄：「《五代史記》七十五卷。右皇朝歐陽修永叔以薛居正史繁猥失實，重加修定，藏於家。永叔沒後，朝廷聞之，取以付國子監刊行。國史稱其可以繼班固、劉向，人不以爲過。特恨其〈晉出帝論〉，以爲因濮園議而發云。」《玉海》卷第四十六〈藝文・正史〉「《五代史記》」條載：「《書目》：『又七十四卷，歐陽修撰，徐無黨注。紀十二、傳四十五、考三世家及年譜十四、夷附錄三，總七十四卷。修沒後，熙寧五年八月十一日。詔其家上之。十年五月庚申，詔藏祕閣。吳縝《纂誤》三卷。』天聖五年二月丙申，楊及上《重修五代史》。上謂輔臣曰：『五代事不足法。』王曾曰：『安危之迹，亦可監也。』」《四庫全書總目》卷四十六〈史部〉二〈正史類〉二著錄：「《新五代史記》七十五卷，內府刊本。宋歐陽修撰。本名《新五代史記》，世稱《五代史》者，省其文也。唐以後所修諸史，惟是書爲私撰，故當時未上於朝。修殁之後，始詔取其書付國子監開雕，遂至今列爲正史。大致褒貶祖《春秋》，故義例謹嚴；敘述祖《史記》，故文章高簡。而事實則不甚經意，諸家攻駁，散見他書者無論。其特勒一編者，如吳縝之《五代史纂誤》、楊陸榮之《五代史志疑》，引繩批根，動中要害。雖吹求或過，要不得謂之盡無當也。然則薛史如《左氏》之紀事，本末賅具，而斷制多疏。歐史如《公》、《穀》之發例，褒貶分明，而傳聞多謬。兩家之並立，當如三《傳》之俱存。尊此一書，謂可兼賅五季，是以名之輕重，爲史之優劣矣。且《周官》太史掌國之六典，漢法亦天下計書先上太史。史之所職，兼司掌故。八書、十志，遷、固相因。作者沿波，遞相撰述。使政刑禮樂，沿革分明，皆所謂國之大紀也。修作是書，僅〈司天〉、〈職方〉二考，寥寥數頁，餘概從刪，雖曰世衰祚短，文獻無徵，然王溥《五代會要》，蒐輯遺編，尚裒然得三十卷，何以經修編錄，乃至全付闕如？此由信《史通》之謬談，劉知幾欲廢表、志，見《史通》〈表曆〉、〈書志〉二篇。成茲偏見，元纂《宋》、《遼》、《金》三史，明纂《元史》，國朝纂《明史》，皆仍用舊規，不從修例。豈非以破壞古法，不可以訓乎？此書之失，此爲最大。若不考韓通之褒贈，案宋太祖〈褒贈韓通敕〉，今載《宋文鑑》中。有所諱而不立傳者。一節偶疏，諸史類然，不足以爲修病也。修之文章，冠冕有宋。此書一筆一削，尤具深心，其有裨於風教者甚大。惟其考證之疎，則有或不盡知者，故具論如右，俾來者有所別白。其註爲徐無黨作，頗爲淺陋，相傳已久，今仍並錄之焉。」均足資參證。修字永叔，廬陵人。《宋史》卷三百一十九〈列傳〉第七十八有傳。其〈傳〉謂修「自撰《五代史記》，法嚴詞約，多取《春秋》遺旨。」頗爲知言。

三朝國史一百五十卷

《三朝國史》一百五十卷，景德四年，詔王欽若、陳堯佐、趙安仁、晁迥、楊億等修太祖、太宗正史，王旦監修。祥符九年書成，凡為紀六、志五十五、列傳五十九、目錄一，共一百一十卷。天聖四年，呂夷簡、夏竦、陳堯佐修真宗正史，王曾提舉，八年上之。增紀為十，志為六十，傳為八十。

廣棪案：《郡齋讀書志》卷第五《正史類》著錄：「《三朝國史》一百五十卷。右皇朝國史，紀十卷，志六十卷，列傳八十卷，呂夷簡等撰。初，景德中，詔王旦、先文元公、楊億等九人撰太祖、太宗兩朝史。至天聖五年，詔夷簡、宋綬、劉筠、陳堯佐、王舉正、李淑、黃鑑、謝絳、馮元，加入眞宗朝史，王曾監修。曾罷，夷簡代，八年書成，計七百餘傳。比之三朝《實錄》增者大半，事覈文贍，褒貶得宜，百世之所考信云。」《玉海》卷四十六〈藝文・正史〉「景德《太祖太宗兩朝史》」條載：「景德四年八月丁巳，二十四日。詔修太祖、太宗正史，令宰臣王旦監修《國史》，以知樞密院王欽若、陳堯叟，參政趙安仁並修《國史》，翰林晁迥、楊億同修，直史館路振、崔遵度爲編修官。先是九月辛卯，賜宴修史院。三年二月辛巳，詔知制誥朱巽、直史館張復同編排兩朝日曆、時政記、起居注、行狀諸司文字，委欽若總領，初成紀一卷，帝取觀，錄紀中十二餘條，付史官改正。自此每一二卷，皆先進草本，多所改易。祥符四年，又取夏竦爲編修官。八年十月己丑，旦等上〈太祖〉、〈太宗紀贊論〉各一首。九年二月十二日丁亥，史成，旦率史官請崇政殿以獻，凡百二十卷，目錄一卷，帝紀六，太祖、太宗各三。志五十五，〈天文〉三、〈地理〉七、〈律曆〉三、〈禮〉四、〈五行〉二、〈藝文〉七、〈樂〉三、〈職官〉九、〈河渠〉二、〈選舉〉三、〈輿服〉三、〈食貨〉六、〈兵〉三、〈刑法〉二。列傳五十九。〈后妃〉一、〈宗室〉一、〈臣僚〉四十八、〈四夷〉九。優詔答之。戊子加旦守司徒修史官，趙安仁、晁迥、陳彭年、夏竦、崔遵度並進秩賜物，王欽若、陳堯叟、楊億嘗預修，亦賜之。第賜器幣、襲衣、金帶，命宴于修國史院。」同書同卷「天聖《三朝國史》」條載：「祥符九年，監修國史王旦上《太祖太宗兩朝國史》，其修《眞宗實錄》，未爲紀、傳。天聖五年二月癸酉，仁宗詔曰：『先朝正史久而未修，年紀寖遠，事成淪墜，宜令參政呂夷簡、副樞密夏竦修《國史》，宋綬、劉筠、陳堯佐同修，仍命宰臣王曾監修。又命館閣王舉正、李淑、黃鑑、謝絳爲編修，復命馮元同修。』初於宣徽院編纂，後移中書，命三司檢討食貨事件，三館供借書籍，擇司天官編綴〈天文〉、〈律曆志〉、〈帝紀贊論〉，呂夷簡奉詔撰，紀即夷簡、夏竦修撰，餘皆同編修分功撰錄。六年八月，詔別修志、傳，委綬看詳，其帝紀專委夷簡、竦。八年六月十一日癸巳，夷簡等曾率夷簡上。詣崇政殿上進，賜宴，遷官，賜衣帶、器幣。先是太祖、太宗紀六、志五十五、傳五十九、目錄一，凡百二十卷。至是修眞宗史成，增紀爲十，志爲六十，傳爲八十，總百五十卷，此所謂《三朝國史》也。凡紀十卷，志增〈道釋〉、〈符瑞〉為六十卷。列傳八十卷、總一百五十卷。甲午，夏竦等遷官，各賜襲衣、金犀帶，器幣有差。監修而下進秩，而夷簡辭之。」同書同卷「元豐《兩朝正史》」條載：「《三朝史》，天聖五年二月修，至八年六月成。凡歷四年。」足資參證。

兩朝國史一百二十卷

《兩朝國史》一百二十卷，熙寧十年，詔修仁宗、英宗正史，宋敏求、蘇頌、王存、黃履等編修，吳充提舉。元豐五年，王珪、李清臣等上之。

廣棪案：《郡齋讀書志》卷第五〈正史類〉著錄：「《兩朝國史》一百二十卷。右皇朝仁宗、英宗《兩朝國史》也，王珪等撰。元豐五年六月甲寅奏御。監修王珪、史官蒲宗孟、李清臣、王存、趙彥若、曾肇，賜銀絹有差。蘇頌、黃履、林希、蔡卞、劉奉世，以他職罷去，吳充、宋敏求前死，皆有錫賚。紀五卷，志四十五卷。比之《實錄》，事迹頗多，但非寇準而是丁謂，託之神宗詔旨。」《玉海》卷四十六〈藝文・正史〉「熙寧修仁宗、英宗《兩朝正史》」條載：「熙寧十年五月戊午，詔修仁宗、英宗《兩朝正史》，以宰臣吳充提舉，龍圖閣直學士、史館修撰宋敏求編，集賢院學士蘇頌同；集賢校理王存、黃履、林希同爲編修官。七月辛未，率官屬以〈二帝紀〉草二冊進呈。上服靴袍御資政殿，學士、內侍進案，充與敏求進讀，上立而覽之，顧問反覆，至讀畢始坐。充等降階以謝，又命坐賜茶。」同書同卷「元豐《兩朝正史》」條載：「熙寧十年丁巳五月戊午，命官修《兩朝正史》。元豐五年六月甲寅修成一百二十卷，紀五卷、志四十五卷、〈天文〉至〈河渠〉。傳七十卷。比之《實錄》，事迹頗多，但非寇準而是丁謂，託之神宗詔旨。上御垂拱殿，引監修國史王珪、修史官蒲宗孟、李清臣、王存、趙彥若、曾肇進讀〈紀〉，賜珪、宗孟銀絹、對衣、金帶，清臣等遷官，及與修史官蘇頌、黃履、林希、蔡卞、劉奉世以他職罷去，各賜銀絹有差。故相吳充、故史館脩撰宋敏求，賜銀絹。七月丁未，以史成，燕垂拱殿。燕修史官。……《兩朝史》，熙寧十年五月戊午修，至元豐四年六月成，凡歷五年。」足資參證。

四朝國史三百五十卷

《四朝國史》三百五十卷，館臣案：《文獻通考》作二百五十卷。**紹興二十八年置修國史院，修一朝正史**廣棪案：《宋史》卷三十一〈本紀〉第三十一〈高宗〉八載：「（紹興二十八年）八日戊子朔，置國史院，修神、哲、徽三朝正史。」據此，則「一朝正史」應為「三朝正史」，《解題》誤。**三十一年提舉陳康伯奏紀成，乞選日進呈。至乾道二年閏九月，始與《太上聖政》同上。淳熙五年，同修史李燾言：「修《四朝正史》，開院已十七年，乞責以近限。」七年十月，修史王希呂奏志成，十二月進呈。至十三年，修史洪邁奏：「昨得旨限一年內修成列傳，今已成書。」十一月與《會要》同進。蓋首尾三十年，所歷史官，不知其幾矣。**

廣棪案：《玉海》卷第四十六〈藝文・正史〉「紹興修《三朝史》神、哲、徽」條載：「（紹興）二十八年八月戊子朔，置國史院，修《三朝正史》。一云七月丙子置國史院。三十一年，提舉陳康伯奏乞進呈帝紀三十卷，至乾道二年閏九月二十九日己巳。上，與《太上皇帝聖政》同進呈，奉安于顯謨閣。」同書同卷「淳熙修《四朝史》」條載：「淳熙五年四月，禮部侍郎同修史李燾言：『今修四朝正史，開院已十七年，自開院至成書，凡二十有八年。乞降睿旨責以近限，庶幾大典早獲備具。』詔限一年。至七年十二月十二日，國史院上《四朝正史志》一百八十卷。〈地理〉一志，全出李燾之手，餘多采《續通鑑》。十二年七月，同修史洪邁奏：『神宗至於欽宗，傳敘相授，閱六十五年，除紀、志已進外，當立傳者千三百人，其間妃嬪、親王、公主、宗室，幾當其半，乞傚前代諸史體例，分類載述，不必人爲一傳。』至十三年十一月，二十二日。上《國史列傳》一百三十五卷，〈宣仁欽聖傳〉居首。目錄二卷。初，乾道二年，胡元質言：『三朝之史開院纂輯，累年於茲，竊見靖康繼宣和之後，以功緒本末則相關，以歲月久近則相繼，伏望併修〈欽宗帝紀〉繳進，名爲《四朝國史》。』四年三月二十四日，詔進呈《欽宗實錄》，並〈本紀〉已畢就，修纂《四朝正史》，從洪邁之請也。十三年八月十九日，邁又請通修《九朝正史》，上許之。復言：『制作之事，已經先正名臣之手，是非褒貶，皆有據依，乞命史官無或刪改。』書未就，而邁去國。」足資參證。

史記音義二十卷

《史記音義》二十卷，唐崇賢館學士劉伯莊撰。貞觀初，奉敕講授，采鄒誕生、徐廣及隋柳顧言《音義》為此書。館臣案：《唐書・藝文志》有劉伯莊撰《史記地名》二十卷，又《史記音義》二十卷。袁凱謂或沿鄒誕生、徐廣舊名而並稱之。誤也。

廣棪案：伯莊，《舊唐書》卷一百八十九上〈列傳〉第一百三十九上〈儒學〉上、《新唐書》卷一百九十八〈列傳〉第一百二十三〈儒學〉上有傳。《舊唐書》本傳載：「劉伯莊，徐州彭城人也。貞觀中，累除國子助教。與其舅太學博士侯孝遵齊爲弘文館學士，當代榮之。尋遷國子博士，其後又與許敬宗等參修《文思博要》及《文館詞林》。龍朔中，兼授崇賢館學士。撰《史記音義》、《史記地名》、《漢書音義》各二十卷，行於代。」與《解題》著錄同。今考《隋書》卷三十三〈志〉第二十八〈經籍〉二〈史〉著錄：「《史記音義》十二卷，宋中散大夫徐野民撰。」又：「《史記音》三卷，梁輕車錄事參軍鄒誕生撰。」徐野民即徐廣，蓋避煬帝諱改。《舊唐書》卷四十六〈志〉第二十六〈經籍〉上〈正史類〉著錄：「《史記音義》十三卷，徐廣撰。」又：「《史記音義》三卷，鄒誕生撰。」又：「又三十卷，劉伯莊撰。」《新唐書》卷五十八〈志〉第四十八〈藝文〉二〈正史類〉著錄：「徐廣《史記音義》十三卷。」又：「鄒誕生《史記音》三卷。」又：「劉伯莊《史記音義》二十卷。」是伯莊書撰在後，乃參采徐、鄒二書而成者，至柳顧言《史記音義》則未見著錄，司馬貞〈史記索隱後序〉曰：「隋秘書監柳顧言尤善此史，劉伯莊云其先人曾從彼公受業，或音解隨而記錄，凡三十卷。隋季喪亂，遂失此書。伯莊以貞觀之初，奉敕於弘文館講授，遂采鄒、徐二說，兼記憶柳公音旨，遂作《音義》二十卷。」是柳氏書凡三十卷，隋末散佚，故伯莊亦不可得而見矣。至〈舊唐志〉著錄伯莊此書作三十卷，衡以〈史記索隱後序〉及〈新唐志〉、《解題》均作二十卷，則〈舊唐志〉著錄或誤也。

史記索隱三十卷

《史記索隱》三十卷，唐弘文館學士河內司馬貞撰。採摭異聞，釋文演註。末二卷為〈述贊〉，為〈三皇本紀〉。世號《小司馬史記》。

廣棪案：司馬貞〈史記索隱序〉凡二篇，其一曰：「貞謏聞陋識，頗事鑽研，而家傳是書，不敢失墜。初欲改更舛錯，裨補疎遺，義有未通，兼重注述。然以此書殘缺雖多，實爲古史，忽加穿鑿，難允物情。今止探求異聞，採摭典故，解其所未解，申其所未申者，釋文演注，又重爲〈述贊〉，凡三十卷，號曰《史記索隱》。雖未敢藏之書府，亦欲以貽厥孫謀云。朝散大夫、國子博士、弘文館學士、河內司馬貞。」此乃《解題》「採摭異聞，釋文演注」二語所從出也。另一曰：「貞業謝顓門，人非博古，而家傳是學，頗事討論，思欲續成先志，潤色舊史。輒黜陟陞降，改定篇目，其有不備，並採諸典籍，以補闕遺。其百三十篇之〈贊〉，記非周悉，並更申而述之，附于眾篇之末，雖曰狂簡，必有可觀。其所改更，具條于後。至如徐廣，唯略出音訓，兼記異同，未能考覈是非，解釋文句。其裴駰，實亦後進名家，博採群書，專取經傳訓釋，以爲《集解》。然則時有冗長，至於盤根錯節，殘缺紕繆，咸拱手而不言，斯未可謂通學也。今輒採按今古，仍以裴爲本，兼自見愚管，重爲之注，號曰《小司馬史記》。然前朝顏師古止注漢史，今並謂之《顏氏漢書》。貞雖位不逮顏公，既補舊史，兼下新意，亦何讓焉。」此即記貞「採摭異聞，釋文演註」之事也。至《郡齋讀書志》卷第五〈正史類〉著錄：「《史記索隱》三十卷。右唐司馬貞撰。據徐、裴注，糾正牴牾，援據密緻。如東坡辨宰我未嘗從田常爲亂，蓋本諸貞也。」此又記貞「採摭異聞，釋文演註」之實例也。《玉海》卷四十九〈藝文・論史〉「唐《史記索隱》」條載：「〈志〉：『司馬貞《史記索隱》三十卷。』〈序〉：『《史記》，晉有徐廣，始考異同，作《音義》十三卷。宋裴駰取經傳訓釋作《集解》，合爲八十卷，雖粗見微意，而未窮討論。南齊鄒誕生亦作《音義》。貞觀中，劉伯莊又作《音義》。貞探求異聞，採摭典故，解其所未解，申其所未申者，釋文演注，又重爲〈述贊〉，凡三十卷。』」《四庫全書總目》卷四十五〈史部〉一〈正史類〉一著錄：「《史記索隱》三十卷，江蘇巡撫採進本。唐司馬貞撰。貞，河內人。開元中官朝散大夫、宏文館學士。貞初受《史記》於崇文館學士張嘉會，病褚少孫補司馬遷書多傷踳駁。又裴駰《集解》，舊有音義，年遠散佚。諸家音義，延篤《音隱》，鄒誕生、柳顧言等書亦失傳；而劉伯莊、許子儒等又多疎漏。乃因裴駰《集解》撰爲此書。首注駰〈序〉一篇，載其全文。其注司馬遷書，則如陸德明《經典釋文》之例，惟標所注之字，蓋經傳別行之古法，凡二十八卷。末二卷爲〈述贊〉一百三十篇，及〈補史記條例〉。欲降〈秦本紀〉、〈項羽本紀〉爲系家，而呂后、孝惠各爲本紀。補曹、許、邾、吳芮、吳濞、淮南系家，而降陳涉於列傳。蕭何、曹參、張良、周勃五宗、三王各爲一傳，而附國僑、羊舌肸於管晏，附尹喜、莊周於老子，附韓非於商鞅，附魯仲連於田單，附宋玉於屈原，附鄒陽、枚乘於賈生。又謂〈司馬相如〉、〈汲鄭傳〉不宜在〈西南夷〉後，〈大宛傳〉不合在〈游俠〉、〈酷吏〉之間，欲更其次第，其言皆有條理。至謂司馬遷〈述贊〉不安，而別爲之，則未喻言外之旨。終以〈三皇本紀〉，自爲之註，亦未合闕疑傳信之意也。此書本於《史記》之外別行，及明代刊刻監本，合裴駰、張守節及此書散入句下，恣意刪削。如〈高祖本紀〉母媪、母溫之辨有關考證者，乃以其有異舊說，除去不載。又如〈燕世家〉啓攻益事，貞註曰：『經傳無聞，未知其由。』雖失於考據《竹書》，案今本《竹書》不載此事，此據《晉書・束晳傳》所引。亦當存其原文，乃以爲冗句，亦刪汰之。此類不一，漏略殊甚。然至今沿爲定本，與成矩所刊朱子《周易本義》，人人明知其非，而積重不可復返。此單行之本，爲北宋祕省刊板，毛晉得而重刻者。錄而存之，猶可以見司馬氏之舊，而正明人之疎舛焉。」均可參證。

附索隱史記一百三十卷

《附索隱史記》一百三十卷，淳熙中，廣漢張材介仲刊於桐川郡齋，削去褚少孫所續，而附以司馬貞《索隱》。其後，江陰耿秉直之復取所削者別刊之。

廣棪案：張材，《宋史》無傳。考《宋會要輯稿》第九十九冊〈職官，六八之三所載「崇寧元年九月十四日詔開具元符三年臣僚章疏姓名」，中有張材名字，惟此張材乃哲宗、徽宗時人，而刊行《附索隱史記》之張材乃孝宗時人，兩者相隔八、九十年，恐非同一人。耿秉，《宋人傳記資料索引》載：「耿秉字直之，江陰人。紹興三十年進士，累官兵部郎中，兼給事中，直徽猷閣，知平江軍府事，終煥章閣待制。秉律己清儉，兩爲浙漕，所至以利民爲事。著《春秋傳》，《五代會史》等書。」是秉將張材所削之褚少孫續補《史記》材料，予以別刊，其事亦在孝宗時。考《解題》卷十六〈別集類〉上著錄：「《李衛公備全集》五十卷、《年譜》一卷、《摭遺》一卷，比永嘉及蜀本三十四卷之外，有《姑臧集》五卷，《獻替記》、《辨謗略》等諸書，共十一卷。知鎮江府江陰耿秉直之所輯；並考次爲《年譜》、《摭遺》。《姑臧集》者，兵部員外郎段令緯所集，前四卷皆西掖、北門制草，末卷惟〈黠戛斯朝貢圖〉及歌詩數篇。其曰『姑臧』，未詳。衛公三爲浙西，出入十年，皆治京口，故秉直廣棪案：「秉直」應作「直之」，或「直」乃衍字。刻其《集》。若永嘉，則其事頗異。郡故有海神廟，本城北隅叢祠。元祐中，太守范峋夢其神，自言『李姓，唐武宗時宰相，南遷以沒』。寤而意其爲德裕，訪得其祠，遂作新廟，且列上其事。自是日盛，賜廟額，封王爵。然衛公平生於溫，蓋邈乎不相及也，殊有不可曉者。」是秉又曾知鎮江府，並輯李德裕《姑臧集》、《獻替記》、《辨謗略》諸書，又考次爲《年譜》、《摭遺》。

史記正義三十卷

《史記正義》三十卷，館臣案：《唐》、《宋・藝文志》俱作三十卷，此本作二十卷。疑誤，今改正。**唐諸王侍讀張守節撰。開元二十四年作〈序〉。**

廣棪案：張守節〈史記正義序〉曰：「《史記》者，漢太史公司馬遷作。遷生龍門，耕牧河山之陽，南遊江淮，講學齊魯之郡，紹太史，繼《春秋》，括文魯史，而包《左氏》、《國語》，采《世本》，《戰國策》，而摭《楚漢春秋》，貫紬經傳，旁搜史子，上起軒轅，下暨天漢。作十二本紀，帝王興廢悉詳；三十世家，君國存亡畢著；八書，贊陰陽禮樂；十表，定代系年封；七十列傳，忠臣孝子之誠備矣。筆削冠於史籍，題目足以經邦。裴駰服其善序事理，辯而不華，質而不俚，其文直，其事核，不虛美，不隱惡，故謂之實錄。自劉向、揚雄，皆稱良史之才。況墳典湮滅，簡冊闕遺，比之《春秋》，言辭古質，方之兩《漢》，文省理幽。守節涉學三十餘年，六籍九流、地里蒼雅，銳心觀採，評《史》、《漢》，詮眾訓釋而作《正義》。郡國城邑，委曲申明；古典幽微，竊探其美；索理允愜，次舊書之旨，兼音解注，引致旁通，凡成三十卷，名曰《史記正義》。發揮膏肓之辭，思濟滄溟之海，未敢侔諸祕府，冀訓詁而齊流，庶貽厥子孫，世疇茲史。于時歲次丙子，開元二十四年八月，殺青斯竟，諸王侍讀、宣議郎、守右清道率府長史張守節上。」是此書開元二十四年丙子八月撰〈序〉，凡三十卷。《四庫》館臣改正《永樂大典》本《解題》所著錄卷數之誤，甚當。

三劉漢書標注六卷

《三劉漢書標注》六卷，侍讀學士清江劉敞原父、中書舍人劉攽貢父、端明殿學士劉奉世仲馮撰。奉世，敞之子也。又本題《公非先生刊誤》，其實一書。館臣案：《宋史・藝文志》，《三劉漢書標注》六卷、劉攽《漢書刊誤》四卷。宋代著《漢書刊誤》者四家，張泌、余靖、劉攽，其一亡其名氏。劉氏之書，因宋仁宗讀《後漢書》，見墾田皆作「懇」字，於是使侍中傳詔中書刊正之。攽為學官，遂刊其誤。劉氏書凡四卷，趙希弁《讀書附志》止云東、西漢各一卷，吳仁傑《兩漢刊誤補遺》，補劉氏之遺也。此書云「其實一書」，未知何據？**公非，貢父自號也。《漢書》自顏監之後，舉世宗之，未有異其說者，至劉氏兄弟始為此書，多所辨正發明。**

廣棪案：《郡齋讀書志》卷第七〈史評類〉著錄：「《三劉漢書》一卷。右皇朝劉敞原父、弟攽貢父、子奉世仲馮撰。劉跂嘗跋其書尾，云：『余爲學官亳州，故中書劉舍人貢父實爲守，從容出所讀《漢書》示余，曰：「欲作補注，未能也。」然卷中題識已多，公之子方山亞夫錄以相示也。』」是晁氏所藏者爲一卷本。《玉海》卷四十九〈藝文・論史〉「景祐《漢書刊誤》」條載：「《國史志》：『余靖《漢書刊誤》三十卷，景祐初，靖言《漢書》差舛，詔與王洙盡取祕閣古本對校，踰年乃定著此，議者譏其疏謬。』程俱《班左誨蒙》三卷，崔端詩爲《廣蒙》三卷。《書目》：『《漢書刊誤》一卷，淳化中，史館修撰張佖撰，疏錄義涉諸家字該兩體者，凡六篇，今附見諸卷後。《兩漢博聞》十二卷，楊侃撰。取名數解釋爲此書。《漢書標注》六卷，劉敞、攽、奉世標注誤失。《東漢刊誤》四卷，劉攽嘉祐八年奉詔，與錢藻等六人刊正《後漢書》。攽增損其書，凡字點畫、偏傍不應古，及其文句缺衍，或引采經傳有謬誤者，率以意刊改。《西漢刊誤》一卷，相傳以為攽之書。吳仁傑《兩漢刊誤》補遺十卷。』」《宋史》卷二百三〈志〉一百五十六〈藝文〉二〈正史類〉著錄：「《三劉漢書標注》六卷，劉敞、劉攽、劉奉世。」又：「劉攽《漢書刊誤》四卷。」據是，此書與攽所獨撰之《漢書刊誤》四卷，顯屬兩書。《漢書刊誤》即《解題》所謂「又本題《公非先生刊誤》」者，《解題》以爲兩者「其實一書」，誤也。至《四庫》館臣案語謂：「宋代著錄《漢書刊誤》者四家，張泌、余靖、劉攽，其一亡其名氏。」是其所亡者或即吳仁傑《兩漢刊誤補遺》也。攽《漢書刊誤》四卷，《玉海》所引《中興館閣書目》作「《東漢刊誤》四卷」。證以館臣案語「因宋仁宗讀《後漢書》」云云，則其書應稱作《東漢刊誤》。三劉，《宋史》卷三百一十九〈列傳〉第七十八有傳。

唐書直筆新例四卷

《唐書直筆新例》四卷，修書官溫陵呂夏卿撰。紀、傳、志各一卷，摘舊史繁闕，又為〈新例須知〉附於後，略舉名數，如目錄之類。

廣棪案：《郡齋讀書志》卷第七〈史評類〉著錄：「《唐書直筆》四卷。右皇朝呂夏卿撰。夏卿強記絕人，預修新史。此其在書局時所建明，歐、宋間有取焉，如增入高祖字叔德之類是也。」又著錄：「《唐書新例須知》一卷。右記《新書》比《舊》增減志、傳及其總類。」是則公武所見者，與直齋爲不同本。孫猛《郡齋讀書志校證》曰：「《唐書直筆》四卷，《經籍考》卷二十七題作《唐書直筆新例》四卷。按《經籍考》標題蓋從《書錄解題》。《書錄解題》卷四〈正史類〉云：『紀、傳、志各一卷，摘舊史繁闕，又爲〈新例須知〉附於後，略舉名數，如目錄之類。』《四庫總目》卷八十八著錄本與陳氏所見相同，俱併〈新例須知〉充第四卷，非原帙矣。公武所見《直筆》、《須知》分二書者，後世尙有傳布，瞿鏞《鐵琴銅劍樓藏書目錄》卷十二有影宋鈔本，陸心源《皕宋樓藏書志》卷三十八有舊鈔本，俱作《唐書直筆》四卷、《新例須知》一卷。其《直筆》子目爲：〈帝紀〉第一、〈列傳〉第二、〈志〉第三、〈摘繁文闕誤〉第四，〈新例須知〉則附於後。今《擇是居叢書》初集本又有張鈞衡〈校記〉一卷。」孫氏所考甚是。此書《四庫全書總目》卷八十八〈史部〉四十四〈史評類〉著錄：「《唐書直筆》四卷，浙江巡撫採進本。宋呂夏卿撰。夏卿字縉叔，泉州晉江人。舉進士。爲江寧尉，歷官宣德郎，守祕書丞。以預修《唐書》告成，擢直祕閣，同知禮院。後出知穎州，卒於官。事蹟具《宋史》本傳。案曾公亮〈進唐書表〉所列預纂修者七人，夏卿居其第六。本傳亦稱夏卿學長於史，貫穿唐事，博採傳記、雜說數百家，折衷整比。又通譜學，剏爲世系諸表，於《新唐書》最有功。是其位雖出歐陽修、宋祁下，而編摩之力，實不在修、祁下也。據晁公武《讀書志》，是書乃其在書局時所建明。前二卷論紀、傳、志。第三卷論舊史繁文闕誤。第四卷爲〈新例須知〉，即所擬發凡也。惟晁氏作《唐書直筆》四卷，《新例須知》一卷。而此本共爲四卷，或後來合併歟？晁氏稱夏卿此書，歐、宋間有取焉。所有未符，乃歐、宋所未取者。然是丹者非素，論甘者忌辛，著述之家，各行所見，其取者未必皆是，其不取者未必皆非。觀晁氏別載夏卿《兵志》三卷，稱得於宇文虛中季蒙。題其後曰：『夏卿修唐史，別著《兵志》三篇，自祕之，戒其子弟勿妄傳。鮑欽止吏部好藏書，苦求得之。其子無爲太守恭孫偶言及，因懇借鈔，錄於吳興之山齋』云云。然則夏卿之於《唐書》，蓋別有所見，而《志》不得行者，特其器識較深，不肯如吳縝之顯攻耳。今《兵志》已不可見，兼存是書，以資互考，亦未始非參訂異同之助矣。」是《四庫全書總目》所著錄，與《解題》者爲同一板本。清人彭元瑞知聖道齋藏此書手鈔本，凡四卷一冊。彭氏〈題記〉曰：「《宋史》本傳，夏卿字叔縉〔縉叔〕，泉州晉江人，與修《新唐書》，世系諸表其手定。直齋謂其別譔《唐兵志》三卷。此書乃其修史時發凡，斷制精確，足爲古今通例。其文仿《公》、《穀》，奧峭有法，北宋人猶近古，若沿入胡寅、尹起莘手，則迂庸不足觀已。芸楣，甲辰春暮。」可供參考。

唐書音訓四卷

《唐書音訓》四卷，宣義郎汶上竇苹叔野撰。

廣棪案：《郡齋讀書志》卷第七〈史評類〉著錄：「《唐書音訓》，右皇朝竇苹撰。《新書》多奇字，觀者必資訓釋。苹問學精博，發揮良多，而其書時有攻苹者，不知何人附益之也。苹，元豐中爲詳斷官。相州獄起，坐議法不一，下吏。蔡確笞掠之，誣服，遂廢死。」竇苹，《宋史》無傳。《宋會要輯稿》第九十八冊〈職官〉六十六之三載：「（神宗元豐元年）六月十九日，殿中丞陳安民追一官，敕停展三朞敘；太常博士吳安特追一官，免勒停衝替；前檢正中書刑房公事劉奉世落直史館，免勒停監陳州糧料院；詳斷官竇苹追一官，勒停；詳議官周孝恭、大理評事文及甫並衝替。安民嘗官相州，坐與失入馮言死罪，囑及甫言於宰相吳元安，特坐受及甫囑論，奉世坐論法官指定不作失入。苹、孝恭坐定爲非失入。其牽連得罪者又數十人充釋罪。初勘相州獄，蔡確鍛鍊欲以傾充，至是獄成，人以爲寃。」可與《郡齊讀書志》相參證。是竇苹神宗時人。

唐書糾繆二十卷

《唐書糾繆》二十卷，朝請大夫知蜀州成都吳縝廷珍撰。其父師孟，顯於熙、豐。〈序〉言：「修書之時，其失有八，而糾摘其繆誤，為二十門。侍讀胡宗愈言於朝，紹聖元年上之。」世傳縝父以不得預修書，故為此。館臣案：《揮麈錄》：「嘉祐中，宋景文、歐陽文忠諸公重修《唐書》，時吳縝初登第，因范景仁而請於文忠，願預官屬之末。文忠以年少輕佻拒之，縝恚甚而去。迨新書成，乃指摘瑕疵，為《糾繆》書。」此云世傳其父不能預修，故為此，未知何據？

廣棪案：縝與其父師孟，《宋史》均無傳。陸心源《宋史翼》卷一〈列傳〉第一載：「吳師孟字醇翁，成都人，第進士，累官鳳州別駕。王安石當國，與師孟同年生也，擢爲梓州路提舉常平。師孟疏言新法不便，寧罷。師孟故官後，知蜀州，又論茶法害民，遂謝事去。蘇軾常云：『吳師孟乞免提舉，如逃垢穢。』〈送周朝議詩〉謂『矯矯六君子』者，師孟其一也。《氏族譜》」惟未記師孟曾撰此書。考張元幹《蘆川歸來集》卷九有〈書吳縝著《唐書糾謬》、《五代史纂誤》〉一文，又《郡齋讀書志》卷第七〈史評類〉著錄：「《唐書辨證》十卷。右皇朝吳縝撰。縝字廷珍，成都人，仕至郡守。數《新書》修之時，其失有八類，其舛誤二十門，凡四百餘事。縝不能屬文，多誤有詆訶。如《新書・張九齡傳》云：『武惠妃陷太子瑛，遣宮奴告之曰：「廢必有興，公爲援，宰相可常處。」九齡奏之，故卒九齡相，而太子無患。』縝以爲時九齡已相，而太子竟以廢死，以爲《新書》似實而虛。按史之文謂終九齡在相位日，太子得不廢也，豈謂卒以九齡爲相，太子終無患乎？初名《糾謬》，其後改云《辨證》，實一書也。」是知撰此書者確爲縝也。此書糾摘《新唐書》二十門謬誤：一曰以無爲有，二曰似實而虛，三曰書事失實，四曰自相違舛，五曰年月時世差互，六曰官爵姓名謬誤，七曰世系鄉里無法，八曰尊敬君親不嚴，九曰紀、志、表、傳不相符合，十曰一事兩見而異同不完，十一曰載述脫誤，十二曰事狀叢複，十三曰宜削而反存，十四曰當書而反闕，十五曰義例不明，十六曰先後失序，十七曰編次未當，十八曰與奪不常，十九曰事有可疑，二十曰字書非是。

五代史纂誤五卷、雜錄一卷

《五代史纂誤》五卷、館臣案：《宋史・藝文志》作三卷。**《雜錄》一卷，吳縝撰。宇文時中守吳興，以郡庠有二史板，遂取二書刻之，後皆取入國子監。初，郡人思溪王氏刻《藏經》有餘板，以刊二史寘郡庠。中興，監書多闕，遂取其板以往，今監本是也。**

廣棪案：《郡齋讀書志》卷第七〈史評類〉著錄：「《五代史纂誤》五卷。右皇朝吳縝撰。凡二百餘事，皆歐陽永叔《新五代史》牴牾舛訛也。按《通鑑考異》證歐陽史差誤，如莊宗還三矢事之類甚眾，今此書皆不及之，特證其事之脫錯而已，又善本未必皆然。」是公武所見者亦爲五卷本。然此書《玉海》卷第四十六〈藝文・正史〉「《五代史記》」條載：「吳縝《纂誤》三卷。」《宋史》卷二百三〈志〉一百五十六〈藝文〉二〈正史類〉著錄亦曰：「吳縝《新唐書糾繆》

二十卷，又《五代史纂誤》三卷。〔考證〕臣人龍按：《揮麈錄》：『嘉祐中，詔宋景文、歐陽文忠諸公重修《唐書》，時吳縝初登弟，因范景仁而請於文忠，願預官屬之末，文忠以其年少輕佻拒之，縝恚甚而去。迨新書成，迺從其間指摘瑕疵，為《糾繆》一書。元祐中，與《五代史纂誤》俱刊行之。』」是此書《玉海》、〈宋志〉均作三卷，而《揮麈錄》則謂其書乃元祐中刊行。《四庫全書總目》卷四十六〈史部〉二〈正史類〉二著錄：「《五代史記纂誤》三卷，《永樂大典》本。宋吳縝撰。案周密《齊東野語》曰：『劉羲仲，道原之子也。案道原，劉恕之字也。道原以史學自名。羲仲世其家學，摘歐公《五代史》之訛，爲《糾謬》一書以示坡公。公曰：「往歲歐公著此書初成，荊公謂余曰：『歐公修《五代史》而不修《三國志》，非也，子盍爲之乎？』余固辭不敢當。夫爲史者網羅千百載之事，其閒豈無小得失耶？余所以不敢當荊公之託者，正畏如公之徒掇拾於其後耳」云云。』據其所記，似乎此書爲劉羲仲作。然晁公武《讀書志》、陳振孫《書錄解題》載此書五卷，《宋史・藝文志》載此書三卷，雖卷數小異，然均題縝作，不云羲仲。又密引《揮麈錄》之言，亦稱縝有此書，而不辨其爲一爲二，案《揮麈錄》所云乃《新唐書糾謬》，此引為《五代史》，誤。則密亦自疑其說，蓋傳聞異詞，不足據也。是書南渡後嘗與《新唐書糾謬》合刻於吳興，附《唐書》、《五代史》末。今《糾謬》尚有槧本流傳，而是書久佚。惟《永樂大典》頗載其文，採掇裒集，猶能得其次序。晁公武稱所列二百餘事，今檢驗僅一百十二事，約存原書十之五六，然梗概已略具矣。歐陽修《五代史》，義存褒貶，而考證則往往疏舛。如司馬光《通鑑考異》所辨晉王三矢付莊宗等事，洪邁《容齋三筆》所摘失載朱梁輕賦等事，皆訛漏之甚者。至徐無黨註，不知參核事蹟，寥寥數語，尤屬簡陋。縝一一抉其闕誤，無不疏通剖析，切中癥結。故宋代頗推重之。章如愚《山堂考索》亦具列紀傳不同各條，以明此書之不可以不作，未可遽以輕議前修，斥其浮薄。至如所稱〈唐明宗紀〉『趙鳳罷』一條，徐無黨註中『忘其日』三字，檢今本無之。又〈晉出帝紀〉『射雁於繁臺』句，今本並無『雁』字。〈周太祖紀〉之『甲辰』當作『甲申』，今本亦正作『甲申』，不作『甲辰』。縝既糾修誤，不應竟搆虛詞。或後來校刊《五代史》者，因其說而追改之耶？謹依《宋史》目次，釐爲三卷。其間有與薛《史》同異者，並略加附識於下，以備考證焉。」足供參考。宇文時中，《宋史》無傳。考談鑰《嘉泰吳興志》卷十四〈郡守題名〉載：「宇文時中，紹興六年十一月二十五日，以左中奉大夫直寶文閣到任；至紹興八年四月初二日，差知建寧府。」是知時中之刻吳縝《糾繆》、《纂誤》二書，即在紹興六年至八年間任吳興郡守時；其書與元祐中所刊行者屬不同板本，元祐刊本爲三卷本，紹興刊本爲五卷本。至《解題》謂吳興思溪王氏「刻《藏經》有餘板，以刊二史廣棪案：指《新唐書》與《新五代史》。寘郡庠」，則王氏刊刻二史之準確時日固不可考，惟應在北宋時也。

唐書列傳辨證二十卷

《唐書列傳辨證》二十卷，端明殿學士玉山汪應辰聖錫撰。專攻列傳，不及紀、志，以元祐名賢謂列傳記事，毀於鐫削，暗於藻繪，故隨事辨證之。

廣棪案：《宋史》卷二百三〈志〉一百五十六〈藝文〉二〈正史類〉著錄：「汪應辰《唐書列傳辨證》二十卷。」與《解題》著錄同。劉兆祐《宋史藝文志史部佚籍考》上編〈已佚而無輯本者〉（一）〈正史類〉載：「《唐書列傳辨證》二〇卷，宋汪應辰撰。應辰，字聖錫，信州玉山人，初名洋。高宗紹興五年（1135）登進士第一，改賜今名。授鎭東軍僉判，官至敷文閣學士、四川制置使。應辰少從張九成、胡安國遊，與呂祖謙、張栻相善，學有淵源，其官祕書省正字時，以忤秦檜補外。在高、孝兩朝，剛直敢言。著有《二經雅言》、《文定集》。事蹟具《宋史》（卷三八七）、《宋史新編》（卷一四三）、《南宋書》（卷三三）等書。……按：《唐書》百五十傳多宋祁所作，即在當時同修史者，亦多私心不滿，此吳縝《糾繆》所以作也。」足供參考。

西漢決疑五卷

《西漢決疑》五卷，國子司業宛邱王逨致君撰。館臣案：《文獻通考》作「王述」。**一曰〈失寔〉，二曰〈引古〉，三曰〈異言〉，四曰〈雜證〉，五曰〈注釋〉。**

廣棪案：《玉海》卷第四十九〈藝文・論史〉「淳熙《漢規》」條載：「王逸《西漢決疑》五篇，曰：〈失實〉、〈引古〉、〈異言〉、〈雜證〉、〈注釋〉。」考陸心源《宋詩紀事補遺》卷四十七載：「王逨字致君，本宛邱人。南渡居餘姚，舉進士，累官監察御史，擢右正言，除知鄂州。紹興末，以直祕閣知溫州，終國子司業。有《西漢決疑》五卷。」是則此書撰人《玉海》作「王逸」，《四庫》館臣所引《文獻通考》作「王述」，均誤也。

西漢刊誤補遺十七卷

《西漢刊誤補遺》十七卷，館臣案：《宋史・藝文志》作十卷。**國子博士吳仁傑斗南撰。補三劉之遺也。**

廣棪案：《玉海》卷第四十九〈藝文・論史〉「景祐《漢書刊誤》」條載：「吳仁傑《兩漢刊誤補遺》十卷。」《宋史》卷二百三〈志〉一百五十六〈藝文〉二〈正史類〉著錄同。是《解題》書名作「西漢」，卷數作「十七卷」，疑均誤也。《四庫全書總目》卷四十五〈史部〉一〈正史類〉一著錄：「《兩漢刊誤補遺》十卷，兩淮馬裕家藏本。宋吳仁傑撰。仁傑有《易圖說》，已著錄。是書前有淳熙己酉曾絳〈序〉，稱仁傑知羅田縣時自刊版。又卷末有慶元己未林瀛〈跋〉，稱陳虔英爲刊於全州郡齋，殆初欲刊而未果，抑虔英又重刊歟？舊刻久佚，此本乃朱彝尊之子昆田鈔自山東李開先家，因傳於世。據其標題，當爲劉攽《兩漢書刊誤》而作，而書中乃兼補正劉敞、劉奉世之說。考趙希弁《讀書附志》載《西漢刊誤》一卷、《東漢刊誤》一卷，稱劉攽撰。《文獻通考》載《東漢刊誤》一卷，引《讀書志》之文，亦稱劉攽撰。又載《三劉漢書標注》六卷，引《讀書志》之文，稱劉敞、劉攽、劉奉世同撰。又引陳振孫《書錄解題》，稱別本題《公非先生刊誤》。其實一書。徐度《卻埽編》引攽所校〈陳勝〉、〈田橫傳〉二條，稱其兄敞及兄子奉世皆精於《漢書》。每讀隨所得釋之，後成一編，號《三劉漢書》。以是數說推之，蓋攽於《前》、《後漢書》，初各爲《刊誤》一卷，趙希弁所說是也。後以攽所校《漢書》與敞父子所校合爲一編，徐度所記是也。然當時乃以攽書合於敞父子書，非以敞父子書合於攽書，故不改敞父子『漢書標注』之名，而《東漢》一卷，無所附麗，仍爲別行，則馬端臨所列是也。至別本乃以攽書爲主，而敞、奉世說附入之，故仍題『刊誤』之名，則陳振孫所記是也。厥後遂以《東漢刊誤》併附以行，而《兩漢刊誤》名焉。仁傑之兼補三劉，蓋據後來之本，而其名則未及改也。《文獻通考》載是書十七卷，《宋史・藝文志》則作十卷。今考其書，每多者不過十四頁，少者僅十二頁，勢不可於十卷之中析出七卷。而十卷之中，補《前漢》者八卷，補《後漢》者僅二卷，多寡亦太相懸。殆修《宋史》時已佚其七卷，以不完之本著錄歟？劉氏之書，於舊文多所改正，而隨筆標記，率不暇剖析其所以然。仁傑是書，獨引據賅洽，考證詳晰，元元本本，務使明白無疑而後已，其淹通實勝於原書。雖中間以『麟止』爲『麟趾』之類，間有一二之附會，要其大致，固瑕一而瑜百者也。曾絳〈序〉述周必大之言，以博物洽聞稱之，固不虛矣。」足資參證。至《四庫全書總目》謂此書「殆修《宋史》時已佚其七卷」，《玉海》所著錄亦作十卷。

別史類第二

南史八十卷、北史八十卷

《南史》八十卷、《北史》八十卷，廣棪案：盧校本《北史》「八十卷」作「一百卷」。盧校本是。**唐崇賢館學士鄴李延壽撰。初，延壽父大師多識舊事，常以宋、齊、梁、陳，魏、齊、周、隋天下分隔，南謂北為「索虜」，北謂南為「島夷」，詳略訾美失傳，思所以改正刊究，未成而沒。延壽追終先志，凡八代，合二書，為百八十篇。其書頗有條理，刪落釀辭，過本書遠甚。**

廣棪案：《新唐書》卷一百二〈列傳〉第二十七〈令狐德棻〉附〈李延壽〉載：「李延壽者，世居相州。貞觀中，累補太子典膳丞、崇賢館學士。以脩撰勞，轉御文臺主簿，兼直國史。初，延壽父大師多識前世舊事，常以宋、齊、梁、陳、齊、魏、周、隋，天下參隔，南方謂北爲『索虜』，北方指南爲『島夷』。其史於本國詳，他國略，往往訾美失傳，思所以改正，擬《春秋》編年，刊究南北事，未成而殁。延壽既數與論譔，所見益廣，乃追終先志。本魏登國元年，盡隋義寧二年，作本紀十二、列傳八十八，謂之《北史》；本宋永初元年，盡陳禎明三年，作本紀十、列傳七十，謂之《南史》。凡八代，合二書，百八十篇，上之。其書頗有條理，刪落釀辭，過本書遠甚。」《解題》實據此隱括。《郡齋讀書志》卷第六〈雜史類〉著錄：「《南史》八十卷、《北史》一百卷。右唐李延壽撰。延壽父太師，廣棪案：《郡齊讀書志》此條本《北史》卷一百〈序傳〉，『太師』當作『大師』。嘗謂宋、齊逮周、隋，南北分隔，南謂北爲『索虜』，北謂南爲『島夷』，欲改正，擬《吳越春秋編年》，未就而卒。延壽後預修《晉》、《隋書》，因究悉舊事，更依馬遷體，總敘八代。北起魏，盡隋，二百四十二年；南起宋，盡陳，百七十年，爲二史。刪繁補闕，過本史遠甚，至今學者止觀其書，沈約、魏收等所撰皆不行。獨闕本志，而《隋書》有之，故《隋書》亦傳於世。」《玉海》卷第四十六〈藝文・正史〉「唐《南北史》」條載：「〈李延壽傳〉：『父大師，多識前世舊事，常以宋、齊、梁、陳、齊、魏、周、隋，天下參隔，南謂北爲「索虜」，北指南爲「島夷」。其史本國詳，他國略，訾美失傳，思所以改正，擬《春秋》編年，刊究南北事，未成而沒。延壽既預論撰，所見益廣，〈表〉云：「貞觀以來屢叨史局。」乃追修先志，本魏登國元年，盡隋義寧二年，凡二百四十四年。作本紀十二、列傳八十八，謂之《北史》；本宋永初元年，盡陳禎明三年，凡一百七十年。作本紀十、列傳七十，謂之《南史》。其書頗有條理，刪落釀辭，過本書遠甚。凡八代，合為二書，一百八十卷。始末修撰，凡十六載。』〈志〉:『李延壽《南史》八十卷、《北史》一百卷。』《會要》:『顯慶四年，符璽郎李延壽撰近代諸史，南起自宋，終於陳；北始自魏，卒於隋，合一百八十篇，號曰《南北史》。上，自製〈序〉。』」足供參證。

高氏小史一百三十卷

《高氏小史》一百三十卷，館臣案:《唐書・藝文志》、《文獻通考》俱作一百二十卷。**唐殿中丞高峻撰。本書六十卷，其子迥分為一百二十。蓋鈔節歷代史也。司馬溫公嘗稱其書，使學者觀之。今案《國史志》凡一百九卷，《目錄》一卷。《中興書目》一百二十卷，止於文宗。今本多十卷，直至唐末。峻，元和人，則其書當止於德、順之間。迥之所序，但云「分六十卷為百二十，取其便易而已，初未嘗有所增加也。其止於文宗及唐末者，殆皆後人傅益之，非高氏本書」。此書舊有杭本，今本用厚紙裝褙夾面，寫多錯誤，俟求杭本校之。**

廣棪案:《新唐書》卷五十八〈志〉第四十八〈藝文〉二〈正史類〉著錄:「《高氏小史》一百二十卷，高峻，初六十卷，其子迥釐益之。峻，元和人。」《崇文總目》卷二〈雜史類〉上著錄:「《高氏小史》一百十卷，高峻及子迥撰。繹按:〈唐志〉、《讀書後志》並一百二十卷。《書錄解題》一百三十卷，引《國史志》凡一百九卷，《目錄》一卷。《中興書目》一百二十卷，今本多十卷。《東觀餘論》校正《崇文總目》云:『《高氏小史》名峻，一名崚。』」錢東垣輯釋本。《郡齋讀書志》卷第六〈雜史類〉著錄:「《高氏小史》一百二十卷。右唐高峻撰。以司馬遷《史》至《陳》、《隋書》，附以《唐實錄》，纂其要，分十例，爲六十卷。後其子迥析而倍之。」《玉海》卷第四十七〈藝文・雜史〉「唐《高氏小史》」條載:「〈志〉:『一百二十卷，高峻，初六十卷，其子迥釐益之。峻，元和中人。』峻以歷代諸史，鈔其要。子迥分其卷第。《書目》:『其書自天地未分至唐文宗，凡十三代，分十例。』司馬遷《史》至《陳》、《隋書》，附以《唐實錄》，纂其要。」足供參證。惟各書著錄此書卷數，頗有不同。孫猛《郡齋讀書志校證》曰:「《高氏小史》一百二十卷，按〈新唐志〉卷二〈正史類〉，卷數同《讀書志》，然高似孫《史略》卷四作一百卷，《崇文總目》卷二、〈宋志〉卷二〈別史類〉又作一百一十卷，當如《書錄解題》卷四引《國史藝文志》，其中有一卷《目錄》；《書錄解題》另著錄一百三十卷本，陳振孫疑有後人附益。」孫氏所考甚是。高峻父子，兩《唐書》無傳。《新唐書》卷七十一下〈表〉第十一下〈宰相世系〉一下載：「峻，殿中丞、蒲州長史。迥，餘杭令。」可參證。

唐餘錄史三十卷

《唐餘錄史》三十卷，館臣案：《文獻通考》作六十卷。**直集賢院益都王皡子融撰。寶元二年上。是時惟有薛居正《五代舊史》，歐陽修書未出。此書有紀，有志，有傳，又博采諸家小說，倣裴松之《三國志注》，附其下方，蓋五代別史也。其書列韓通於〈忠義傳〉，且表出本朝褒贈之典，《新》、《舊史》皆不及此。《館閣書目》以入〈雜傳類〉，非是。皡，曾之弟，後以元昊反，乞以字為名，仕至集賢院學士。**

廣校案：《郡齋讀書志》卷第六〈雜史類〉著錄：「《唐餘錄》六十卷。右皇朝王皡奉詔撰。皡芟《五代舊史》繁雜之文，采諸家之說，倣裴松之體附注。以本朝當承漢、唐之盛，五代，則閏也，故名之曰《唐餘錄》。寶元二年上之。溫公修《通鑑》，間亦采之。」《玉海》卷第四十七〈藝文・雜史〉「《唐餘錄》」條載：「寶元二年十一月戊子朔，尚書刑部郎、直集賢院王皡上，六十卷，詔獎諭。五代，閏也，故名《唐餘錄》，《通鑑》間亦采之。《書目》：『六十卷，王皡芟《五代舊史》，旁採諸家小說，倣裴松之《國志》附見于注。』」《宋史》卷二百三〈志〉第一百五十六〈藝文〉二〈別史類〉著錄：「王皡《唐餘錄》六十卷。」又〈傳記類〉著錄同。是《郡齋讀書志》、《玉海》、〈宋志〉等均稱此書爲《唐餘錄》，書名無「史」字，又均作六十卷，《解題》誤也。余嘗撰〈《唐餘錄史》應稱《唐餘錄》〉一文，載《新亞研究所通訊》（二〇〇二年三月）後收入《碩堂文存五編》，可參考。王皡，《宋史》卷三百一十〈列傳〉第六十六附其兄〈王曾〉。其〈傳〉曰：「子融字熙仲。初以曾奏，爲將作監主簿。祥符進士及第，累遷太常丞，同知禮院。獻所爲文，召試，直集賢院。嘗論次國朝以來典禮因革，爲《符禮閣新編》，上之。以其書藏太常。……又集五代事，爲《唐餘錄》六十卷以獻。進直龍圖閣，累遷太常少卿，權判大理寺。……本名皡，字子融。元昊反，請以字爲名。」可與《解題》相參證。

古史六十卷

《古史》六十卷，門下侍郎眉山蘇轍子由撰。因馬遷之舊，上觀《詩》、《書》，下考《春秋》及秦、漢雜錄，為七本紀，十六世家，三十七列傳。蓋漢世古文經未出，戰國諸子各自著書，或增損古事，以自信其說，遷一切信之，甚者或采世俗相傳之語，以易古文舊說，故為此史以正之。然其稱遷淺近而不學，疎略而多信；遷誠有可議者，而以為不學淺近，則過矣。

廣棪案：此書蘇轍有〈序〉，中曰：「太史公始易編年之法，爲本紀、世家、列傳，記五帝三王以來，後世莫能易之。然其爲人淺近而不學，疎略而輕信。漢景、武之間，《尚書古文》、《詩毛氏》、《春秋左氏》，皆不列於學官，世能讀之者少，故其記堯、舜三代之事，皆不得聖人之意。戰國之際，諸子辯士各自著書，或增損古事，以自信一時之說，遷一切信之，甚者或采世俗相傳之語，以易古文舊說。及秦焚書，戰國之史，不傳於民間，秦惡其議己也，焚之略盡，幸而野史一二存者，遷亦未暇詳也，故其記戰國，有數年不書一事者。余竊悲之，故因遷之舊，上觀《詩》、《書》，下考《春秋》及秦漢雜錄，記伏犧、神農，訖秦始皇帝，爲七本紀，十六世家，三十七列傳，謂之《古史》，追錄聖賢之遺意，以明示來世。至於得失成敗之際，亦備論其故。嗚呼！由數千歲之後，言數千歲之前，其詳不可得矣，幸其猶有存也，而或又失之，此《古史》之所爲作也。」是《解題》此條所述，多據轍〈序〉；然轍謂史遷「不學淺近」，直齋以爲「過」。明人劉曰寧亦嘗序此書，其言曰：「《古史》者，眉山蘇右丞書，以補龍門《史記》之闕也。劉子曰：『有功哉，假令太史遷而睹此，雖稱益友所歆慕焉。』太史遷以千古獨創之見，易編年而爲傳記，所爲義例，至百世不可易，而略于五帝、三代之紀。自此書出，不惟史傳、《六經》合若符節，如元首之具冠冕，章服之有領袖，以合于京師名山之藏，眞千秋一快事也。顧《史記》之所以脫誤，《古史》之所以詳贍，亦有可得而評者。當太史公之世，秦火初寒，挾書之禁方除，《尚書古文》及《毛詩》、《左氏》，皆不列於學官，而右丞資適逢時，在五星聚奎之後。班固譏太史公，既謂其闇於大道，即右丞亦論其淺近不學，疎略輕信。夫輕信則有之，又好奇；然謂其不學，非也。」是曰寧亦不以轍論太史公「淺近不學」爲是也。

東都事略一百五十卷

《東都事略》一百五十卷，承議郎知龍州眉山王偁季平撰。其書紀、傳、附

錄略具體，但無志耳。附錄用《五代史》例也。淳熙中上其書，得直祕閣。其所紀太簡略，未得為全善。

廣棪案：《讀書附志》卷上〈史類〉著錄：「《東都事略》一百三十卷。右承議郎知龍州王稱所進也。本紀十二，世家五，列傳一百五，附錄八。間爲贊論以發揚之。以其國都大梁以前之事，故謂之『東都』。然其中疎駮甚多。稱，眉山人，故禮部侍郎賞之子，此書既進，遂直中祕云。」《玉海》卷四十六〈藝文‧正史〉「淳熙《東都事略》」條載：「淳熙十三年八月二十六日，知龍州王稱上《東都事略》百十三卷。紀十二、世家五、列傳百五、附錄八。明年春三月，除直祕閣。其書特掇取《五朝史傳》及《四朝實錄附傳》，而微以野史附益之。」足供參證。據《玉海》，則偁上書之年爲淳熙十三年。至王偁之名，《讀書附志》及《玉海》均作「稱」。余嘉錫《四庫提要辨證》卷五〈史部〉三〈別史類〉「《東都事略》一百三十卷」條曾詳考之，曰：「宋王偁撰。偁字季平，眉州人。嘉錫案：陸心源《儀顧堂續跋》卷七〈宋槧東都事略跋〉云：『目錄後有木記云：「眉山程宅刊行，案五松堂翻本，程宅作程舍人宅。已申上司，不許覆板。」兩行，宋諱避至惇字止，蓋光宗時刊本也。是本爲蘇州汪士鐘零星湊配而成，有初印者，有後印者，有以明覆本配者。稱之名，《提要》作偁，此本及明覆本皆作稱，俟考。』陸氏所言宋槧本、明覆本，今雖未見，然有五松閣仿程舍人本，全書皆作稱，光緒九年淮南書局刻本即從此本出。可以爲證。《四庫》所收，蓋明人刻本，誤稱爲偁，《提要》信之，因謂『《學海類編》中所刻之王稱《張邦昌事略》，改王偁爲王稱』，爲『愈僞愈拙』。見《總目》卷六十四〈傳記類存目〉六。自《提要》有此說，於是一切官私著述及刻書者，凡涉及作《東都事略》之王稱，皆改作偁矣。錢綺嘗用影鈔宋本校五松閣本，錢〈自序〉謂不知何人所刻，張均衡〈跋〉謂錢所校即五松閣本。作〈校勘記〉云：『箚子書首附洪邁〈薦龔敦頤王稱箚子〉一頁九行，王稱姓名，掃葉山房重刊本稱作偁，以下及卷首題銜傳贊並同。《事略》列傳之贊，均署臣稱曰。按《說文》禾部之「稱」解作銓，人部之「偁」解作揚，今王稱字季平，取銓衡之義，自當從禾。況偁乃孝宗父秀王名，書中遇從人之偁皆缺筆，豈有當時所諱，而反以命名之理？明永樂中別有王偁，預修《永樂大典》，按王偁字孟揚，著有《虛舟集》。或明人因此王偁而誤改耳。』余友陳援菴垣謂余曰：『王季平之名當爲王稱，吾於錢氏所舉之外，又得二證焉。《學海類編》之《西夏事略‧張邦昌事略》，原即《東都事略》之一篇，均題曰王稱撰，可見曹溶所據之本原作「稱」字，一也；海源閣藏宋蜀刻《二百家名賢文粹》，其〈序〉題王稱撰，又爲眉州人，則與撰《東都事略》者同爲一人無疑，「偁」

之當作「稱」，是亦一證，二也。』嘉錫更考之《讀書附志》卷上云：『《東都事略》一百三十卷，承議郎知龍州王稱所進也。』《玉海》卷四十六云：『淳熙十三年八月二十六日，知龍州王稱上《東都事略》百三十卷。』據元刻明修本。三十，原本誤作十三。其字皆作『稱』，可見宋人所見之本無作『偁』者，《書錄解題》卷四作王偁，蓋《四庫》館所改。《提要》翻以作『稱』者爲僞改，失之不詳考也。《分類夷堅志》有『眉州異僧』一條，余未見《分類》本，此條見涵芬樓編印本《夷堅志補》卷十四。末云：『眉山王稱季舉所傳。』與《書錄解題》作字季平者不同，未詳孰是。」是余氏考定季平之名，應作稱，而作偁者，誤也。

新唐書略三十五卷

《新唐書略》三十五卷，呂祖謙授徒，患《新史》難閱，摘要抹出，而門人鈔之。蓋節本之有倫理者也。

廣棪案：祖謙子延年嘗跋此書，曰：「右《新唐書》三十五卷，蓋先太史成公抹筆，而門人抄出成是編也。始先君授學麗澤時，患《新唐史》文多且閱者難，因抹出體要，盡此書。雖然，先君之意，不止爲學者摘要計也，其寓意於筆削，史法實在焉。今觀元所抹本，一挾板之間，或備取而不遺，或盡置而不錄，或前後不加點，而獨抹出兩三字、四五字，或點出一日一月，若前後斷續不屬，及聯比而錄出之，則首尾如貫珠；蓋唐三百年間，國家之體統制度，政事之因革，君子小人之消長，中國夷狄之盛衰，一一可考而無遺矣。則先君之志，豈止爲摘要計哉？當嘉祐年間，一時名公刪修《舊唐史》而爲《新史》，及〈進書表〉云：『其事則增於前，其文則省於舊。』可謂盡矣。及是概之以先君之筆，則知《新史》之文尚繁。信乎史筆之不易言也！郡太守度支趙公時從容於麗澤書院，且求索先君手澤，既睹是編，反覆之良久，言曰：『今成公遺書，家有之矣；而此編乃未出，不可。』因命鋟木置之麗澤書院。蓋趙公有見於是編矣，延年何足以知之。端平丙申季春朔，延年敬書。」可與《解題》相參證，亦補其未及。

編年類第三

漢紀三十卷

《漢紀》三十卷，漢侍中汝南荀悅仲豫撰。獻帝好典籍，常以班固《漢書》文繁難省，乃令悅依《左氏傳》體，以為《漢紀》，詔尚書給筆劄，辭約事詳，論辨多美。其〈自序〉曰：「立典有五志焉，曰達道義，章法式，通古今，著功勳，表賢能。」

廣棪案：《後漢書》卷六十二〈荀韓鍾陳列傳〉第五十二〈荀淑〉載：「兄子悅、彧並知名。……悅字仲豫，儉之子也。……獻帝頗好文學，悅與彧及少府孔融侍講禁中，旦夕談論。累遷祕書監、侍中。……帝好典籍，常以班固《漢書》文繁難省，乃令悅依《左氏傳》體以爲《漢紀》三十篇，詔尚書給筆札。辭約事詳，論辨多美。其序之曰：『昔在上聖，惟建皇極，經緯天地，觀象立法，乃作書契，以通宇宙，揚于王庭，厥用大焉。先王光演大業，肆于時夏。亦惟厥後，永世作典。夫立典有五志焉：一曰達道義，二曰章法式，三曰通古今，四曰著功勳，五曰表賢能。於是天人之際，事物之宜，粲然顯著，罔不備矣。世濟其軌，不隕其業。損益盈虛，與時消息。臧否不同，其揆一也。漢四百有六載，撥亂反正，統武興文，永惟祖宗之洪業，思光啓乎萬嗣。聖上穆然，惟文之恤，瞻前顧後，是紹是繼，闡崇大猷，命立國典。於是綴敘舊書，以述《漢紀》。中興以前，明主賢臣得失之軌，亦足以觀矣。』」《解題》實據此隱括。然今見悅所撰〈序〉，與《後漢書》所記不同，未知何故。悅〈序〉云：「建安元年，上巡省，幸許昌，以鎮萬國。外命亢輔，征討不庭；內齊七政，允亮聖業。綜練典籍，兼覽傳記。其三年，詔給事中、祕書監荀悅抄撰《漢書》，略舉其要，假以不直，尚書給紙筆，虎賁給書吏。悅于是約集舊書，撮序表志，總爲帝紀，通比其事，例繫年月；其祖宗功勳、先帝事業、國家綱紀、天地災異、功臣名賢、奇策善言、殊德異行、法式之典，凡在《漢書》者，本末體殊，大略粗舉；其經傳所遺闕者差少，而表志勢有所不能盡繁重之語，凡所行之事，出入省要，刪略其文；凡爲三十卷，數十餘萬言，作爲帝紀，省約易習，無妨本書，有便於用，其旨云爾。會悅遷爲侍中，其五年書成。乃奏記云四百有一十六載，謂書奏之歲，歲在庚辰，昔晉之《乘》、楚之《檮杌》、魯之《春秋》、〈虞〉、〈夏〉、

〈商〉、〈周〉之書，其揆一也，皆古之令典，立之則成其法，棄之則墜於地，瞻之則存，忽焉則廢，故君子重之。《漢書紀》，其義同矣。凡《漢紀》，有法式焉，有監戒焉，有廢亂焉，有持平焉，有兵略焉，有政化焉，有休祥焉，有災異焉，有華夏之事焉，有四夷之事焉，有常道焉，有權變焉，有策謀焉，有詭說焉，有術藝焉，有文章焉，斯皆明主賢臣，命世立業，群后之盛動，髦俊之遺事。是故質之事實而不誣，通之萬方而不泥，可以興，可以治，可以動，可以靜，可以言，可以行，懲惡而勸善，獎成而懼敗，茲亦有國之常訓、典籍之淵林。雖云撰之者陋淺，而本末存焉爾。故君子可觀之矣。漢祕書監、侍中荀悅。」特迻錄之，以資參證。

後漢紀三十卷

《後漢紀》三十卷，晉東陽太守陽夏袁宏彥伯撰。以《後漢書》煩穢雜亂，撰集為此《記》。

廣校案：《郡齋讀書志》卷第五〈編年類〉著錄：「《袁宏漢紀》三十卷。右晉袁宏彥伯撰。宏在晉末，爲一時文宗。性強直，雖爲桓溫禮遇，每不阿屈。以東京史籍不倫，謝承、司馬彪之徒錯謬同異，無所取正，惟張璠《紀》差詳，因參摭記傳以損益之，比諸家號爲精密。」《玉海》卷第四十七〈藝文．編年〉「《漢紀》」條載：「晉〈袁宏傳〉：『宏字彥伯，撰《漢紀》三十卷。』〈隋〉、〈唐志〉同。《書目》：『晉東陽太守袁宏，以《後漢書》煩穢；又謝承、華嶠諸家錯繆同異，無所取正；惟張璠《紀》言漢末事差詳，故採而益之，比諸家號爲精密。』」足資參證。此書宏有〈序〉曰：「予嘗讀《後漢書》，煩穢雜亂，遂而不能竟也。聊以暇日，撰集爲《後漢紀》。其所掇會《漢紀》、《謝承書》、《司馬彪書》、《華嶠書》、《謝忱書》、《漢山陽公記》、《漢靈獻起居注》、《漢名臣奏》，旁及諸郡《耆舊先賢傳》，凡數百卷。前史闕略，多不次敘，錯謬同異，誰使正之？經營八年，疲而不能定，頗有傳者。始見張璠所撰書，其言漢末之事差詳，故復探而益之。夫史傳之興，所以通古今而篤名教也。丘明之作，廣大悉備。史遷剖判六家，建立十〈書〉，非徒記事而已，信足扶明義教，網羅治體，然未盡之。班固源流周贍，近乎通人之作，然因藉史遷，無所甄明。荀悅才智經綸，足爲嘉史，所述當世，大得治功已矣；然名教之本、帝王高義，韞而未敘。今因前代遺事，略舉義教所歸，庶以弘敷王道。前史之闕，古者方今，不同其流，亦異言行，趣舍各以類書；故觀其名跡，想見其人。丘明所以斟酌抑揚，寄其高懷，末史區區，注疏而已；其所稱美，止於事義，疏外之意，歿而不傳；其遺風餘趣，蔑如也。今之史書，或非古之人心，恐千載之外，所誣者多，所以悵怏躊躇，操筆悢然者也。晉東陽太守袁宏。」宏，《晉書》卷九十二〈列傳〉第六十二〈文苑〉有傳。

晉春秋略二十卷

《晉春秋略》二十卷，唐祕書省正字杜延業撰。自王隱而下諸書，及諸僭偽傳記，皆所詳究，而以蕭方等《三十國春秋》刪緝為此書。《館閣書目》作「杜光業」。案〈唐志〉亦曰「延業」。考新、舊史，他無所見，未詳何時人。

廣棪案：《舊唐書》卷四十六〈志〉第二十六〈經籍〉上〈編年〉著錄：「《晉春秋略》二十卷，杜延業撰。」《新唐書》卷五十八〈志〉第四十八〈藝文〉二〈編年類〉著錄：「杜延業《晉春秋略》二十卷。」《崇文總目》卷二〈編年類〉著錄：「《晉春秋略》二十卷，杜延業撰。繹按：《書錄解題》引《中興書目》作杜光業。」錢東垣輯釋本。考《玉海》卷第四十一〈藝文・續春秋〉「《晉春秋略》」條載：「〈唐志・編年〉：『杜延業《晉春秋略》二十卷。』《中興書目》：『唐祕書省正字杜公業撰，〈唐志〉作延業。并序，起晉宣帝，迄恭帝，一百五十六年。以後魏崔鴻撰《十六國春秋》尚未究盡，梁蕭方等著《三十國春秋》以晉爲主，附列二十九國，採集爲廣，遂加刪緝，號曰《晉春秋略》，凡一百八萬餘言。』」是《玉海》所引《中興書目》，撰人作「杜公業」，或「公」、「光」音近，故《玉海》不免有誤也。延業此書有〈自序〉，陸心源《唐文拾遺》卷五十一收之，其〈自序〉曰：「蕭方等采削群史，著《三十國春秋》，囊括兩晉之言，網羅諸國之事，以晉國爲主，列附二十九國。延業刪緝，題曰《晉春秋略》。」可資參證。

元經薛氏傳十五卷

《元經薛氏傳》十五卷，稱王通撰，薛收傳，阮逸補并注。案河汾王氏諸書，自《中說》之外，皆《唐・藝文志》所無。其傳出阮逸，或云皆逸偽作也。今考唐神堯諱淵，其祖景皇諱虎。故《晉書》戴淵、石虎，皆以字行。薛收唐人，於〈傳〉稱戴若思、石季龍，宜也。《元經》作於隋世，而太興四年亦書曰「若思」，何哉？意逸之心勞日拙，自不能掩耶！此書始得於莆田，三卷，止晉成帝。後從石林葉氏得全本，錄成之。

廣棪案：《郡齋讀書志》卷第十〈儒家類〉著錄：「《元經》十卷。右隋王通撰，唐薛收傳，皇朝阮逸學。起晉惠帝太熙元年，終於陳亡。予從兄子逸仕安康，嘗得其本，歸而示四父，四父讀至『帝問蛙鳴』，哂其陋曰：『六籍奴婢之言不爲過。』按《崇文》無其目，疑逸依託爲之。」是公武亦疑此書乃阮逸所依託。《四庫全書總目》卷四十七〈史部〉三〈編年類〉著錄：「《元經》十卷，江蘇巡撫採進本。舊本題隋王通撰，唐薛收續并作傳，宋阮逸注。其書始晉太熙元年，終隋開皇九年，凡九卷，稱爲通之原書。末一卷自隋開皇十年迄唐武德元年，稱收所續，晁公武《讀書志》曰：『案《崇文》無其目，疑阮逸依託爲之。』陳振孫《書錄解題》曰：『河汾王氏諸書，自《中說》以外，皆《唐・藝文志》所無，其傳出阮逸，或云皆逸僞作也。唐神堯諱淵，其祖景皇諱虎，故《晉書》戴淵、石虎皆以字行。薛收唐人，於《傳》稱戴若思、石季龍，宜也。《元經》作於隋世大業四年，亦書曰若思，何哉？』今考是書，晉成帝咸和八年書『張公庭爲鎭西大將軍，康帝建元元年書石虎侵張駿』。公庭即駿之字，猶可曰書名書字，例本互通。至於康寧三年書神虎門爲神獸門，則顯襲《晉書》，更無所置辨矣。且於周大定元年直書楊堅輔政。通生隋世，雖妄以聖人自居，亦何敢於悖亂如是哉？陳師道《後山談叢》、何薳《春渚紀聞》、邵博《聞見後錄》並稱逸作是書，嘗以稿本示蘇洵。薳與博語未可知。師道則篤行君子，斷無妄語，所記諒不誣矣。逸字天隱，建陽人，天聖五年進士，官至尚書屯田員外郎。《宋史・胡瑗傳》：『景祐初，更定雅樂，與鎭東軍節度推官阮逸同校鐘律者』，即其人也。王鞏《甲申雜記》又載其所作詩，有『易立太山石，難芳上林柳』句，爲怨家所告，流竄以終。生平喜作僞書，此特其一耳。《文獻通考》載是書十五卷，此本止十卷，自魏太和以後，往往數十年不書一事，蓋又非阮逸僞本之全矣。至明鄧伯羔《藝觳》，稱是書爲關朗作。朗，北魏孝文帝時人，何由書開皇九年之事。或因宋人記關朗《易傳》與此書同出阮逸，偶然誤記耶？其書本無可取，以自宋以來，流傳已久，姑錄存之而參考諸說，附糾其依託如右。」是《四庫全書總目》亦以此書爲逸所僞作。然余嘉錫《四庫提要辨證》卷四〈史部〉二〈編年類〉「《元經》十卷」條則曰：「嘉錫案：文中子《中說》屢言及《元經》，敘其著作之意甚詳。《舊唐書・文苑・王勃傳》云：『祖通，依《春秋》體例，自獲麟後，歷秦、漢至於後魏，著紀年之書，謂之《元經》。』皮日休《文藪》卷四〈文中子碑〉云：『先生有《元經》三十一篇。』是唐人相傳，實有此書。《舊唐書》言自獲麟後至後魏，而今本始於晉惠至陳亡，顯然不合，似可為作偽之據。然《中說》〈王道篇〉、〈問易篇〉具述始晉惠之意，〈述史篇〉又自言止於陳亡之義。則今本與《中說》合，書之真偽初不在此。晁、陳言其書爲《崇文目》及《唐・藝文志》所無，蓋謂通之原書至唐末宋初已不復存，今本出於阮逸僞作耳。皮錫瑞《師伏堂筆記》卷三云：『王通《元經》，宋阮逸注。晁公武曰：「疑阮逸依託爲之。」陳振孫曰：「河汾王氏諸書，自《中說》外，或云皆逸僞作。」陳師道、何薳、邵博皆稱逸作是書。錫瑞案：阮逸，宋人，諸人皆與逸年代不相遠，而其說相同，且謂逸以稿本示蘇洵，似爲逸作，可無疑矣。乃考《宋史》，有可疑者。太祖建隆三年四月，太常寺博士聶崇義上《三禮圖》，尹拙駁正，詔下中書集議。吏部尙書張昭等奏議曰：「尹拙所述禮神之六玉，稱取梁桂州刺史崔靈恩所撰《三禮義宗》，崇義非之，以爲靈恩非周公之才，無周公之位，一朝撰述，便補六玉闕文，尤不合禮。臣等竊以劉向之論〈洪範〉，王通之作《元經》，非必挺聖人之姿，而居上公之位。有益於教，亦爲斐然。」據此奏議，則王通《元經》，宋初已有其書。阮逸，天聖五年進士，建隆三年至天聖五年，凡六十七年，當時逸尙未生，而奏議引之，則書必出宋前。不得以《崇文目》不載，遂指爲逸作也。晁、陳諸人殆未見張昭奏議乎？』愚謂皮氏所舉張昭奏議，誠爲前人所未言。惟張昭之意，不過舉古之非聖人而作經者，以駁聶崇義，故以王通《元經》與劉向〈洪範〉并言。《洪範論》之佚文，見於《漢書・五行志》，而《元經》之大意亦見於《中說》。《洪範論》既是亡書，則所謂『有益於教，亦爲斐然』者，不必便是《元經》在宋初見存之據也。大抵文人用典，例難徵實，恐不可以是駁晁、陳。惟其說亦言之成理，足備考證，故錄存之。」是余氏認爲王通確嘗撰有《元經》，惟至北宋時已佚，而今本乃阮逸所僞也。又《解題》於是條末處謂：「此書始得於莆田，纔三卷。」則此三卷，蓋直齋自謂得於寶慶三年丁亥（1227）充興化軍通判時，蓋南宋興化軍治所在莆田。至〈題解〉又謂「後從石林葉氏得全本，錄成之」者，乃指此書全本借自葉夢得之後人。夢得字少蘊，號石林，蘇州吳縣人。《宋史》卷四百四十五〈列傳〉第二百四〈文苑〉七有傳。其〈傳〉載：「(紹興）十八年，卒湖州，贈檢校少保。」湖州，直齋故里。夢得既卒湖州，其家人亦必移居是間，直齋因得就近借錄之。

唐曆四十卷

《唐曆》四十卷，唐集賢學士河東柳芳仲敷撰。芳所輯《國史》，敘天寶後事不倫。及謫黔中，會高力士同貶，因從之質開元、天寶禁中事本末。史已上送，不可追刊，乃用編年法作此書。起隋義寧元年，迄大曆十三年。

廣棪案：《郡齋讀書志》卷第五〈編年類〉著錄：「《唐曆》四十卷。右唐柳芳撰。初，肅宗詔芳綴緝吳兢書，其敘天寶後事不倫。上元中，芳謫黔中，會高力士同貶，因從力士質開元、天寶及禁中事，識其本末。時舊史已送官，不可追刊，乃推衍義類，倣編年法作此書。起隋義寧元年，迄大曆十三年。或譏其不立褒貶義例而詳於制度，然景迂生亟稱之，以為《通鑑》多取焉。」是《解題》所述，乃據《郡齋讀書志》隱括。《玉海》卷第四十七〈藝文‧編年〉「《唐曆》」條載：「〈柳芳傳〉：『肅宗詔芳與韋述綴吳兢所次《國史》。上元中坐事，徙黔中。時高力士亦貶巫州，因從力士質開元、天寶及禁中事，具識本末，時《國史》已送官，不可追刊。乃推衍義類，倣編年法為《唐曆》四十篇，頗有異聞。然不立褒貶義例，為諸儒譏訕。』李德裕奏芳子冕，以力士之說為先臣言之，退上一十七事，為《次柳氏舊聞》一卷。〈蔣偕傳〉：『初，柳芳作《唐曆》，大曆以後闕而不錄。宣宗詔崔龜從、韋澳、李荀、張彥達及偕等分年撰次，盡元和以續云。』〈志〉：『柳芳《唐曆》四十卷。』」可供參考。芳，《舊唐書》卷一百四十九〈列傳〉第九十九附其子〈柳登〉。《新唐書》卷一百三十二〈列傳〉第五十七載：「柳芳字仲敷，蒲州河東人。開元末，擢進士第，由永寧尉直史館。肅宗詔芳與韋述綴輯吳兢所次《國史》，會述死，芳緒成之；興高祖，訖乾元，凡百三十篇。敘天寶後事，棄取不倫，史官病之。上元中，坐事徙黔中。後歷左金吾衛騎曹參軍、史館脩撰。然芳篤志論著，不少選忘厭。承寇亂，史籍淪缺。芳始謫時，高力士亦貶巫州，因從力士質開元、天寶及禁中事，具識本末。時國史已送官，不可追刊，乃推衍義類，倣編年法為《唐曆》四十篇，頗有異聞。然不立褒貶義例，為諸儒譏訕。改右司郎中、集賢殿學士，卒。子登、冕。」所載芳撰此書事甚詳悉，亦晁氏《郡齋讀書志》所依據也。

續唐曆二十二卷

《續唐曆》二十二卷，唐監修國史崔龜從元吉撰。起大曆十三年春，盡元和十五年，以續柳芳之書也。〈藝文志〉載韋澳、蔣偕、李荀、張彥遠、崔瑄等撰，實大中時。

廣棪案：《新唐書》卷五十八〈志〉第四十八〈藝文〉二〈編年類〉著錄：「《續唐曆》二十二卷，韋澳、蔣偕、李荀、張彥遠、崔瑄撰，崔龜從監脩。」《玉海》卷四十七〈藝文‧編年〉「《續唐曆》」條載：「《續唐曆》二十二卷，韋澳、蔣偕、李荀、張彥達、崔瑄撰。崔龜從監修」。《會要》：『大中五年七月，宰臣監修崔龜從等撰《續唐曆》二十卷。』《舊紀》二十二卷。《中興書目》：『柳芳撰《唐曆》，起隋義寧元年，盡大曆十三年八月。』《崇文目》：『《唐曆》。四十卷，《目錄》一卷。』晁氏《志》云：『敘制度為詳。』初，芳次《國史》，興高祖，訖乾元，凡百三十篇。敘天寶後事，棄取不倫。後同本傳。後崔鉉續修之，未就。宣宗大中間，命崔龜從起大曆十三年春，盡元和十五年，凡二十二卷。」足資參證。龜從字玄告，清河人。《解題》作字元吉，未知所據。《舊唐書》卷一百七十六〈列傳〉第一百二十六有傳，《新唐書》卷一百六十〈列傳〉第八十五附〈崔元略〉。《舊唐書》本傳載：「大中四年，爲中書侍郎、同平章事，兼吏部尚書。五年七月，撰成《續唐曆》三十卷，上之。」是此書確撰成於大中五年，惟《舊唐書》作三十卷，與〈新唐志〉、《中興書目》、《解題》著錄卷數不同。《玉海》引《唐會要》作二十卷，疑均誤。又《玉海》「張彥遠」作「張彥達」，亦誤。

大唐統紀四十卷

《大唐統紀》四十卷，唐江南西道觀察判官陳嶽撰。用荀、袁體，起武德，盡長慶，為一百卷。今止武后如意，非全書也。

廣棪案：《新唐書》卷五十八〈志〉第四十八〈藝文〉二〈編年類〉著錄：「陳嶽《唐統紀》一百卷。」《玉海》卷第四十七〈藝文・編年〉「《唐統紀》」條載：「〈志〉：『陳嶽《唐統紀》一百卷。』《崇文目》同。《中興書目》：『檢校尚書屯田員外郎陳嶽撰。以荀悅、袁宏有《漢紀》，遂爲《大唐統紀》，起武德，盡長慶末，凡十三朝，成一百卷。用《春秋》例，間著論云。』」足資參證。是此書原一百卷，直齋所得者四十卷，乃不完之本也。嶽，兩《唐書》無傳。

通曆十五卷

《通曆》十五卷，唐泉州別駕扶風馬總會元撰。書本十卷，止於隋代。今書直至五代，增五卷者，後人所續也。晁公武《志》：「《續通曆》十卷，孫光憲撰。太祖朝嘗詔毀其書。」

廣棪案：《新唐書》卷五十八〈志〉第四十八〈藝文〉二〈編年類〉著錄：「馬摠《通曆》十卷。」《郡齋讀書志》卷第五〈編年類〉著錄：「《通曆》十卷。右唐馬總撰。纂太古十七氏、中古五帝、三王，及刪取秦、漢、三國、晉、十六國、宋、齊、梁、陳、元魏、北齊、後周、隋，世紀興滅，粗述其君賢否，取虞世南《略論》分繫於末，以見義焉。」又同卷同類著錄：「《續通曆》十卷。右荊南孫光憲撰。輯唐洎五代事，以續馬總《曆》，參以黃巢、李茂貞、劉守光、阿保機、吳、唐、閩、廣、湖、越、兩蜀事迹。太祖朝詔毀其書，以所紀多非實也。」足與《解題》相參證。《玉海》卷第四十七〈藝文・編年〉「《唐通曆》」條載：「〈志〉：『馬總，十卷，編年類。』本傳著《集》、《年曆》、《通曆》。《書目》：『唐馬總撰。朝議郎，守泉州別駕。起天皇氏，總以史籍繁蕪，故上索《三墳》，中稽《五典》，迄于隋季，爲十卷，今存。又云：貫寶曆於聖唐，是曰《通曆》。前進上，齊推〈序〉。自十一卷起唐高祖者，即孫光憲所續也。光憲，皇朝人，作《續通曆》十卷，起唐高祖，止閩王審知。今附於《通曆》後者唯五卷爾。《通曆》一書，大抵簡略。首紀三皇，尤詭誕不經，與司馬貞補《史記》所言無異。隨事間有論著，謂文帝庶幾於王道，而景帝之擬成、康，則有慚德，謂宣帝刑名圖霸之王也，而世以比光武，非其倫也。斯言當矣。』總又有《唐年小錄》六卷，載德宗以前故事。」所言亦足參考。衡以《玉海》所引《中興書目》，則《解題》所云「今書直至五代，增五卷者，後人所續也」，所謂後人，即孫光憲。馬總，兩《唐書》作馬摠。摠，《舊唐書》卷一百五十七〈列傳〉第一百七、《新唐書》卷一百六十三〈列傳〉第八十八有傳。《舊唐書》本傳謂：「馬摠字會元，扶風人。……所著有《奏議集》、《年曆》、《通曆》、《子鈔》等書百餘卷，行於世。」與《解題》合。

唐年補錄六十五卷

《唐年補錄》六十五卷，後晉起居郎、史館修撰獲鹿賈緯撰。以武宗後無實錄，故為此書，終唐末，其實補實錄之缺也。雖論次多缺誤，而事迹麤存，亦有補於史氏。

廣棪案：《新五代史》卷五十七〈雜傳〉第四十五〈賈緯〉載：「賈緯，鎮州獲鹿人也。少舉進士不中，州辟參軍。唐天成中，范延光鎮成德，辟趙州軍事判官，遷石邑令。緯長於史學。唐自武宗已後無實錄，史官之職廢，緯采次傳聞，爲《唐年補錄》六十五卷。當唐之末，王室微弱，諸侯彊盛，征伐擅出，天下多事，故緯所論次多所闕誤。而喪亂之際，事迹粗存，亦有補於史氏。」《解題》殆據此隱括。《舊五代史》卷一百三十一〈周書〉二十二〈列傳〉第十一〈賈緯〉載：「賈緯，眞定獲鹿人也。案宋祁《景文集・賈令君墓誌銘》：『賈氏自唐司空魏國公耽，世貫滄州南皮，子孫稍稍徙真定。五世祖諒，高祖謹。曾祖處士諱初，有至性，疾世方亂，守鄉里，不肯事四方。祖諱緯。』（《舊五代史考異》）少苦學爲文，唐末舉進士不第，遇亂歸河朔，本府累署參軍、邑宰。唐天成中，范延光鎭定州，按：延光未嘗蒞定，當是鎮州之誤。（劉本）。表授趙州軍事判官，遷石邑縣令。緯屬文之外，勤於撰述，以唐代諸帝實錄，自武宗已下，闕而不紀，乃採掇近代傳聞之事，及諸家小說，第其年月，編爲《唐年補錄》，凡六十五卷，案《景文集》：『緯博學善詞章，論議明銳，一時諸儒皆屈。唐自武宗後，史錄亡散，君掇拾殘餘，為《唐年補錄》數十萬言，敘成敗事甚悉，書顯于時。』（《舊五代史考異》）識者賞之。」所載較《新五代史》爲翔實，至足參證。

五代通錄六十五卷

《五代通錄》六十五卷，宰相昭文館大學士大名范質文素撰。亦以實錄繁冗，節略而成此書。

廣棪案：《郡齋讀書志》卷第五〈編年類〉著錄：「《五代通錄》六十五卷。右皇朝范質撰。《五代實錄》共三百六十卷，質刪其繁文，摭其要言，以成是書。自乾化壬申至梁亡，十二年間，簡牘散亡，亦采當時制敕碑碣，以補其闕。」《解題》所述，蓋據《郡齋讀書志》隱括。質字文素，大名宗城人。《宋史》卷二百四十九〈列傳〉第八有傳。其〈傳〉曰：「質性卞急，好面折人。以廉介自持，未嘗受四方饋遺，前後所得祿賜，多給孤遺。閨門之中，食不異品。身沒，家無餘貲。太祖因論輔相，謂侍臣曰：『朕聞范質止有居第，不事生產，眞宰相也。』太宗亦嘗稱之曰：『宰輔中能循規矩，愼名器，持廉節，無出質右者，但欠世宗一死，爲可惜爾。』從子校書郎杲求奏遷秩，質作詩曉之，時人傳誦，以爲勸戒。有《集》三十卷，又述朱梁至周五代，爲《通錄》六十五卷，行于世。」足與《解題》相參證。

帝王照略一卷

《帝王照略》一卷，館臣案：《文獻通考》「照略」作「鏡略」。唐洺州刺史劉軻撰。僞蜀馮鑑注，并續唐祚以後。〈唐志〉及《館閣書目》有劉軻《帝王曆數歌》一卷，疑即此書也。

廣棪案：《新唐書》卷五十八〈志〉第四十八〈藝文〉二〈編年類〉著錄：「劉

軻《帝王曆數歌》一卷，字希仁。元和末進士第，洛州刺史。」《解題》疑與《帝王照略》爲同一書，所疑甚是。《郡齋讀書志》卷第五〈編年類〉著錄：「《帝王鏡略》一卷。右唐劉軻撰。自開闢迄唐初，帝王世次，綴爲四言，以訓童蒙。僞蜀馮鑑續之，至唐末。」公武謂此書「綴爲四言，以訓童蒙」，亦明指此書乃歌詩體。《玉海》卷第五十六〈藝文·圖〉「唐《帝王世數圖》」條載：「《帝王曆數歌》一卷，大和元年，劉軻以帝王年號世數，次而爲歌。晁氏《志》：「《帝王鏡略》，馮鑑續至唐末。」足資參證。軻，兩《唐書》無傳；鑑，事迹亦不見兩《五代史》與《十國春秋》。劉兆祐《宋史藝文志史部佚籍考》上編〈已佚而無輯本者〉（三）〈別史類〉載：「《帝王曆數歌》一卷，唐劉軻撰。軻，字希仁，曲江人，元和末登進士第。文宗朝，宏文館學士。馬植稱其文爲韓愈流亞，荐之朝，累遷侍御史。著有《三傳指要》、《牛羊日曆》、《唐年歷代》、《翼孟》、《文集》等書。今《牛羊日曆》、《文集》尚存，餘並佚。按：公武云此書『綴爲四言，以訓童蒙』，其爲歌詩體裁，殆無疑問。然則茲編或題《帝王鏡略》，或題《帝王照略》，振孫所說是也。」亦可參考。

紀年通譜十二卷

《紀年通譜》十二卷，丞相宋庠公序撰。自漢文後元有年號之後，以甲子貫之，曰正、曰閏、曰偽、曰賊、曰蠻夷，以正為主，而附列其左，號統元，為十卷。其二卷曰類元，因文之同，各以彙別。慶曆中表上之。宣義郎畢仲荀續補一卷，止元符三年。

廣棪案：《郡齋讀書志》卷第五〈編年類〉著錄：「《紀年通譜》十二卷。右皇朝宋庠公序撰。自漢文帝後元戊寅，至周恭帝顯德庚申爲九篇，以本朝建隆之元，至慶曆辛巳爲一篇，皆曰『統元』，以甲子貫之。有五號，曰：正、閏、僞、賊、蠻夷。以王莽十九年繫孺子更始，以接建武；東魏十七年附西魏；豫王六年、天后十五年繫中宗，續神龍，朱梁十六年通濟陰天祐，續同光；掊晉恭帝禪宋之歲，對魏明元泰常五年。尊北降南，始主正朔，乃《通譜》之新意也。別二篇舉字爲類，各以部分，曰『類元』。慶曆中上之，優詔褒焉。公武按：《三國志》，魏景初元年丁巳，當蜀建興十五年，次年戊午，蜀改元延熙，訖二十年歲次丁丑，明年改元景耀。今《通譜》載蜀建興之號止於丙辰，凡十四年，延熙改元在丁巳，且復增至二十一年，豈別有所據耶？歐陽公《集古目錄》以東魏《造石像記》證《通譜》武定七年非戊辰，蓋自元象以後，遞差一歲。公序聞之，以爲宜易，遂著其事於《譜》前。意者編簡浩博，不免時有舛誤也。」《郡齋讀書志》所記，較《解題》爲翔實。《玉海》卷第十三〈律曆・改元〉「《紀年通譜》」條載：「《書目》：『十三卷，參政宋庠撰。以古今運曆之書，凡十餘家，皆無可采，遂取十七代正史、百家雜記，凡正僞年號，括爲一書。斷自漢文後元之戊寅，下止周恭帝顯德之庚申，凡一千二百二十二歲；並本朝建隆之元，至慶曆元年之辛巳，合爲十二卷。其十八篇曰統元，以甲子貫之，其二篇曰類元。』」考《書目》即《中興館閣書目》，其著錄之「十三卷」乃「十二卷」之誤。又《玉海》卷第四十七〈藝文・編年〉「慶曆《紀年通譜》」條載：「（慶曆）七年六月九日丁亥，參政宋庠上所撰《紀年通譜》。庠取十七代正史，并百家雜說，凡正僞年號成一書，詔送史館。《中興書目》：『十二卷。』《紀年通譜》自漢文帝後元戊寅，止周恭帝顯德庚申爲九篇；以本朝建隆之元，至慶曆辛巳爲一篇，皆曰統元。以甲子貫之有五號，曰正、閏、僞、賊、蠻夷。以王莽十九年繫孺子更始，以接建武；東魏十七年附西魏；豫王六年、天后十五年繫中宗，緒神龍；朱梁十六年通濟陰天祐，續同光；据晉恭帝禪宋之歲，對魏明元泰常五年，尊北降南，始主正朔，乃《通譜》之新意也。別二篇舉字爲類，各（以）部分爲類元。畢仲荀續一卷，起慶曆壬午，迄徽宗。」可資參證。惟《玉海》謂「迄徽宗」，與《解題》謂「止元符三年」不同。庠字公序，安州安陸人，仁宗朝爲相。《宋史》卷二百八十四〈列傳〉第四十三有傳。仲荀，《宋史》無傳。董史《皇宋書錄》中載：「畢仲荀，善書，與章友直齋名。」餘事不詳。

資治通鑑二百九十四卷、目錄三十卷、考異三十卷

《資治通鑑》二百九十四卷、《目錄》三十卷、《考異》三十卷，丞相溫公河內廣棪案：張宗泰《魯巖所學集》卷六〈再跋書錄解題〉云：「《書錄解題》有歧出未能畫一者，如《資治通鑑》下云：『丞相河內司馬光撰』，而《別集・傳家集》下，又以為涑水人。考《東都事略》作陝州夏縣人，嘗以涑水在夏縣，而河內則其祖籍，不足據也。」**司馬光君實撰。初，光嘗約戰國至秦二世，如《左氏》體，為《志》八卷以進。英宗悅之，遂命論次歷代君臣事迹，起周威烈，迄乎五代，就祕閣置局。神宗御製〈序〉，賜名《資治通鑑》。及補外，聽以書局自隨。元豐七年書成。上曰：「賢於荀悅《漢紀》遠矣。」《目錄》倣《史記》年表，年經國緯，用劉羲叟《長曆》氣朔，而撮新書精要散於其中。《考異》參諸家異同，正其謬誤，而歸於一。總三百五十四卷。**

廣棪案：《郡齋讀書志》卷第五〈編年類〉著錄：「《資治通鑑》二百九十四卷、《目錄》三十卷、《考異》三十卷。右皇朝治平中，司馬光奉詔編集歷代君臣事迹，許自辟官屬，借以館閣書籍，在外聽以書局自隨，至元豐七年，凡十七年始奏御。上起戰國，下終五代，凡一千三百六十二年。又略舉事目，年經國緯，以備檢閱；別爲《目錄》，參考同異，俾歸一途；別爲《考異》，各一編。公自謂精力盡於此書。神宗賜名《資治通鑑》，御製〈序〉以冠其首，且以爲賢於荀悅云。公武心好是書，學之有年矣。見其大抵不采俊偉卓異之說，如屈原懷沙自沈，四皓羽翼儲君，嚴光足加帝腹，姚崇十事開說之類，削去不錄，然後知公忠信有餘，蓋陋子長之愛奇也。」《玉海》卷第四十七〈藝文・編年〉「治平《資治通鑑》」條載：「治平三年四月辛丑，命龍圖直學士侍讀司馬光編集歷代君臣事迹。初，光患歷代史繁重，學者不能綜，況於人主。欲上自戰國，下迄五季，正史之外，旁采他書，關國家興衰，係生民休戚，善可爲法，惡可爲戒者，依《左氏傳》體，爲編年一書，名曰《通志》。因《春秋》編年之體，倣荀悅簡要之文。遂約戰國至秦二世，爲八卷以進。英宗悅之，命續其書，置局祕閣，以劉恕、趙君錫同修。後以劉攽代君錫。又范祖禹同修。〈表〉云：『於崇文院置局，許借龍圖、天章閣、三館、祕閣書籍，賜以御府筆墨繒帛。』四年十月己酉，初御邇英，甲寅九日。初進讀，賜名《資治通鑑》。神宗親製〈序〉，面賜光。令候書成寫入，又賜潁邸舊書二千四百二卷。〈序〉曰：『光之志以爲威烈王命韓、趙、魏爲諸侯，周雖未滅，王制盡矣。此亦古人述作造端立意之所繇也。其所載明君、良臣，切摩治道，議論之精語，德刑之善制，天人相與之際，休咎庶徵之原，威福盛衰之本，規模利害之效，良將之方略，循吏之條教，斷以邪正，要於治忽，辭令淵厚之體，箴諫深切之義，良謂備焉。凡十六代，博而得其要，簡而周於事，是亦典刑之總會，冊牘之淵林矣。』〈表〉云：『寵以冠〈序〉，錫之嘉名，每開經筵，常令進讀。』元豐元年十月，光奏子康為檢閱文字，從之。熙寧元年二月十一日又進讀，移刻乃罷。一本云：二年詔光進讀於邇英。元豐七年十二月戊辰，或云十一月進呈。書成，二百九十四卷。上起戰國，下終五代，凡一千三百六十二年，又略舉事目，年經國緯，爲《目錄》三十卷；參考群書，評其同異，俾歸一塗，爲《考異》三十卷，合三百五十四卷。自治平開局，迄今始成，凡十九年。」〈表〉云：『西京留司御史臺，及提舉崇福宮前後六任，聽以書局自隨。』詔書獎諭，賜銀帛、衣帶、鞍馬。每編始末，識以『睿思（殿）寶章』。上諭輔臣曰：『前代未嘗有此書，過荀悅《漢紀》遠矣。』以光爲資政殿學士，輔臣請觀之，遂命付三省。」足資參證。光字君實，陝州夏縣人。《宋史》卷三百三十六〈列傳〉第九十五有傳。其〈傳〉載：「光常患歷代史繁，人主不能遍覽，遂爲《通志》八卷以獻。英宗悅之，命置局祕閣，續其書。至是，神宗名之曰《資治通鑑》，自製〈序〉授之，俾日進讀。」即記此事。

通鑑舉要曆八十卷

《通鑑舉要曆》八十卷，司馬光撰。《通鑑》既成，尚患本書浩大難領略，而《目錄》無首尾，晚著是書，以絕二累。其稿在晁說之以道家。紹興初，謝克家任伯得而上之。

廣棪案：《郡齋讀書志》卷第五〈編年類〉著錄：「《通鑑舉要曆》八十卷。右皇朝司馬光撰。《通鑑》奏御之明日，輔臣亟請觀焉。神宗出而示之，每編始末，識以『睿思殿寶章』，蓋尊寵其書如此。公尚患本書浩大，故爲《舉要》云。」《玉海》卷第四十七〈藝文・編年〉「治平《資治通鑑》」條載：「光編集《通鑑》既成，撮精要之語爲《目錄》三十卷。晚病《目錄》太簡，更著《舉要曆》八十卷而未成。紹興初，資政學士臣克家上之。《書目》：『八十卷。』」足相參證。孫猛《郡齋讀書志校證》曰：「《通鑑舉要曆》八十卷，按此書僅成稿，而司馬光未及刊行，稿藏晁說之家。紹興初，謝克家得而上之。見《書錄解題》卷四、《玉海》卷四十七。淳熙間，光曾孫伋始爲之梓行，朱熹撰〈序〉，〈序〉見《朱文公文集》卷七十六。」孫氏所言有據。晁說之，字以道，號景迂，《宋史》無傳。《宋元學案》卷二十二爲〈景迂學案〉，載說之畢生學行甚詳。中云：「先生慕司馬文正之爲人，故以景迂生自號。廣棪案：蓋以司馬光號迂叟也。文正著《潛虛》未成而病，屬先生補之，先生遜謝不敢。然文正之門，傳其《太玄》之學者，惟先生。」是則光稿在說之家之故，據此可以推知矣。謝克家，《宋史》亦無傳。《宋人傳記資料索引》載：「謝克家字任伯，上蔡人。紹聖四年進士。建炎四年，官至參知政事，終資政殿學士。紹興初寓居臨海，紹興四年卒。」則此書之「得而上之」，乃克家寓居臨海時。此書有朱子淳熙十一年〈序〉，其〈序〉曰：「清源郡舊刻溫國文正公之書，有《文集》及《資治通鑑舉要曆》，皆八十卷。《曆》篇之首，有紹興參知政事上蔡謝公克家所記，於其刪述本指、傳授次第，以及宣取投進所以然者甚悉。然其傳佈未廣，而朝命以其版付學省，則下吏不謹，乃航海而沒焉，獨《文集》僅存，而歷數十年，未有能補其亡者。淳熙壬寅，公之曾孫龍圖閣待制伋來領郡事，始至而視諸政府，則《文集》者，亦以漫滅而不可讀矣。乃用舊家本讎正，移之別板，且將次及《舉要》之書而未遑也。一日，過客有以爲言者，龍圖公瞿然曰：『吾固已志之矣。』亟命出藏本刻焉，踰年告成，則又以書來語熹曰：『是書之成，不惟區區得以嗣承先志而脩此邦故事之闕，抑亦吾子之所樂聞也。其爲我記其後。』熹竊聞之，《資治通鑑》之始奏篇也，神宗皇帝實親序之，則既有『博而得要，簡而周事』之褒矣。然公之意猶懼夫本書之所以提其要者有未切也，於是乎有《目錄》之作，以備檢尋。既又懼夫《目》之所以周於事者有未盡也，於是乎有是書之作，以見本末。蓋公之所以忠君愛國，稽古陳謨之意，丁寧反復，至於再三而不能已，尤於此書見之。顧以成之之晚，既未及以聞於上，而黨論繼作，科禁日繁，則又以不得布於下。是以三十餘年之間，學士大夫進而議朝，退而語家，皆不克以公書從事，而背道反理之言盈天下，其效至於讒諛得志，上下相蒙，馴致禍亂有不可忍言者。然後凡公所陳，符驗彰灼，而其出於煨燼之餘者，乃得進登王府，啓迪天衷，既以助成皇家再造之業，而其摹印誦習，又得以垂法戒於無窮。蓋公之志於此亦庶幾少伸。不幸中間又更放失，以迄於今，乃有賢孫適守茲土，然後復得大傳於世，以永休烈。熹誠樂其事，而又竊有感焉。因悉著其說以附書後，後之君子，盍亦視其書之顯晦，而考其所以關於時運者爲如何。則公之所爲，反復再三而不能自已之心，當有可爲太息而流涕者矣。」觀是，則《解題》謂「紹興初，謝克家任伯得而上之」者，其說乃據克家所記及朱子此〈序〉也。

累代歷年二卷

《累代歷年》二卷，司馬光撰。即所謂《歷年圖》也。治平初所進，自威烈王至顯德，本為《圖》五卷，歷代皆有〈論〉。今本陳輝晦叔刻於章貢，為方策以便觀覽，而自漢高帝始。

廣棪案：《宋史》卷二百三〈志〉第一百五十六〈藝文〉二〈編年類〉著錄：「司馬光《資治通鑑》三百五十四卷，又《資治通鑑舉要曆》八十卷、《通鑑前例》一卷、《稽古錄》二十卷、《歷年圖》六卷、《通鑑節要》六十卷、《帝統編年紀事珠璣》十二卷、《歷代累年》二卷。」〈宋志〉之《歷代累年》二卷，與《解題》之《累代歷年》二卷，應同屬一書。然此書與《歷年圖》六卷，其初應分隸二書，其後二書合而爲一，而以《歷年圖》爲總名。是故直齋謂此書「即所謂《歷年圖》」，而〈宋志〉仍以二書分別著錄也。《玉海》卷第四十七〈藝文·

編年〉「《曆年圖》」條載：「司馬光讀史，患其文繁事廣，不能得其綱要；又諸國分列，歲時先後參差不齊，乃采共和以來，訖五代，略記國家興衰大迹，集爲五圖，每圖爲五重，每重爲六十行，每行記一年之事；其年取一國爲主，而以朱書，他國元年綴於其下，凡一千八百年，曰《曆年圖》。」同書卷五十六〈藝文・圖〉「治平《歷年圖》」條載：「治平元年，一云三月十四日。司馬光自周威烈王二十三年，盡周顯德六年，爲《歷年圖》五卷，凡一千三百六十二年。略舉每年大事，編次為圖，上之，以便觀覽。每年一行，六十行為一重，六重為一卷，言人君之德三：仁、明、武，人君之才五：創業、守成、陵夷、中興、亂亡。今本六卷，一云七卷。起共和庚申，迄顯德己未，上下凡千有八百年。自威烈二十二年，上距共和元年增多四百三十有八年，蓋晚年所修。餘見《後稽古錄》。」足資參證。陳輝，《宋史》無傳。《宋人傳記資料索引》載：「陳輝字晦叔。福唐人。隆興元年以運副兼權知臨安，二年四月改知建寧府。乾道元年直徽猷閣權知廣州。」章貢，在江西贛縣治。

百官公卿表十五卷

《百官公卿表》十五卷，司馬光撰。其〈序〉曰：「朝廷所以鼓舞群倫，緝熙庶績者，曰官，曰差遣，曰職而已。所謂『官』者，乃古之爵也；所謂『差遣』者，古之官也；所謂『職』者，古之加官也。自建隆以來，文官知雜御史以上，武官閤門使以上，內臣押班以上，遷轉黜免存其實，以先後相次為表。」本入〈職官類〉，以〈稽古錄序〉所謂「建隆接乎熙寧，臣又著之於《百官表》」，即謂此書，蓋與《通鑑》相為表裏，故著之於此。

廣棪案：此書溫公〈自序〉曰：「唐初職事官有六省、一臺、九寺、三監、十六衛、十六府之屬，其外又有勳官、散官。勳官以賞戰多，散官以褒勤舊，故必折馘執俘，然後賜勳；積資累考，然後進階。以其不可妄得，故當時以爲榮。及高宗東封，武后預政，欲求媚於眾，始有汎階。自是品秩浸訛，朱紫日繁矣。肅宗之後，四方糜沸，兵革不息，財力屈竭，勳官不足以勸武功，府庫不足以募戰士，遂并職事官通用爲賞，不復選材，無所愛吝。將帥出征者，皆給空名；告身自開府至郎，將聽臨事注名，後又聽以信牒授人，有至異姓王者，於是金帛重而官爵輕矣。或以大將軍告身，纔易一醉，其濫如此。重以藩方跋扈，朝廷畏之，窮極褒寵，苟求姑息，遂有朝編卒伍，暮擁節旄，夕解提衣，旦紆公袞者矣。流及五代，等秩益紊，三公端揆之貴，施於軍校；衣紫執象之榮，被於胥史。名器之亂，無此爲甚。大朱受命，承其餘弊，方綱紀大基，未暇釐正。故臺、省、寺、監、衛率之官，止以辨班列之崇卑；制廩祿之厚薄，多無職業，其所謂官者，乃古之爵也。所謂差遣者，乃古之官也。自餘功臣、檢校、官散、官階、勳爵，邑徒爲繁，文人不復貴。凡朝廷所以鼓舞群倫，緝熙庶績者，曰官，曰差遣，曰職而已。於三者之中，復有名同實異，交錯難知。又遷徙去來，常無虛日。欲觀其大略，故自建隆以來，文官知雜御史以上，武官閤門使以上，內臣押班以上，遷除黜免，刪其繁冗，存其要實，以倫類相從，以先後相次，爲《百官公卿表》云。」《郡齋讀書志》卷第七〈職官類〉著錄此書，曰：「《百官公卿表》一百四十二卷。右皇朝司馬光君實等撰。熙寧中，光以翰林學士兼史館修撰，建議欲據《國史》，旁采異聞，敘宋興以來百官除拜，效《漢書》作表，以便御覽。詔許之。光請宋敏求同修，及敏求卒，又請趙彥若繼之，歷十二年，書成奏御。」可知此書撰作實況，惟所著錄卷數與《解題》不同。《玉海》卷第一百十九〈官制・官名〉「熙寧《百官公卿表》」條載：「熙寧二年十一月甲子朔，翰林學士、史館修撰司馬光言：『欲據正史、實錄所載，旁采異聞，敘宋興以來迄今百官沿革、公卿除拜，倣《漢書》舊法，作《大宋百官公卿表》，以備奏御，便省覽。』從之。詔所用文字委檢討官檢閱。是月，命知制誥宋敏求同修。敏求卒，元豐二年五月己巳，集賢校理趙彥若代之。元豐四年八月辛巳，二十七日。光、彥若上所修六卷。盡治平二年。《會要》云十卷，《國史》云六卷。自建隆元年至治平四年，依司馬遷法，記大事於上方，書成，詔附于國史。一云：後續修至十五卷。《書目》：『《百官公卿表》十五卷。彥若又自撰《宗室世表》三卷，詔進入，並送編修院，賜銀帛有差。』」則《中興館閣書目》所著錄作十五卷，與《題解》同。有關此書卷數多異，及《郡齋讀書志》作一百四十二卷之故，孫猛《郡齋讀書志校證》曾辨之，曰：「《百官公卿表》一百四十二卷，《經籍考》卷二十九『二』訛作『五』。此書卷數著錄多異。蘇軾《東坡七集》。《正集》卷三十六〈司馬光行狀〉云此書六卷。《經籍考》卷二十九載李燾〈續百官公卿表自序〉則云十卷，《書錄解題》卷四〈編年類〉、《玉海》一一九引《中興書目》、〈宋志〉卷二俱作十五卷。《讀書志》獨作一百四十二卷。《書錄解題》云：『案晁氏《讀書志》有一百四十二卷，未詳。』按百四十二卷者實爲李燾《續表》。據李燾〈續百官公卿表自序〉云，其家藏司馬光〈表〉止七卷，燾取以釐析整治，續編至宣和。元符以前皆從實錄，治平而止，又參諸正史，元符以後，不免有所傳聞。總一百四十二卷。原本李富孫〈校語〉云：『李燾〈續百官公卿表自序〉言，〈表〉凡十卷，其《續編》一百四十二卷，當是後人編錄之誤。』

誤。《經籍考》馬氏按語云：『晁氏在巽巖之前，安得見其書（指李燾《續編》），所謂一百四十五（當作「二」）者，決非巽巖之書也。』燾撰《續表》，在紹興二十四年知成都雙流縣任上，至二十九年七月，翰林學士、國史修撰周麟之言：『左宣教郎、知雙流縣李燾嘗著《續百官公卿表》九十卷，乞給筆箚，錄付史館。』從之。（以上參見李心傳《建炎以來繫年要錄》卷一八三、《宋會要輯稿》〈崇儒〉五之三十六、《玉海》卷四十七、《民國雙流縣志》卷四。）其時蓋已成書。而公武自二十九年之後，嘗閑居嘉定，孝宗隆興二年又曾兼國史編修官，於其寓居之蜀地，於其供職之館閣，均可能見到李燾《續表》，此其一。其次，公武與李燾交游甚密，其先祖所著《昭德新編》，即得之於燾。（見本書卷十九晁文元《道院別集》條），〈公武墓誌銘〉亦出燾之手（見《建炎以來繫年要錄》卷一五六）綜上所述，此條著錄當公武親手所撰，不必假後人之手而後可，唯燾書混光書而編之，公武蓋以此仍題光名耳。」足資參考。

案晁氏《讀書志》有一百四十二卷，未詳。

案：《郡齋讀書志》著錄此書一百四十二卷，實乃李燾合司馬光書而編次之《續表》。馬端臨《文獻通考》卷二百二〈經籍考〉二十九〈史・職官〉此條後有案語，曰：「按此〈序〉，廣棪案：指李燾〈續表自序〉。則溫公本書止十卷，巽岩續編推而廣之爲一百四十二卷。晁氏所言乃巽岩續書，非溫公本書也。陳氏以爲未詳者，是未見巽岩之書。然又以溫公之書爲十五卷，則不知其所本也。」是直齋似未見李燾《續表》，故曰未詳。然其《解題》著錄作十五卷者，應爲其家所藏之書，且《玉海》引《中興館閣書目》，此書亦作十五卷。馬氏云「不知其所本」，誤矣，蓋《解題》所本，乃《中興館閣書目》也。

稽古錄二十卷

《稽古錄》二十卷，司馬光撰。其〈表〉云：「由三晉開國，迄於顯德之末造，臣既具之於《歷年圖》；自六合為宋，接於熙寧之元，臣又著之於《百官表》，乃廣棪案：盧校本「乃」下有「若」字。**威烈丁丑而上，伏羲書契以來，悉從論纂，皆有依憑。」蓋元祐初所上也。此書始刻於越，其後再刻於潭。越本《歷年圖》諸〈論〉聚見第十六卷，蓋因圖之舊也；潭本諸〈論〉各繫於國亡之時，故第十六卷惟存〈總論〉。**

廣棪案：《郡齋讀書志》卷第五〈編年類〉著錄：「《稽古錄》二十卷。右皇朝司馬光君實編。起自三皇，止本朝英宗治平末。至周共和庚申，始爲編年。」《四庫全書總目》卷四十七〈史部〉三〈編年類〉著錄：「《稽古錄》二十卷，光祿寺卿陸錫熊家藏本。宋司馬光撰。光既撰《資治通鑑》及《目錄》、《考異》，又有《舉要歷》，有《歷年圖》，有《百官表》。《歷年圖》仍依《通鑑》，起於三晉，終於顯德。《百官表》止著宋代。是書則上溯伏羲，下訖英宗治平之末，而爲書不過二十卷。蓋以各書卷帙繁重，又《歷年圖》刻於他人，或有所增損，亂其卷帙。故芟除繁亂，約爲此編，而諸〈論〉則仍《歷年圖》之舊。元祐初，表上於朝。陳振孫《書錄解題》曰越本彙聚諸〈論〉於一卷，潭本則分係於各代之後。此刻次第，蓋依潭本，較越本易於循覽。《朱子語錄》曰：『《稽古錄》一書，可備講筵宮僚進讀，小兒讀《六經》了，令讀之，亦好。末後一〈表〉，其言如著龜，一一皆驗。今觀其諸〈論〉，於歷代興衰治亂之故，反復開陳，靡不洞中得失，洵有國有家之炯鑒，有裨於治道者甚深。』故雖非洛學之派，朱子亦不能不重之，足見其不可磨滅矣。南渡以後，龔頤正嘗續其書，今《永樂大典》尚有全本。然是非頗乖於公議，陳振孫深不取之。蓋其心術學問皆非光比，故持論之正亦終不及光也。」足資參證。

通鑑釋文二十卷

《通鑑釋文》二十卷，館臣案：《宋史・藝文志》作六卷。**司諫司馬康公休撰。溫公之子也。**

廣棪案：康字公休，《宋史》卷三百三十六〈列傳〉第九十五附其父〈司馬光〉。《宋史藝文志史部佚籍考》上編〈已佚而無輯本者〉（二）〈編年類〉載：「《通鑑釋文》六卷，宋司馬康撰。康字公休，光子，幼端謹，不妄言笑，事父母至孝，敏學過人，博通《左書》，以明經上第。光修《資治通鑑》，奏檢閱文字。丁母憂，勺飲不入口三日，毀幾滅性。光居洛，士之從學者退與康語，未嘗不有得。以韓絳薦爲秘書，由正字遷校書郎。光薨，服除，召爲著作佐郎兼侍講，進右正言，以親嫌未就職。康自居父喪，居廬蔬食寢於地，遂得腹疾，卒年四十一。事蹟具《宋史》（卷三三六）、《宋史新編》（卷一一二）、《東都事略》（卷八七下）、《名臣碑傳琬琰集》（中編卷二三）、《三朝名臣言行錄》（卷七）、《元祐黨人傳》（卷五）等書。……按：此書《宋史・藝文志》作六卷，陳振孫所見者則爲二十卷，〈宋志〉所著錄者殆爲殘本。又按：《明文淵閣書目》（卷六）著錄《通鑑釋文》一部三冊，闕，知此書明正統年間已罕見矣。」足資參證。

通鑑釋文三十卷

《通鑑釋文》三十卷，左宣義郎眉山史炤見可撰。馮時行為之〈序〉。今考之公休之書，大略同而加詳焉。蓋因其舊而附益之者也。

廣棪案：此書有馮時行〈序〉曰：「太史公作《史記》，於《尚書》、《春秋》、《左氏》、《國語》之外，別出新意。本紀、世家、列傳，後之作史者皆宗之，莫敢有異。獨近世司馬溫公作《通鑑》，不用太史公法律，總敘韓、趙、魏而下，至于五季，以事繫年月之次，治亂興亡之蹟，并包夷夏，粲然（可）考，雖無諸史可也。又自黃帝，下屬五季，貫穿成書，皆出馬氏一家之手，此又不可得而知者。《通鑑》之成殆百年，未有釋文，學者讀其書，間有難字，必捨卷尋繹，淹移晷景，字既通，則已忘失前覽矣。於是眉山史見可著《通鑑釋文》三十卷，字有疑難，求於本史，本史無據，則雜取《六經》、諸子釋音，《說文》、《爾雅》及古今小學家訓詁、辨釋、地理、姓纂、單聞、小說，精力疲疚，積十年而書成，吁亦勤哉！夫無用之學，聖賢所不取，古今以文章名世傳後固不少，雖傳矣，未必眞有補於世。見可精索而粗用，深探而約見，不與文人才士競能於異世，而爲後學垂益於無窮，亦可以觀其用心矣。見可名炤，嘉祐、治平間，眉州三卿，爲搢紳所宗，東坡兄弟以鄉先生事之，見可即清卿之曾孫也。溫恭誠信，見於言貌，年幾七十，好學之志不衰，其猶所謂古君子者歟！紹興三十年三月日，左朝散郎、權發遣黎州軍州主管學事，縉雲馮時行序。」考馮時行字當可，四川壁山縣人，宣和六年進士，居縣北縉雲山中，因別號縉雲。著有《縉雲文集》四十五卷。《宋史翼》卷十〈列傳〉第十有傳。至史炤，《宋史》無傳。時行〈序〉已略載其生平行事，惟《玉海》卷第四十七〈藝文・編年〉「治平《資治通鑑》」條載：「《通鑑釋文》三十卷，史炤紹興三十一年上。」可知此書撰上之年。陸心源《儀顧堂續跋》卷之七〈宋槧通鑑釋文跋〉亦考其人其書曰：「《通鑑釋文》三十卷，次行題『右宣義郎監成都府糧料院史炤』。每頁二十四行，每行大字二十一、二字不等，小字三十。板心有大小字數。前有馮時行〈序〉，宋刊宋印本，即〈百宋一廛賦〉所謂『見可釋《鑑》，音訓是優。被抑身之，耽與闡幽。行明字纏，終卷無修』者也。《書錄解題》、《宋史・藝文志》皆著于錄。紹興三十一年上進，見《玉海》。《明文淵閣書目》有三部，則明初印本尚多，至中葉而遂微，《四庫》未收，阮文達始進呈。案宋有三史炤，一爲仁宗時人，治平三年官少卿某州轉運使，見《華岳題名》。一爲度宗時人，咸淳中官利州路統制，見《宋史・本紀》，一則著此書者。據馮時行〈序〉:『炤字見可，眉山人，曾祖清卿，東坡兄弟以鄉先生事之。見可著此書，精索粗用，深探約見，積十年而後成，年幾七十，好學不衰。』〈序〉題紹興三十年，則見可之生當在元祐末年，下距咸淳一百八十餘年，上距嘉祐三十年。阮亨《瀛洲筆談》誤讀馮〈序〉，以炤之曾祖清卿為炤，謂蘇軾兄弟以鄉先生事之，抑知軾卒之日，炤尚未生乎？常熟瞿氏《藏書記》以為即咸淳時利州統制之史炤，無論統制武臣，未必通文學，以紹興三十年，年幾七十推之，至咸淳時將近二百歲矣，有是理乎？皆未免癡人說夢耳。《范太史集·司馬公休墓誌》述所著書，不言有《通鑑釋文》，故馮〈序〉云:『《通鑑》之成殆百年，未有釋文。』海陵郡齋本乃或竊史炤書，託公休名，以欺司馬伋。伋信之，遂於乾道二年丙戌刊于海陵郡齋。直齋謂『史本公休書而附益之』，已誤；阮亨謂『炤書本是康作，譏胡三省以詆史者詆康』，幾于黑白不辨矣。卷中有『南書房史官』白文方印，『海甯查慎行字夏重一曰愧餘』白文方印，『得樹樓藏書』方印。得樹樓，查初白齋名也。」足資參考。

通鑑前例一卷、修書帖一卷、三十六條四圖共一卷

《通鑑前例》一卷、《修書帖》一卷、《三十六條四圖》共一卷，司馬光記集修書凡例，諸帖則與書局官屬劉恕、范祖禹往來書簡也。其曾孫侍郎伋季思裒為一編，又以前例分為三十六條，而考其離合，稽其授受，推其甲子，括其卷帙，列為四圖。

廣棪案:《玉海》卷第四十七〈藝文·編年〉「治平《資治通鑑》」條載:「《前例》一卷，乾道間，光曾孫伋分類三十六例，又為四圖。」《宋史》卷二百三〈志〉第一百五十六〈藝文〉二〈編年類〉著錄:「司馬光《通鑑前例》一卷。」《四庫全書總目》卷四十七〈史部〉三〈編年類〉著錄:「《通鑑釋例》一卷，內府藏本。宋司馬光撰。皆其修《通鑑》時所定凡例。後附與范祖禹〈論修書帖〉二通。有光曾孫尚書吏部員外郎伋〈跋語〉稱:『遺稿散亂，所藏僅存，脫略已甚，伋輒掇取分類為三十六例。』末題丙戌仲秋，乃孝宗乾道二年。胡三省〈通鑑釋文辨誤序〉謂:『光沒後，《通鑑》之學，其家無傳。後因金使問司馬光子孫，朝廷始訪其後之在江南者，得從曾孫伋，使奉公祀。凡言書出於司馬公者，必鋟梓行之。』蓋伋之始末如此。其編此書時，嘗有浙東提舉常平茶鹽司版本。惟伋〈跋〉稱三十六例，而今本止分十二類。蓋并各類中細目計之也。伋又稱:

『文全字闕者，伋亦從而闕之。』而今本並無所闕，則已非原刻之舊。胡三省又云：『溫公與范夢得修書二帖，得於三衢學官。與劉道原十一帖，則得於高文虎氏。伋取以編於《前例》之後。』今本止有與夢得二帖，而道原十一帖無之，殆後人以《通鑑問疑》別有專本，而削去不載歟？其書雖出於南渡後，恐不無以意損益，未必盡光本旨。而相傳已久，今故與《問疑》並著於錄，以備參考焉。」可供參證。伋，《宋史》無傳。《宋人傳記資料索引》載：「司馬伋字季思，夏縣人，居江南，光從曾孫。乾道二年官戶部員外郎、淮西總領，淳熙間知泉州。」吳廷燮《南宋制撫年表》卷下又載伋於乾道七年至九年知廣州。

通鑑問疑一卷

《通鑑問疑》一卷，高安劉羲仲壯輿纂集。其父道原與溫公往復相難者，亦附《修書帖》後。

廣棪案：趙希弁《讀書附志》卷上〈編年類〉著錄：「《通鑑問疑》一卷。右秘書丞高安劉恕字道原，嘗與司馬公修《通鑑》。司馬公深愛其博學，每以所疑問焉。恕子羲仲纂集其往復相難者而作此書，〈十國紀年序〉附于後。」《玉海》卷第四十七〈藝文・編年〉「治平《資治通鑑》」條載：「《通鑑問疑》一卷，劉恕子羲仲記恕議論及問答之語。」足資參證。《四庫全書總目》卷八十八〈史部〉四十四〈史評類〉著錄：「《通鑑問疑》一卷，浙江范懋柱家天一閣藏本。宋劉羲仲撰。羲仲，筠州人，祕書丞恕之長子。《宋史》附見〈恕傳〉末。但稱恕死後七年，《通鑑》成。追錄其勞，官其子羲仲，案《宋史》原本作義仲，《癸辛雜識》亦作義仲，均傳寫之誤，今改正。爲郊社齋郎，其始末則未詳也。史稱司馬光編次《資治通鑑》，英宗命自擇館閣英才共修之。光對曰：『館閣文學之士誠多，至於專精史學，臣得而知者，惟劉恕耳。』即召爲局僚。遇史事紛雜難治者，輒以諉恕。恕於魏晉以後事考證差謬，最爲精詳。羲仲此書即裒錄恕與光往還論難之詞。據書末稱『方今《春秋》尚廢，況此書乎』云云。蓋成於熙寧以後。邵伯溫《聞見錄》稱：『《通鑑》以《史記》、《前》、《後漢》屬劉攽，以唐逮五代屬范祖禹，以三國歷九朝至隋屬恕。』故此書所論皆三國至南北朝事也。凡所辨論皆極精核。史所稱『篤好史學，自太史公所記，下至周顯德末，私記雜說，無所不覽。上下數千載間，鉅細之事，如指諸掌』者，殆非虛語。《通鑑》帝魏，朱子修《綱目》改帝蜀。講學家以爲申明大義，上繼《春秋》。今觀是書，則恕嘗以蜀比東晉，擬紹正統，與光力爭而不從。是不但習鑿齒、劉知幾先有此說，即修《通鑑》時，亦未嘗無人議及矣。末附羲仲〈與范祖禹書〉一篇，稱其『父在書局，止類事跡，勒成長編。其是非予奪之際，一出君實筆削。而羲仲不及見君實，不備知凡例中是非予奪所以然之故。范淳父亦嘗預修《通鑑》，乃書所疑問焉』。所舉凡八事。復載得祖禹答書，具爲剖析，乃深悔其詰難之誤。且自言『恐復有小言破言，小道害道，如己之所云者，故載之使後世有考焉』。其能顯先人之善，而又不自諱其所失。尤足見涑水之徒，猶有先儒質直之遺也。」至足參考。恕字道原，筠州人，《宋史》卷四百四十四〈列傳〉第二百二〈文苑〉六有傳。羲仲字壯輿，附〈恕傳〉。

通鑑外紀十卷、目錄三卷

《通鑑外紀》十卷、《目錄》三卷，祕書丞高安劉恕道原撰。司馬公修《歷代君臣事迹》，辟恕為屬。嘗謂《史記》不及庖犧、神農，今歷代書不及威烈之前，欲為《前紀》，而本朝為《後紀》，將俟書成請於公。會道原病廢，絕意《後紀》，迺改前紀為《外紀》云。《通鑑》書成，恕已亡，范淳父奏恕於此書用力最多，援黃鑑、梅堯臣例官其子，且以書賜其家。

廣棪案：恕此書有〈引〉，中曰：「嘗思司馬遷《史記》始於黃帝，而包犧、神農闕漏不錄，公爲歷代書，而不及周威烈王之前；學者考古，當閱小說，取舍乖異，莫知適從。若魯隱之後，止據《左氏》、《國語》、《史記》、諸子，而增損不及《春秋》，則無與於聖人之經。包犧至未命三晉爲諸侯，比於後事，百無一二，可爲《前紀》；本朝一祖四宗，一百八年，可請實錄、國史於朝廷，爲《後紀》。昔何承天、樂資作《春秋前後傳》，亦其比也。將俟書成，請於公而爲之。熙寧九年，恕罹家禍，悲哀憤鬱，遂中癱瘓，右肢既廢，凡欲執筆，口授稚子羲仲書之。常自念平生事業無一成就，史局十年，俛仰竊祿，因取諸書，以《國語》爲本，編《通鑑前紀》。家貧書籍不具，南徼僻陋，士人家不藏書，臥病六百日，無一人語及文史，昏亂遺忘，煩簡不當，遠方不可得國書，絕意於《後紀》；乃更《前紀》曰《外紀》，如《國語》稱《春秋外傳》之義也。自周共和元年庚申至威烈二十二年丁丑，四百三十八年見於《外紀》；自威烈王二十三年戊寅至周顯德六年己未，一千三百六十二年載於《通鑑》；然後一千八百年之興廢大事，坦然可明。昔李弘基用心過苦，積年疾而藥石不繼；盧昇之手足攣廢，著〈五悲〉而自沈穎水；予病眼、病創，不寐、不食，才名不逮二子，而疾疹艱苦過之。陶潛豫爲〈祭文〉，杜牧自撰〈墓誌〉，夜臺甫邇，歸心若飛，聊敘不能作《前》、《後紀》，而爲《外紀》焉。他日書成，公爲《前》、《後紀》，則可刪削《外紀》之煩冗而爲《前紀》，以備古今一家之言。恕雖不及見，亦平生之志也。」《解題》前段所述，殆據此隱括。《郡齋讀書志》卷第五〈編年類〉著錄：「《資治通鑑外紀》十卷。右皇朝劉恕撰。司馬光作《通鑑》，託始於周威烈王命韓、趙、魏爲諸侯，下訖五代。恕嘗語光：『曷不起上古或堯、舜？』光答以事包《春秋》，不可。又以經不可續，不敢始於獲麟。恕意謂闕漏，因撰此書。起三皇、五帝，止周共和，載其世次而已。起共和庚申，至威烈王二十二年丁丑，四百三十八年爲一編，號曰《外紀》，猶《國語》稱《春秋外傳》也。」《玉海》卷第四十七〈藝文・編年〉「治平《資治通鑑》」條載：「劉恕作《外紀》十卷。恕謂光爲歷代書，而不及周威烈王之前，以包羲至未命三晉爲諸侯，可爲《前紀》，本朝一祖四宗一百八年，可爲《後紀》。及恕病廢，絕意於《後紀》，乃更《前紀》爲《外紀》，猶《春秋外傳》之義。又有《目錄》三卷，起包羲訖周威烈王二十二年。起三皇，止周共和，載其世次而已。起共和庚申，至威烈王二十二年丁丑，四百三十八年為一編。」足資參證。范淳父即祖禹，《宋史》卷三百三十七〈列傳〉第九十六附其從祖〈范鎮〉，然未記及上奏乞賜恕家《通鑑》事。余近撰〈范祖禹乞賜劉恕家《資治通鑑》考〉，收入《碩堂文存五編》中，可參考，不備錄。

道原父渙凝之，家廬山，歐陽公所為賦〈廬山高〉也。

案：《宋史》卷四百四十四〈列傳〉第二百三〈劉恕〉載：「劉恕字道原，筠州人。父渙字凝之，爲潁上令，以剛直不能事上官，棄去。家于廬山之陽，時年五十。歐陽脩與渙，同年進士也，高其節，作〈廬山高〉詩以美之。渙居廬山三十餘年，環堵蕭然，饘粥以爲食，而游心塵垢之外，超然無戚戚意，以壽終。」《解題》所述與此同。

疑年譜一卷、年略譜一卷、雜年號附

《疑年譜》一卷、《年略譜》一卷、《雜年號》附，劉恕撰。謂《春秋》起周平、魯隱、《史記》本紀自軒轅，列傳首伯夷，年表起共和。共和至魯隱，其間七十一年，即與《春秋》相接矣。先儒敘庖犧、女媧，下逮三代，享國之歲，眾說不同，懼後人以疑事為信書，穿鑿滋甚。故周厲王以前三千五百一十九年為《疑年譜》，而共和以下至元祐壬申一千九百一十八年為《年略譜》，

大略不取正閏之說，而從實紀之。四夷及寇賊僭紀名號，附之於末。

廣棪案：《玉海》卷第四十七〈藝文・編年〉「《疑年譜》」條載：「恕又有《疑年譜》一卷。恕謂先儒敘包羲、女媧，下逮三代，享國之歲，惟大庭至無懷氏無年而有總數。及後世計堯、舜之年，眾說不同。三統曆次夏、商、西周，與《汲冢紀年》及商曆差異，故載周厲王以前三千五百一十九年爲《譜》。」《宋史》卷二百三〈志〉第一百五十六〈藝文〉二〈編年類〉著錄：「劉恕《疑年譜》一卷。」《祕書省續編到四庫闕書目》卷一〈史類・編年〉著錄：「劉恕撰《年略譜》一卷。闕。」葉德輝考證本。均足參證。惟《雜年號》未見其他書目著錄，據《解題》乃知此書乃記四夷及寇賊僭紀名號者。

唐史論斷三卷

《唐史論斷》三卷，天章閣待制陽翟孫甫之翰撰。甫以《唐書》煩冗遺略，多失體法，乃修為《唐史》，用編年體。自康定元年逮嘉祐元年，成七十五卷，為〈論〉九十二首。

廣棪案：甫字之翰，許州陽翟人。《宋史》卷二百九十五〈列傳〉第五十四有傳。其〈傳〉曰：「甫性勁果，善持論，有《文集》七卷，著《唐史記》七十五卷。每言唐君臣行事，以推見當時治亂，若身履其間，而聽者曉然，如目見之。時人言：『終日讀史，不如一日聽孫論也。』《唐史》藏秘閣。」甫嘗自撰〈序〉，曰：「甫嘗有志於史，竊慕古史體法，欲因之，因讀唐之諸書，見太宗功德法制，與三代聖王並，後帝英明不逮，又或不能守其法，仍有荒縱狠忌庸懦之君，故治少而亂多。然有天下三百年，由貞觀功德之遠也。《唐書》繁冗遺略，多失體法，事或大而不具，或小而悉記，或一事別出而意不相照，怪異猥俗，無所不有，治亂之蹟，散於紀傳中，雜而不顯，此固不足以彰明貞觀功德法制之本，一代興衰之由也。觀《高祖》至《文宗實錄》，敘事詳備，差勝於他書，其間文理明白者尤勝焉。至治亂之本，亦未之明，記事務廣也；勸戒之道，亦未之著，褒貶不精也。爲史之體，亦未之具，不爲編年之體，君臣之事，多離而書之也。又要切之事，或有遺略，君臣善惡之細、四方事務之繁，或備書之，此于爲史之道，亦甚失矣！遂據實錄與書，兼采諸家著錄，參驗不差，足以傳信者，修爲《唐史記》。舊史之文繁者刪之，失去就者改之，意不足而有它證者補之，事之不要者去之，要而遺者增之，是非不明者正之，用編年之體，所以次序君臣之事，所書之法，雖宗二經文意，其體略與實錄相類者，以唐之一代有治有亂，不可全法《尚書》、《春秋》之體，又不敢僭作經之名也。或曰：『子之修是書，不尚紀、傳之體可矣；不為書、志，則郊廟、禮樂、律歷、災祥之事，官職、刑法、食貨、州郡之制，得無遺乎？』答曰：『郊廟而下，固國之巨典急務，但記其大要，以明法度政教之體，其備儀細文，則有司之事，各有書存，為史者難乎具載也。』自康定元年修是書，至皇祐四年草具，遂作〈序〉述其意，更俟刪潤其文；復以官守少暇，未能備具，逮嘉祐元年，成七十五卷。是年冬，臥病久，慮神思日耗，不克成就，且就其編帙，粗成一家言，況才力不盛，敘事不無疎略，然于勸戒之義謹之矣。勸戒之切而意遠者，著論以明焉，欲人君覽之，人臣觀之，備知致治之因、召亂之自、邪正之效，煥然若繪畫于目前，善者從之，不善者戒之，治道可以常興，而亂本可以預弭也。〈論〉九十二首，觀者無忽！不止唐之安危，當為世鑒矣。朝散大夫、尚書刑部郎中、充天章閣待制兼侍讀、上輕車都尉、賜紫金魚袋孫甫之翰撰。」《解題》所述乃據此隱括。

甫沒，朝廷取其書留禁中，其從子察錄以遺溫公，而世亦罕見。

案：司馬光為此書撰〈跋〉曰：「孫公昔著此書，甚自重惜。常別緘其藁於笥，必盥手然後啓之，謂家人曰：『萬一有水火兵刃之患，他財貨盡棄之，此笥不可失也。』每公私少間，則增損改易，未嘗去手。其在江東為轉運使，出行部，亦以自隨，遇亭傳休止，輒取修之。宣州有急變，乘馹遽往，不暇挈以俱行；既行後，金陵大火，及轉運廨舍，弟之子察親負其笥，避於沼中島上。公在宣州，聞之亟還，入門問曰：『《唐史》在乎？』察對曰：『在。』乃悅，餘無所問。自壯年至于白首，及成，亦未嘗示人。文潞公執政，嘗從公借之，公不與，但錄魏徵、姚崇、宋璟〈論〉以與之，況他人固不得而見也。元豐二載，察自陽翟來洛陽，以書授光，曰：『伯父平生之志，萃于此書，朝廷先嘗取之，留禁中不出，今沒二十餘年，家道益衰，大懼此書散逸，不傳於人，故錄以授子。』光昔聞公有是書，固願見而未之得，得之，驚喜曰：『子貺我，兼金不如，顧無以為報，請受而藏之，遇同好則傳之，異日或廣布于天下，使公之德業，煒燁于千古，庶幾亦足以少報乎？』時冬至後五日，涑水司馬光書。」《解題》所述，殆據此〈跋〉。

聞蜀有刻本，偶未得之，今惟諸〈論〉存焉。

案：《四庫全書總目》卷八十八〈史部〉四十四〈史評類〉著錄：「《唐史論斷》三卷，浙江鮑士恭家藏本。宋孫甫撰。……甫沒後，《唐紀》宣取留禁中。其從子察，嘗錄副本遺司馬光，世亦罕見。惟《論斷》獨傳。紹興二十七年，嘗鋟版於劍州。後蜀版不存。端平乙未，黃準復刻於東陽。《宋史・藝文志》作二卷，《文獻通考》作十卷。此本僅三卷。蓋本從《唐紀》鈔出別行，非其舊帙。故卷數多寡，隨意分合，實無二本也。」《四庫全書總目》此說，清初朱彝尊亦已言之。彝尊有《唐史論斷》舊鈔過錄本，所作〈跋〉曰：「〔過錄〕《唐史論斷》三卷，宋尚書刑部郎中、充天章閣待制兼侍讀、許州孫甫之翰撰。甫以劉昫《唐書》繁冗失體，改用編年法，著《唐紀》七十五卷，後詔求其書，留之禁中，此則其《論斷》也。廬陵歐陽氏、涑水司馬氏、眉山蘇氏、南豐曾氏交歎美之。紹興中曾鏤版南劍州，端平間復鐫于東陽郡，今則流傳寡矣。釋其論議，覈而不苛，非若尹氏、胡氏《通鑑發明》、《讀史管見》之少可多怪也。秀水朱彝尊跋。」然無論彝尊及《四庫全書總目》所言，均未符《解題》原意。故余嘉錫於《四庫提要辨證》卷九〈史部〉七〈史評類〉「《唐史論斷》三卷」條辨之曰：「陳氏自言未得蜀刻本，故其所藏者惟有《論斷》，是則所謂蜀刻本者，乃《唐史記》七十五卷之全書，非指紹興二十七年劍州所刻之《論斷》也。考宋諸家書跋，惟司馬光曾得其全書，若李廌所錄以示蘇軾者，已爲《唐論》，而非《唐史記》。至紹興鋟木時，張敦頤爲之〈後序〉曰：『其《唐史記》全書，自公歿，取留禁中，世所可得而見者，《論斷》而已。予家藏是本久矣，朅來掌教延平，乃出此書鋟木於頖宮，以與學者共焉。是書成于嘉祐之初，迄今百有餘歲而後顯，豈其傳若有所待耶？』據其所言，是《論斷》自敦頤始付刻，若《唐史記》則久無傳本，故自宋以來，官私書目，均不著錄，疑振孫所謂蜀有刻本者，殆傳聞之誤也。」余氏所辨，足解《解題》之疑及《四庫全書總目》之惑也。

編年通載十五卷

《編年通載》十五卷，集賢院學士建安章衡子平撰。編歷代帝系年號，始自唐、虞，迄於聖宋治平四年，總三千四百年。熙寧七年上之。其族父望質夫為之〈序〉。衡，嘉祐二年進士首選也。

廣棪案：《郡齋讀書志》卷第五〈編年類〉著錄：「《編年通載》十五卷。右皇朝章衡撰。衡觀四部書，至古今纂輯運曆書十餘家，皆淺陋揎釀，無足紬繹，乃編歷代年號，貫以甲子，始於帝堯，訖於國朝治平丁未，質之經史，資以傳記百家之書，聖賢勳德、姦雄篡竊及蠻夷盜賊，凡繫於存亡綱紀之大者，無不詳錄。總三千四百年。且刊正謬誤，如《史記》載舜年，與〈虞書〉不同；《漢紀》載魏受漢禪，與〈魏志〉受禪壇碑各異之類。熙寧七年表獻之。」《玉海》卷第四十七〈藝文・編年〉「熙寧《編年通載》」條載：「《書目》：『十卷，熙寧間起居舍人兼判史館章衡撰。』其〈序〉云：『修史者，十一人事訛舛，因編歷代帝系名年，始自唐虞，至於治平四年，總三千四百年；大率編年之例，首國號、廟諡以表元，繫日月以記事，以便觀採。』七年八月十一日延和殿進呈，賜三品服。」足資參證。惟《中興館閣書目》著錄卷數不同，疑誤。阮元《揅經室外集》卷四〈四庫未收書提要〉載：「《編年通載》四卷，宋章衡撰。按陳直齋《書錄解題》、晁公武《郡齋讀書志》皆載此書，凡十五卷。此宋刊本四卷。前有『明內府文淵閣』印記。考之《明內閣藏書目錄》云：『《編年通載》二冊，不全。宋元祐間起居舍人章衡撰進。斷自帝堯，訖於宋治平丁未，總三千四百年。推甲子以冠其首，凡史之訛謬疑誤，皆爲辨證。世數代易，歷統相傳，年名國號，災祥善惡具載焉。凡十卷，其第五卷以下皆闕。』據此，則爲明內府所藏宋本無疑也。首有元祐三年章楶刊〈書序〉一篇。楶乃衡之族父。又衡〈進書表〉一篇。自一卷帝堯起，至四卷西晉世祖太康元年止，歷代興亡分合，開卷瞭如，是誠有裨於史學也。」據此，則此書至明時已殘闕，僅餘首四卷，其第五卷以下皆佚。衡字子平，浦城人。《宋史》卷三百四十七〈列傳〉第一百六有傳。其〈傳〉曰：「衡患學者不知古今，纂歷代帝系，名曰《編年通載》，神宗覽而善之，謂可冠冕諸史；且念其嘗先多士，進用獨後，面賜三品服。」正記此事也。

唐鑑十二卷

《唐鑑》十二卷，館臣案：《文獻通考》作二十卷。**翰林學士成都范祖禹淳父撰。祖禹與修《通鑑》，分主唐史。元祐初上此書，考其治亂興廢之由，為三百六篇。**

廣棪案：《郡齋讀書志》卷第七〈史評類〉著錄：「《唐鑑》二十卷。右皇朝范祖禹醇夫撰。醇夫爲溫公《通鑑》局編修官十五年，分掌唐史，以其所自得，著成此書。取武后臨朝二十一年繫之中宗，其言曰：『此《春秋》「公在乾侯」之義也，雖得罪於君子，亦所不辭。』觀此，則知醇夫之從公，決非苟同者。凡三百六篇。」所考較《解題》爲詳，然卷數不同。孫猛《郡齋讀書志校證》曰：「《唐鑑》二十卷，按范祖禹〈自序〉、〈進書表〉、〈上太皇太后表〉、《書錄解題》卷四〈編年類〉、〈宋志〉卷二〈別史類〉俱作十二卷，故孫星衍《平津館鑒藏記書籍補遺》云：『晁氏《讀書志》作廿卷，疑十二卷之誤。』今本多作二十四卷，則當呂祖謙作註後所分。」孫氏所考不誤。《四庫全書總目》

卷八十八〈史部〉四十四〈史評類〉著錄：「《唐鑑》二十四卷，副都御史黃登賢家藏本。宋范祖禹撰。呂祖謙註。祖禹字淳父，華陽人。嘉祐八年進士。歷官龍圖閣學士，出知陝州。事蹟附載《宋史·范鎮傳》中。祖謙有《古周易》，已著錄。初治平中，司馬光奉詔修《通鑑》，祖禹爲編修官，分掌唐史。以其所自得者，著成此書。上自高祖，下迄昭、宣，撮取大綱，繫以論斷，爲卷十二。元祐初表上於朝。結銜稱著作佐郎，蓋進書時所居官也。後祖謙爲作註，乃分爲二十四卷。蔡絛《鐵圍山叢談》曰：『祖禹子溫，遊大相國寺，諸貴璫見之，皆指目曰：「此《唐鑑》之子。」蓋不知祖禹爲誰，獨習聞有《唐鑑》也。』則是書爲當世所重可知矣。張端義《貴耳集》亦記高宗與講官言：『讀《資治通鑑》，知司馬光有宰相度量；讀《唐鑑》，知范祖禹有臺諫手段。』惟朱子《語錄》謂其議論弱，又有不相應處。然《通鑑》以武后紀年，祖禹獨用沈既濟之說，取武后臨朝二十一年繫之中宗。自謂比《春秋》『公在乾侯』之義。且曰：『雖得罪君子，亦所不辭。』後朱子作《通鑑綱目》，書帝在房州，實仍其例。王懋竑《白田雜著》亦曰：『范淳夫《唐鑑》，言有治人無治法，朱子嘗鄙其論，以爲苟簡。而晚年作〈社倉記〉則亟稱之，以爲不易之論，而自述前言之誤。蓋其經歷既多，故前後所言有不同者，讀者宜詳考焉，未可執一說以爲定也。』然則朱子《語錄》之所載，未可據以斷此書矣。」足供參證。《宋史》卷三百三十七〈列傳〉第九十六〈范鎮〉附〈從孫祖禹〉，載：「祖禹嘗進《唐鑑》十二卷、《帝學》八卷、《仁皇政典》六卷，而《唐鑑》深明唐三百年治亂，學者尊之，目曰『《唐鑑》公』云。」正記此事。

紹運圖一卷

《紹運圖》一卷，諸葛深通甫撰。元祐中人，未詳爵里。其書頗行於世俗。

廣棪案：《郡齋讀書志》卷第六〈雜史類〉著錄：「《紹運圖》一卷。右未詳何人所撰。自伏羲迄皇朝神廟五德之傳及紀事，皆著於篇云。」考《玉海》卷第五十六〈藝文·圖〉「雍熙《運曆圖》」載：「《紹運圖》一卷，元祐諸葛深撰，自三皇至宋。」孫猛《郡齋讀書志校證》曰：「未詳何人所撰，原本李富孫〈校語〉云：『案《書錄解題》云「諸葛深通甫撰，元祐中人」。』按語見《書錄解題》卷四〈編年類〉，《玉海》卷五十六引《中興書目》、〈宋志〉卷二〈編年類〉亦謂諸葛深撰，是公武失之未詳考。」是則此書確爲諸葛深所撰。《宋史藝文志史部佚籍考》上編〈已佚而無輯本者〉（二）〈編年類〉載：

「《紹運圖》一卷，宋諸葛深撰。深字通甫，元祐中人，史無傳，事蹟待考。……又按：《北史》云：『後魏張彝上《歷帝圖》五卷，起元庖犧，終于晉末，凡十六代，一百二十八帝，歷三千二百七十年，雜事五百八十九。』諸葛深之書，殆亦此類也。」可參考。

歷代帝王年運詮要十卷

《歷代帝王年運詮要》十卷，左朝請大夫朱繪撰。紹興五年序，未詳何所人。

廣棪案：《玉海》卷第四十七〈藝文·編年〉「紹興《歷代帝王年運銓要》」條載：「《書目》：『十卷，紹興初，朱繪纂。以歐陽修作《正統圖》，黃帝五十六氏一切采錄，乃起自伏羲，訖政和間。』」較《解題》著錄爲詳，惟書名「詮要」作「銓要」。繪另撰有《事原錄》三十卷，見《郡齋讀書志》卷第十二〈雜家類〉，公武僅謂「皇朝朱繪撰」，是亦「未詳何所人」也。考《宋會要輯稿》第九十九冊〈職官〉六八之三載：「崇寧元年九月十四日，詔：『開具元符三年臣僚章疏姓名邪上尤甚。』」中有朱繪之名。元符三年（1100）、崇寧元年（1101）、紹興五年（1135），是朱繪乃哲宗時人，至高宗紹興五年撰成《歷代帝王年運詮要》，時隔三十五載，恐繪已屆暮年矣。

歷代紀年十卷

《歷代紀年》十卷，濟北晁公邁伯咎撰。詠之之子也，嘗為提舉常平使者。其自為〈序〉，當紹興七年。

廣棪案：《宋史》卷二百六〈志〉第一百五十六〈藝文〉二〈編年類〉著錄：「晁公邁《歷代記年》十卷。」「紀年」作「記年」。錢曾《讀書敏求記》卷二之上〈史〉著錄：「《歷代紀年》十卷。晁氏《歷代紀年》始之以正統，次之以封建、僭據，再次之以盜賊、四裔，而後以歷代年號終焉。晁公諱公邁，字伯咎，纂輯此書，凡節目之大而關於體統者，可以概見。壬子，樂清包履常鋟木以傳。」可供參證。然公邁所自爲〈序〉，今不傳，惟見晁子綺〈記〉及包履常〈跋〉。子綺〈記〉曰：「昭德族父《紀年》既成，先君首得其稿，及言編纂之瘽，累歲而後就，猶恨居宜黃山間，國史諸書不盡見，故勘覆未詳，尚多闕略，當有待於後日。未幾，族父下世，惜哉！後二十有四載，當紹興之辛巳，子綺復求本於八兄叔我而鈔之；又十有五年，再謄是本，且與外弟范信伯校定繕寫，異時可鋟木以傳，庶無負述作之意於九原也。淳熙乙未秋七月既望，晁子綺謹記。」而履常〈跋〉則曰：「余分教盱江郡，或謂余：『元莊之故家有寓盱者。』未幾，晁仲皓子綺過余，數往返，見其議論多前輩言行，余喜聞之。一日至其塾，出《歷代紀年》示余，曰：『先伯父提舉公所爲書也。纂緝之工垂五十載，未有傳者。』余受而閱之，自唐、虞、三代，以至於今。建國之始末，傳緒之久近，治亂、興衰、進退、用捨，凡節目之大而關於體統者，可以概見，殆不止於世系、年譜而已。余既歎晁公之博而專，且愛此書之有補於學者，爲之鋟木，以成其志。晁公諱公邁，字伯咎，元莊之裔孫，景迂之猶子，崇福之冢嗣。建炎南渡，繇天府掾貳郡持節問學，能世其家，蓋載之訓詞云。紹熙壬子季春望後五日，樂清包履常書。」可資參考。晁公邁，《宋史》無傳。《宋史藝文志史部佚籍考》上編〈已佚而無輯本者〉(二)〈編年類〉載：「《歷代紀年》一〇卷，宋晁公邁撰。公邁，字伯咎，詠之之子。號傳密居士，以蔭補官將仕郎，靖康初黨禁解，爲開封府刑曹。豪強無所避，性狷介，雖臨事盡職，少拂意便去，傲視憂患，卒不動心。事蹟具《新修清豐縣志》。」又《宋人傳記資料索引》載：「晁公邁，字伯皋，一字伯咎，號傳密居士，鉅野人，詠之季子。以蔭補將仕郎，靖康初黨禁解，爲開封府刑曹，豪強無所避。性狷介，雖臨事盡職，少拂意便去，傲視憂患，卒不動心，官至提舉廣東常平。有《詩集》。」是《解題》所載「嘗爲提舉常平使者」，乃指提舉廣東常平也。公邁此書，近中國北京圖書館據宋紹熙三年盱江郡齋刻本複製，收入《中華再造善本》中。另《續修四庫全書目錄》著錄：「《歷代紀年》十卷，存卷二至卷十。」則劉兆祐以爲此書「已佚而無輯本」，未必然也。

讀史管見三十卷

《讀史管見》三十卷，禮部侍郎胡寅明仲撰。以《通鑑》事備而義少，故為此書。議論宏偉嚴正，間有感於時事。其於熙、豐以來接於紹興權姦之禍，尤拳拳寓意焉。晦翁《綱目》亦多取之。館臣案：朱子謂《讀史管見》乃致堂謫嶺表所作，當時無一冊文字隨行，只是記憶，而議論儘有好處。與此所云宏偉嚴正，有感時事，大指相同。要之，其書不外《通鑑》立義。《文獻通考》及《宋史・藝文志》視《解題》分類較多，故不入〈編年〉，而入〈史評〉、〈史鈔〉。

廣棪案：《讀書附志》卷上〈史評類〉著錄：「右致堂先生胡寅明仲所著也。意謂二百四十二年之後至于五代，司馬文正所述《資治通鑑》，事雖備而立義少。

遂用《春秋》經旨，尚論詳評。晦庵《綱目》中多取之。猶子大壯序其說，孫德輿刻于衡陽。」《玉海》卷第四十九〈藝文·論史〉「《讀史管見》」條載：「胡寅既退居，著《讀史管見》，論周、秦至五代得失，其論甚正。蓋於蔡京、秦檜之事，數寄意焉。」《文獻通考》卷二百〈經籍考〉二十七〈史·史評史鈔〉「《讀史管見》三十卷」條引：「朱子《語錄》：『胡致堂議論英發，人物偉然。《讀史管見》乃嶺表所作，當時並無一冊文字隨行，只是記憶，所以其間有抵牾處。』『南軒言《管見》專為秦檜設，豈有言天下之事，而專於一人者。先生曰：「儘有好處，但好惡不相掩耳。」』又曰：『致堂《管見》方是議論，《唐鑑》議論弱，又有不相應處，前面說一項，事末又說別處去。』」足資參證。胡寅字明仲，胡安國弟之子，《宋史》卷四百三十五〈列傳〉第一百九十四〈儒林〉五附〈胡安國〉。其〈傳〉曰：「寅志節豪邁，初擢第，中書侍郎張邦昌欲以女妻之，不許。始安國頗重秦檜之大節，及檜擅國，寅遂與之絕。新州謫命下，即日就道。在謫所著《讀史管見》數十萬言，及《論語詳說》皆行于世。其為文根著義理，有《斐然集》三十卷。」是此書乃寅謫新州時作。新州，即今廣東新興縣治，與朱子所言「乃嶺表所作」相合。

皇王大紀八十卷

《皇王大紀》八十卷，胡宏撰。廣棪案：盧校本「撰」上有「仁仲」二字。**述三王、五帝至周赧王。前二卷自盤古至帝嚳，年不可考信，姑載其事而已。自堯以後，用《皇極經世》曆，起甲辰，始著年紀。博采經傳，時有論說，自成一家之言。然或取莊周寓言以為實，及敘邃**廣棪案：盧校本「邃」為「遂」。誤。**古之初，終於無徵不信云爾。**館臣案：趙希弁《讀書附志》云：「五峰先生所述皇帝王霸之事，自堯以上，六閼逢無紀，堯之初載，迄于赧王乙巳，二千有三十年，貫通經典，采摭史傳，又因事而為之論，所以述去取之原，釋疑似之惑者，至矣。」朱彝尊作〈皇王大紀跋〉謂譙周、蘇轍撰《古史》，胡衛撰《通史緣起》，羅泌撰《路史》，不盡出于雅馴，惟此書擇之精，而語之詳云。

廣棪案：《讀書附志》卷上〈編年類〉著錄：「《皇王大紀》八十卷。右五峰先生胡宏所述皇帝王伯之事。始於盤古氏，而終於周之末。自堯以上，六閼逢無紀。堯之初載，迄于赧王乙巳，二千有三十年。貫通經典，採摭史傳，靡所不載。又因事而為之論，所以述去取之原，釋疑似之惑者，至矣。先生字仁仲，文定公之季子，自幼有志於道。嘗見楊中立于京師，又從侯師聖于荊門，而卒傳文定公之學。紹定戊子，希弁生父師冋爲衡山令，嘗奉朝旨索其書云。」《四庫全書總目》卷四十七〈史部〉三〈編年類〉載：「《皇王大紀》八十卷，浙江范懋柱家天一閣藏本。宋胡宏撰。宏字仁仲，號五峰，崇安人，安國之季子也。以蔭補承務郎。紹興中嘗上書忤秦檜，久不調。檜死，始召用，辭疾不赴。事蹟附載《宋史・儒林傳・胡安國傳》中。是書成於紹興辛酉，紹定間嘗宣取入祕閣。所述上起盤古，下迄周末。前二卷皆粗存名號事蹟，帝堯以後，始用《皇極經世》編年，博採經傳，而附以論斷。陳振孫《書錄解題》嘗譏其誤取莊子寓言，及敘邃古之初，無徵不信。然古帝王名號可考，統系斯存，典籍相傳，豈得遽爲刪削。至其採摭浩繁，雖不免小有出入，較之羅泌《路史》則切實多矣，未可以一眚掩也。朱彝尊《曝書亭集》有是書〈跋〉，稱：『近時鄒平、馬驌撰《繹史》，體例頗相似。疑其未見是書，正可並存不廢。』今考驌書多引《路史》，而不及《皇王大紀》一字。彝尊以爲未見，理或有然。至於此書體用編年，《繹史》則每事標題，而雜引古書之文，排比倫次，略如袁樞紀事本末之法，體例固截然不同。不知彝尊何以謂其相似，殆偶未詳檢驌書歟？」足資參證。宏字仁仲，《宋史》卷四百三十五〈列傳〉第一百九十四〈儒林〉五附其父〈胡安國〉。史載其卒傳其父之學，有《詩文》五卷、《皇王大紀》八十卷。

經世紀年二卷

《經世紀年》二卷，侍講廣漢張栻敬夫撰。用《皇極經世》譜編，有所發明則著之。其言邵氏以數推知去外丙、仲壬之年，乃合於《尚書》成湯既沒太甲元年之說。今案孔氏《正義》正謂劉歆、班固不見古文，謬從《史記》。而章衡《通載》乃云以紀年推之，外丙、仲壬，合於歲次。《尚書》殘缺，而《正義》之說誤。蓋三代而上，帝王歷年遠而難考類如此，劉道原所謂疑年者也。然《孟子》亦有明文，不得云《史記》謬。

廣棪案：栻字敬夫，丞相張浚子。《宋史》卷四百二十九〈列傳〉第一百八十八〈道學〉三有傳。此書有〈自序〉曰：「太史遷作〈十二國世表〉，始紀甲子，起於成周。共和，庚申之歲。庚申而上，則莫紀焉。歷世寖遠，其事雜見於諸書，靡適折衷，則亦傳疑而已。本朝嘉祐中，康節邵先生雍出於河南，窮往知來，精極於數，作《皇極經世書》，上稽唐堯受命甲辰之元，爲〈編年譜〉。如云外丙、仲壬之紀，康節以數知之，乃合於《尚書》成湯既沒太甲元年之說。成湯之後，蓋實傳孫。孟子所說，特以太丁未立而卒，方是時，外丙生二年，仲壬生四年耳。又正武王伐商之年，蓋武王嗣位十一年矣。故〈書序〉稱十有一年，而復稱十有三年者，字之誤也。是類皆自史遷以來，傳習之謬，一旦使學者曉然得其眞，萬世不可改者也。某不自揆，輒因先生之歷，考自堯甲辰，至皇上乾道改元之歲，凡三千五百二十有二年，列爲六圖，命之曰《經世紀年》，以便觀覽。間有鄙見，則因而明之。其大節目有六，如孟子謂堯、舜三年之喪畢，舜、禹避堯、舜之子，而天下歸之，然後踐天子位。此乃見帝王奉天命之大旨，其可闇而弗彰。故於甲申書服堯之喪，乙酉書踐位之實，丙戌書元載格於文祖，自乙酉至丁巳，是踐位三十有三載也，則書薦禹於天，與《尚書》命禹之辭合。自丁巳至癸酉，是薦禹十有七年也，與孟子之說合。於禹受命之際，書法亦然，然而《書》稱舜在位五十載，陟方乃死，則是史官自堯崩之明年，通數之耳。夏后相二十有八載，寒浞弒相，明年少康始生於有仍氏，凡四十年而後祀夏配天，不失舊物，寒浞豈可使閒有夏之統，故缺此四十載不書，獨書少康出處，而紀元載於復國之歲，以見少康四十年經營，宗祀絕而復續足，以爲萬代中興之冠冕。於新莽之簒，缺其年，亦足以表光武之中興也。漢呂太后稱制，既不得係年，而所立他人子名爲少帝者，又安得承統，故復缺此數年，獨書曰『呂太后臨朝稱制』。亦范太史祖禹係嗣聖紀年之意也。漢獻之末，曹丕雖稱帝，而昭烈以正義立於蜀，不改漢號，則漢統烏得爲絕。故獻帝之後，即係昭烈年號，書曰蜀漢，逮後主亡國，而始繫魏。凡此皆節目之大者，妄意明微扶正，不自知其愚也。其他如夏以上稱載，商稱祀，周始稱年，皆考之書可見，而《周書・洪範》獨稱祀者，是武王不欲臣箕子，尙存商立箕子之志也。由魏以降，南北分裂，如元魏、北齊、後周，皆夷狄也。故統獨係於江南，五代迭揉，則都中原者不得不係之。」足資參證。

通鑑論篤三卷

《通鑑論篤》三卷，侍講廣漢張栻敬夫撰。取《通鑑》中言論之精確者，表而出之。多或全篇，少至一二語，去取甚嚴，可以見前輩讀書眼目之高。

廣棪案：《宋史》卷二百三〈志〉第一百五十六〈藝文〉二〈史鈔類〉著錄：「張栻《通鑑論篤》四卷。」《宋史藝文志史部佚籍考》上編〈已佚而無輯本者〉（四）〈史鈔類〉載：「《通鑑論篤》四卷，宋張栻撰。栻，字敬夫，廣漢人，丞相浚之子，以廕補官。孝宗時，歷左司員外郎，除祕閣修撰，仕至湖北路安撫使。

著有《南軒易說》、《南軒先生論語解》、《南軒先生孟子說》、《諸葛武侯傳》、《南軒文集》等。事蹟具《宋史》(卷四二九)。……按:此書〈宋志〉作四卷,陳《錄》但云三卷,疑非完本。」可資參考。

通鑑紀事本末四十二卷

《通鑑紀事本末》四十二卷,工部侍郎袁樞機仲撰。樞自太學官分教嚴陵為此書。楊誠齋為之〈序〉。

廣棪案:《玉海》卷第四十七〈藝文・編年〉「治平《資治通鑑・紀事本末》」條載:「《紀事本末》四十二卷,袁樞編。淳熙三年十一月二十四日,參政龔茂良言:『袁樞編《通鑑紀事》,有補治道,或取以賜東宮,增益見聞。』詔嚴州摹印十部,仍先以卿本上之。淳熙元年三月戊子,楊萬里為〈序〉。始於三家分晉,終於世宗征淮南。」足資參證。此書楊萬里撰〈序〉,曰:「初,予與子袁子同爲太學官,子袁子,錄也;予,博士也。志同志,行同行,言同言也。後一年,子袁子分教嚴陵。後一年,予出守臨漳,相見於嚴陵,相勞苦,相樂,且相楙以學。子袁子因出書一編,蓋《通鑑》之本末也。予讀之,大抵搴事之成,以後於其萌;提事之微,以先於其明。其情匿而泄,其故悉而約,其作窕而檷,其究遐而邇,其於治亂存亡,蓋病之源,醫之方也。予每讀《通鑑》之書,見事之肇於斯,則惜其事之不竟於斯,蓋事以年隔,年以事析。遭其初,莫繹其終;攬其終,莫志其初。如山之峨,如海之茫,蓋編年繫日,其體然也。今讀子袁子此書,如生乎其時,親見乎其事,使人喜,使人悲,使人鼓舞未既,而繼之以歎且泣也。嗟乎!由周秦以來,曰諸侯,曰大盜,曰女主,曰外戚,曰宦官,曰權臣,曰夷狄,曰藩鎮,國之病亦不一矣,而其源不一哉!蓋安史之亂,則林甫之爲也;藩鎮之亂,則令孜之爲也,其源不一哉!得其病之之源,則得其醫之方矣,此書是也。有國者不可以無此書,前有姦而不察,後有邪而不悟;學者不可以無此書,進有行而無徵,退有蓄而無宗。此書也,其入《通鑑》之戶歟?雖然,覿人之病,戚人之病,理人之病,得人之病,至於身之病不懵焉,不諱焉,不醫之距焉,不醫而繆其醫焉,古亦稀矣。彼闇而此昭,宜也。切於人,紓於身,可哀也夫!淳熙元年三月戊子,廬陵楊萬里敘。」是此書乃樞自太學分教嚴陵時作也。《四庫全書總目》卷四十九〈史部〉五〈紀事本末類〉著錄:「《通鑑紀事本末》四十二卷,通行本。宋袁樞撰。樞字機仲,建安人。孝宗初,試禮部詞賦第一。歷官至工部侍郎。以右文殿修撰知江陵府，尋提舉太平興國宮。事蹟具《宋史》本傳。案唐劉知幾作《史通》，敘述史例，首列六家、總歸二體。自漢以來，不過紀傳、編年兩法，乘除互用。然紀傳之法，或一事而複見數篇，賓主莫辨；編年之法，或一事而隔越數卷，首尾難稽。樞乃自出新意，因司馬光《資治通鑑》區別門目，以類排纂。每事各詳起訖，自爲標題。每篇各編年月，自爲首尾。始於三家之分晉，終於周世宗之征淮南。包括數千年事蹟，經緯明晰，節目詳具。前後始末，一覽了然。遂使紀傳、編年貫通爲一，實前古之所未見也。王應麟《玉海》稱淳熙三年十一月，參政龔茂良言:『樞所編《紀事》，有益見聞。』詔嚴州摹印十部，仍先以卿本上之。《宋史》樞本傳又稱:『孝宗讀而嘉歎，以賜東宮及分賜江上諸帥，曰:「治道盡在是矣。」』朱子亦稱其書:『部居門目，始終離合之間，皆曲有微意，於以錯綜溫公之書，乃《國語》之流。』蓋樞所綴集，雖不出《通鑑》原文，而去取翦裁，義例極爲精密。非《通鑑》總類諸書，割裂撦撏者可比。其後如陳邦瞻、谷應泰等，遞有沿仿，而包括條貫，不漏不冗，則皆出是書下焉。」樞字機仲，《宋史》卷三百八十九〈列傳〉第一百四十八有傳。其〈傳〉曰:「樞常喜誦司馬光《資治通鑑》，苦其浩博，乃區別其事而貫通之，號《通鑑紀事本末》。參知政事龔茂良得其書，奏于上；孝宗讀而嘉嘆，以賜東宮及分賜江上諸帥，且令熟讀，曰:『治道盡在是矣。』」即記此事。

通鑑綱目五十九卷

《通鑑綱目》五十九卷，侍講新安朱熹元晦撰。始，司馬公《通鑑》有《目錄舉要》。其後，胡給事安國康侯又修為《舉要補遺》。朱晦翁因別為義例，表歲以首年，因年以著統，大書以提要，而分注以備言，自為之〈序〉，乾道壬辰也。大書者為綱，分注者為目，綱如經，目如傳。

廣棪案:《玉海》卷第四十七〈藝文・編年〉「乾道《資治通鑑綱目》」條載:「紹興八年，胡安國因司馬光遺稿，修成《舉要補遺》，文約而事備。乾道壬辰，朱熹因兩公之書，別爲義例，爲《綱目》五十九卷，〈序例〉一卷。綱倣《春秋》，而參取群史之長；目倣《左氏》，而稽合諸儒之粹。綱者，《春秋》著事之法；目者，《左氏》備言之體。〈序例〉曰:『表歲以首年，逐年之上行，書其甲子。遇甲字、子字，則朱書以別之。則雖無事，依舉要以備歲年。而因年以著統。凡正統之年，歲下大書。非正統者，兩行分注。大書以提要，凡大書有正例、變例。

正例如始終興廢、災祥沿革、及號令征伐、生殺除拜之大者。變例如不在此例，而善可為法，惡可為戒者，皆特書之，而分注以備言。凡分注，有追原其始者，有遂言其終者，有詳陳其事者，有備載其言者，有因始終而見者，有因拜罷而見者，有因事類而見者，有因家世而見者，有溫公所立之言、所取之論，有胡氏所收之說、所著之評，而兩公所遺，與夫近世大儒先生折衷之語，今亦頗采以附於其間。歲周於上，而天道明；統正於下，而人道定。大綱概舉，而鑒戒昭。眾目畢張，而幾微著。』」足資參證。朱子所撰〈序例〉曰：「先正溫國司馬文正公受詔編集《資治通鑑》既成，撮其精要之語，別爲《目錄》三十卷，并上之。晚病本書太詳，《目錄》太簡，更著《舉要曆》八十卷以適厥中，而未成也。紹興初，故侍讀南陽胡文定公始復因公遺稿，修成《舉要補遺》若干卷，則其文愈約，而事愈備矣。然往者得於其家而伏讀之，猶竊自病記識之弗彊，不能有以領其要而及其詳也。故嘗過不自料，輒與同志因兩公四書別爲義例，增損檃括，以就此編。蓋表歲以首年，逐年之上行，外書某甲子，遇甲字、子字，則朱書以別之，雖無事，依舉要亦備歲年。而因年以著統，凡正統之年，歲下大書；非正統者，兩行分注。大書以提要，凡大書有正例、有變例。正例如始終興廢、災祥沿革，及號令征伐、殺生除拜之大者；變例如不在此例，而善可爲法、惡可爲戒者，皆特書之也。而分注以備言，凡分注有追原其始者，有遂言其終者，有詳陳其事者，有備載其言者，有因始終而見者，有因拜罷而見者，有因事類而見者，有因家世而見者，有溫公所立之言、所取之論，有胡氏所收之說、所著之評，而兩公所遺與夫近世大儒先生折衷之語，今亦頗采以附於其間云。使夫歲年之久近、國統之離合、事辭之詳略、議論之同異，通貫曉析，如指諸掌，名曰《資治通鑑綱目》，凡若干卷，藏之巾笥，姑以私便檢閱，自備遺忘而已。若兩公述作之本意，則有非區區所敢及者。雖然，歲周於上，而天道明矣；統正於下，而人道定矣；大綱概舉，而鑑戒昭矣；眾目畢張，而幾微著矣。是則凡爲致知格物之學者，亦將慨然有感於斯，而兩公之志，或庶乎其可以默識矣。因述其指意條例如此，列於篇端，以俟後之君子云。乾道壬辰夏四月甲子，新安朱熹謹書。」乾道壬辰，乃八年也。

此書嘗刻於溫陵，別其綱謂之提要，今板在監中。廬陵所刊則綱目並列，不復別也。

案：臺灣國家圖書館藏此書宋嘉定十三年眞德秀溫陵郡齋刊本，凡二部。而廬陵刊本恐不傳。

國紀五十八卷

《國紀》五十八卷，吏部侍郎睢陽徐度敦立撰。度，丞相處仁擇之子也。其書詳略頗得中，而不大行於世。鄞學有魏邸舊書，傳得之。

廣棪案：《玉海》卷第四十七〈藝文・編年〉「淳熙《國紀》」條載：「吏部侍郎徐度著《國紀》百餘卷，淳熙三年五月九日，李燾請給札下湖州抄錄，赴國史院參照。從之。」《宋史》卷二百三〈志〉第一百五十六〈藝文〉二〈編年類〉著錄：「徐度《國紀》六十五卷。」據《玉海》，則此書凡百餘卷，《解題》著錄作五十八卷，〈宋志〉作六十五卷，恐後二者均非完本也。《解題》謂「鄞學有魏邸舊書，傳得之」，則其書殆直齋嘉定十一年戊寅（1218）間掌教鄞學時抄得之。度，《宋史》無傳。《宋元學案》卷二十七〈和靖學案〉「侍郎徐惇立先生度」條載：「徐度，字惇立，睢陽人，太宰處仁子也。太宰在政府，晚譽不終，先生獨刻意爲學。嘗問和靖曰：『某有意于學，而未知所以爲問。』和靖曰：『果有此意，歸而求之，有餘師。』又嘗以蘇氏『戰栗』之說爲問，和靖怫然曰：『訓經而欲新奇，則亦何所不至矣。』先生官至吏部侍郎，寓居吳興之弁山，嘗與汪文定公諫上光堯尊號，長于典故之學。雲濠謹案：先生嘗著《卻掃編》三卷，陸放翁《劍南集》有是書跋語。梓材謹案：先生又有《國紀》五十八卷，陳直齋曰：『其書詳明頗得中，而不大行于世。鄞學有魏邸舊書，傳得之。』是吾鄞藏書之最先者。」可供參證。

續通鑑長編一百六十八卷

《續通鑑長編》一百六十八卷，禮部侍郎眉山李燾仁父撰。「長編」云者，司馬公之為《通鑑》也，先命其屬為叢目，既成，乃修長編，然後刪之以為成書。《唐長編》六百卷，今《通鑑》惟八十卷爾。燾所上表自言未可謂之《通鑑》，止可謂之《長編》，故其書雖繁蕪而不嫌也。其卷數雖如此，而冊數至餘三百。蓋逐卷又自分子卷或至十餘。

廣棪案：《讀書附志》卷上〈編年類〉著錄：「《續資治通鑑長編》九百四十六卷。右巽巖先生李文簡公燾仁甫所修也。太祖至英宗一百七十五卷、神宗朝二百二十八卷、哲宗朝二百二十卷、徽宗朝三百二十三卷。其書倣司馬氏《通鑑》踵爲之。然燾謙抑，不敢名《續通鑑》，但謂《續長編》。蜀帥汪應辰嘗乞給筆札，以寫藏祕閣。乾道六年正月，令祕書省依《通鑑》紙樣及字樣大小，繕寫一部，仍將燾銜位於卷首，依司馬光銜位書寫進入。燾之卒也，上語宇文价云：『朕嘗許燾大書「續資治通鑑長編」七大字，且用神宗賜司馬光故事，爲〈序〉冠篇，不謂其止此也。』希弁所藏蜀本，視書坊所刊者爲詳。希弁嘗爲《續資治通鑑長編補註》一書，以補詔敕奏篇等闕云。」《玉海》卷第四十七〈藝文・編年〉「乾道《續資治通鑑長編》」條載：「乾道四年四月丙辰，禮部郎李燾言：『臣於去年八月《會要》：『二十九日。』奉旨從汪應辰奏，取臣所著《續資治通鑑》，自建隆迄元符，令有司繕寫校勘，藏之祕閣。臣尋於十四日賜對，面奉旨令早投進。又令給札臣先次寫到。建隆元年至治平四年閏三月五朝事迹，共一百八年，計一百八卷。內建隆元年至太平興國元年太祖一朝事迹，雖曾於隆興元年具〈表〉投進，後來稍有增益，謹重錄進。治平以後文字，更加整齊節次修寫。臣此書非可便謂《續資治通鑑》，姑謂《續資治通鑑長編》，庶幾可也。其篇帙或相倍蓰，則《長編》之體，當然寧失於繁，猶光志云爾。今寫成一百七十五冊，並《目錄》一冊上進。』五月壬戌朔，詔燾纂述有勞，特轉兩官。六年三月二日詔降下《長編》，付祕省令依《通鑑》字樣大小繕寫，仍將李燾銜位於卷首，依司馬光銜位修寫。淳熙十年三月六日，燾爲遂寧守，始上其全書。《會要》云：『六百八十七冊，十年修撰上之。』自建隆至靖康，凡九百八十卷。《書目》：『一百六十八卷，建隆訖靖康。』」足資參證。此書《讀書附志》著錄爲九百四十六卷，《玉海》爲九百八十卷。《解題》與《中興館閣書目》同，《宋史》卷二百三〈志〉第一百五十六〈藝文〉二〈編年類〉亦著錄：「李燾《續資治通鑑長編》一百六十八卷。」是直齋所著錄者，殆不完之本也。燾字仁甫，眉州丹稜人。《宋史》卷三百八十八〈列傳〉第一百四十七有傳。其〈傳〉曰：「燾性剛大，特立獨行。早著書，（秦）檜尚當路，檜死始聞于朝。暨在從列，每正色以訂國論。張栻嘗曰：『李仁甫如霜松雪柏。』無嗜好，無姬侍，不殖產。平生生死文字間，《長編》一書用力四十年，葉適以爲《春秋》以後纔有此書。」正記此事。

續資治通鑑長編舉要六十八卷

《續資治通鑑長編舉要》六十八卷，李燾撰。大略皆溫公舊規也。

廣棪案：《玉海》卷第四十七〈藝文・編年〉「乾道《續資治通鑑長編》、《舉要》」條載：「《舉要》六十八卷，上甚重之，以其書藏祕府。先是淳熙二年二月二十二日進神、哲三百四十冊。四年七月五日進徽、欽二百三十冊。燾以司馬光作《資治通鑑》，唐三百年《長編》，范祖禹掌之。祖禹所修六百餘卷，光細刪之止八十卷，故燾纂集，用光義例，廣記備言，以待後之作者。」較《解題》爲翔實。

九朝通略一百六十八卷

《九朝通略》一百六十八卷，起居郎建安熊克子復撰。

廣棪案：《玉海》卷第四十七〈藝文・編年〉「淳熙《九朝通略》」條載：「十一年十二月四日，知台州熊克上《九朝通略》一百六十八卷，一百冊。詔遷一官。倣《通鑑》之體，作繫年之書，一載釐爲一卷。簡要不如徐度之《紀》，詳備不如李燾之《編》。」《宋史藝文志史部佚籍考》上編〈已佚而無輯本者〉（二）〈編年類〉載：「《九朝通略》一六八卷，宋熊克撰。克字子復，建陽人，初知諸暨縣。孝宗時，官至起居郎，兼直學士院。出知台州，卒。克居官以清介稱，博學強識，著《中興小紀》、《鎮江志》、《京口詩集》、《館學喜雪唱和詩》等書。事蹟具《宋史》（卷四四五）、《宋史新編》（卷一七一）、《南宋書》（卷三七）、《宋中興學士院題名錄》、《南宋館閣續錄》及《南宋文範》等。……按：《宋史・熊克傳》謂克博聞強記，自少至老，著述外無他嗜，尤淹習宋朝典故，有問者酬對如響。克於高宗紹興中進士及第，茲編淳熙中所上，則所謂九朝者，當指北宋九朝也。又按：《玉海》云茲編簡要不如徐度之《紀》，詳備不如李燾之《編》。燾之《續資治通鑑長編》，其精詳固無論矣。度之《國紀》（六十五卷）在當世稱其詳略頗得中，惜今已不傳。……又按：《明文淵閣書目》（卷五）宇字號第六廚書目著錄《宋九朝通略》一部二十冊，闕。知此編明正統間已罕見矣。」可資參考。

中興小曆四十一卷

《中興小曆》四十一卷，熊克撰。克之為書，往往疎略多牴牾，不稱良史。

廣棪案：《玉海》卷第四十七〈藝文・編年〉「乾道《續資治通鑑長編》」條載：「熊克《中興紀事本末》，一名《中興小曆》。」是此書另名《中興紀事本末》。《四庫全書總目》卷四十七〈史部〉三〈編年類〉著錄：「《中興小紀》四十卷，《永樂大典》本。宋熊克撰。克字子復，建陽人。孝宗時官至起居郎，兼直學士院，出知台州。事蹟具《宋史・文苑傳》。是編排次南渡以後事蹟，首建炎丁未，迄紹興壬午，年經月緯，勒成一書。宋制，凡累朝國史，先修日紀。其曰《小紀》，蓋以別於官書也。陳振孫《書錄解題》稱：『克之爲書，往往疎略多牴牾，不稱良史。』岳珂《桯史》亦摘其記金海陵南侵，誤以薰風殿之議與武德殿之議，併書於紹興二十八年，合而爲一。蓋以當時之人，記當時之事，耳目既有難周，是非尚未論定，自不及李心傳書纂輯於記載詳備之餘。然其上援朝典，下參私記，綴緝聯貫，具有倫理。其於心傳之書，亦不失先河之導，椒始難工，固未可一例論也。」是此書《四庫》本據《永樂大典》，著錄作「《中興小紀》四十卷」，蓋避「弘曆」諱也。

中興遺史六十卷

《中興遺史》六十卷，從義郎趙甡之撰。慶元中上進。其書大抵記軍中事為詳，而朝政則甚略，意必當時遊士往來邊陲，出入幕府者之所為。及觀其記張浚攻濠州一段，自稱姓名曰「開府張鑑」。然則此書鑑為之，而甡之竊以為己有也。或曰鑑即甡之婦翁，未知信否？

廣棪案：《宋史》卷二百三〈志〉第一百五十六〈藝文〉二〈別史類〉著錄：「趙甡《中興遺史》二十卷。」所著錄撰人名字與卷數均與《解題》不同。此書已佚。陳樂素《三朝北盟會編考》九〈引用書雜考〉載：「《中興遺史》，《會編》所引用書而標明出處者，以此爲最多，凡一百四十餘段。原書凡六十卷。《繫年要錄》亦多引用。《書錄解題》卷四〈編年類〉：『《中興遺史》六十卷，從義郎趙甡之撰。慶元中（1195～1200）上進其書。大抵記軍中事爲詳，而朝政則甚略。意必當時遊士往來邊陲，出入幕府者之所爲。及觀其記張浚攻濠州一段，自稱姓名曰「開府張鑒」。然則此書鑒爲之，而甡之竊以爲己有也。或曰鑒即甡之婦翁，未知信否？』按張浚攻濠州一段，《會編》雖未引用，但謂此書爲張鑒撰而甡之竊爲己有，恐不然。甡之，《宋史》無傳。余所知有二：其一爲趙哲之子，其一爲宗室子。《繫年要錄》卷三八有注云：『《日曆》：「紹興四年八月二十一日，承節郎趙甡之進狀：父哲，建炎三年（應作四年）落階官，除同州觀察，于當年十月一日宣撫張浚挾私，輒從軍法身死」。』此趙哲子也。至宗室子，則見《宋史》卷二四〇〈宗室世系表〉，作成忠郎，父武翼郎叔筥，祖崇國公克嶷，爲太宗弟魏王廷美之後。二者必非一人。惟《會編》卷一四二『建炎四年九月二十三日，張浚軍于富平，爲婁宿所敗』一條之下，有引用文一段，記此役經過頗詳，于張浚多作貶詞。此尚未足爲異，特文中諸人俱徑稱其名，而末乃云：『諸軍皆潰，惟環慶路經略趙都承先走到汾州，乃稍定。』趙都承者，趙哲也。何以于哲獨稱其官而不名？故余疑此段文采自《中興遺史》，同時疑《中興遺史》之撰者乃趙哲之子也。」足資參考。

丁未錄二百卷

《丁未錄》二百卷，左修職郎昭武李丙撰。自治平丁未王安石初召用，迄於靖康童貫之誅，故以「丁未」名之。每事皆全載制詔章疏甚詳。原註：靖康亦丁未也。

廣棪案：《讀書附志》卷上〈編年類〉著錄：「《丁未錄》二百卷。右右修職郎、監臨安府都鹽倉李丙所編也。上帙起召王安石爲翰林學士，迄于神宗皇帝升遐；中帙起宣仁聖烈垂簾除呂公著侍讀，迄于宣仁聖烈祔廟；下帙起李清臣進策題，迄于誅童貫、安石之召。實治平丁未之所始，故以『丁未』名之。」《玉海》卷第四十七〈藝文・編年〉「乾道《丁未錄》」條載：「乾道七年，同修國史趙雄言：『右修職郎李丙嘗纂《丁未錄》，起治平之末，迄靖康之初。其間議論更革，往往編年該載。乞給札繕寫。』八年六月戊戌，一云二日。詔李丙所錄一百冊、二百卷，淹貫該博，用功甚多，特轉右承事郎。丙又撰《丙申錄》。」足資參證。然李心傳《建炎以來朝野雜記》甲集卷六「嘉泰禁私史」條載：「柄廣棪案：即丙。以父任監行在都鹽倉，乾道八年夏上其所編《丁未錄》。然記載無法，學者不稱焉。」則對此書之評價與《解題》、《玉海》不同。此《錄》已佚，《文淵閣書目》卷五〈史・宇字號第六廚書目〉著錄：「宋《丁未錄》一部二十九冊，闕。」又：「宋《丁未錄》一部三十冊，闕。」是此書明正統間已殘闕，及後亦散佚。又李丙之官，《讀書附志》及《玉海》所引趙雄語均稱「右修職郎」，與《解題》不同，恐振孫偶誤。

思陵大事記三十六卷、阜陵大事記二卷

《思陵大事記》三十六卷、《阜陵大事記》二卷，李燾撰。

廣棪案：宋高宗陵名永思陵，宋人每以思陵稱高宗。宋孝宗陵稱永阜陵，宋人亦以阜陵稱孝宗。此二書乃高宗、孝宗朝之大事記，李燾撰。《宋史》卷三百八十八〈列傳〉第一百四十七〈李燾〉載：「（燾）有《易學》五卷，《春秋學》十卷，《五經傳授》、《尚書百篇圖》、《大傳雜說》、《七十二字名籍》各一卷，《文集》五十卷，《奏議》三十卷，《四朝史稿》五十卷，《通論》十卷，《南北攻守錄》三十卷，《七十二候圖》、《陶潛新傳》并《詩譜》各三卷，《歷代宰相年表》、《唐宰相譜》、《江左方鎭年表》、《晉司馬氏本支》、《齊梁本支》、《王謝世表》、《五代將帥年表》合爲四十一卷。」惟缺載此二書。《宋史・藝

文志》亦未著錄。今人徐規撰《李燾年表》，刊見《文史》第二輯，文末附燾著作中有此二書，蓋據《解題》補錄也。

建炎以來繫年要錄二百卷

《建炎以來繫年要錄》二百卷，工部侍郎陵陽李心傳微之撰。蓋與李巽巖《長編》相續，亦嘗自隆興後相繼為之。會蜀亂散失，不可復得。

廣棪案：《讀書附志》卷上〈編年類〉著錄：「《建炎以來中興繫年要錄》二百卷。右陵陽布衣李心傳微之所修也，知瀘州許奕奏進之。修國史曾喚又嘗乞令其弟太常博士道傳繳進，得旨降付國史院。然其中闕疑尚多，希弁嘗爲《補註》一書，頗爲詳備云。」《玉海》卷第四十七《藝文・編年》「嘉定《建炎以來繫年要錄》」條載：「李心傳撰，一百卷。嘉定五年五月付國史院。」《宋史》卷二百三〈志〉第一百五十六〈藝文〉二〈編年類〉著錄：「李心傳《建炎以來繫年要錄》二百卷。」疑《玉海》著錄之一百卷乃二百卷之誤。《四庫全書總目》卷四十七〈史部〉三〈編年類〉亦著錄此書，曰：「《建炎以來繫年要錄》二百卷，《永樂大典》本。宋李心傳撰。心傳字微之，井研人。官至禮部侍郎。事蹟具《宋史・儒林傳》。是書述高宗朝三十六年事蹟，仿《通鑑》之例，編年繫月，與李燾《長編》相續。寧宗時嘗被旨取進。《永樂大典》別載賈似道〈跋〉，稱『寶祐初曾刻之揚州』。而元代修《宋》、《遼》、《金》三史時，廣購逸書，其目具見袁桷、蘇天爵二《集》，並無此名。是當時流傳已絕，故修史諸臣均未之見。至明初，始得其遺本，亦惟《文淵閣書目》載有一部二十冊，諸家書目則均不著錄。今明代祕府之本又已散亡，其存於世者，惟《永樂大典》所載之本而已。其書以國史、日歷爲主，而參之以稗官、野史、家乘、誌狀、案牘、奏議、百司題名，無不臚採異同，以待後來論定。故文雖繁而不病其冗，論雖歧而不病其雜。在宋人諸野史中，最足以資考證。《宋史》本傳稱其重川蜀而薄東南。然如宋人以張栻講學之故，無不堅持門戶，爲其父張浚左袒。心傳獨於淮西富平之僨事、曲端之枉死、岳飛之見忌，一一據實直書。雖《朱子行狀》亦不據以爲信，初未嘗以鄉曲之私稍爲回護。則《宋史》之病是書者，殆有不盡然矣。大抵李燾學司馬光而或不及光，心傳學李燾而無不及燾。其宏博而有典要，非熊克、陳均諸人所能追步也。原本所載秦熺、張匯諸論，是非顛倒，是不待再計而刪者，而並存以備參稽，究爲瑕纇。至於本註之外載有留正《中興聖政草》、呂中《大事記講義》、何俌《龜鑑》諸書，似爲修《永樂大典》者所附入。然今無別本可校，理貴闕疑，姑仍其舊。其中與《宋史》互異者，則各爲辨證，附註下方。所載金國人名、官名、地名、音譯均多舛誤，謹遵《欽定金史國語解》詳加訂正，別爲考證，附載各卷之末。仍依原第，析爲二百卷。至其書名，《文獻通考》作《繫年要記》，《宋史》本傳作《高宗要錄》，互有不同。今據《永樂大典》所題，與心傳〈朝野雜記自跋〉及王應麟《玉海》相合，故定爲《繫年要錄》，著於錄焉。」足資參考。心傳字微之，宗正寺簿舜臣之子。《宋史》卷四百三十八〈列傳〉第一百九十七〈儒林〉八有傳，其〈傳〉曰：「所著成書，有《高宗繫年錄》二百卷、《學易編》五卷、《誦詩訓》五卷、《春秋考》十三卷、《禮辨》二十三卷、《讀史考》十二卷、《舊聞證誤》十五卷、《朝野雜記》四十卷、《道命錄》五卷、《西陲泰定錄》九十卷、《辨南遷錄》一卷、《詩文》一百卷。」其中《高宗繫年錄》二百卷即此書。《四庫全書總目》謂《宋史》本傳作「《高宗要錄》」，實《高宗繫年錄》之誤也。

大事記十二卷、解題十二卷、通釋一卷

《大事記》十二卷、《解題》十二卷、《通釋》一卷，館臣案：《宋史・藝文志》作二十七卷。**著作郎東萊呂祖謙伯恭撰。自敬王三十九年以下，采《左氏傳》、歷代史、《皇極經世》、《通鑑》、《稽古錄》，輯而廣之。雖上接獲麟，而書法則視太史公所錄，不盡用策書凡例。《解題》者，略具本末，或附以己意，多所發明。《通釋》者，經典綱要，孔、孟格言，以及歷代名儒大議論。初，意欲起《春秋》，接於五代，僅及漢武征和三年而止。東萊年方強仕而得末疾，平生論著大抵經始而未及成，如《讀詩記》、《書說》是已。是書之作，當淳熙七年，又二年而沒。使天假之年，所傳於世者，寧止是哉！**

廣棪案：此書有祖謙〈序〉，曰：「司馬子長《年表》、《大事記》，蓋古策書遺法，獲麟以上，既見於《春秋經》；周敬王三十九年以下，今采《左氏傳》、歷代史、邵康節先生《皇極經世》、司馬文正公《稽古錄》、《資治通鑑》、《目錄》、《舉要歷》輯而廣之，意所未安，參稽百代，頗爲增損。書法視太史公所錄不盡用策書凡例云。起春秋後，訖于五代，分爲若干卷；《通釋》若干卷，《解題》若干卷，合若干卷。淳熙七年正月一日，東萊呂祖謙伯恭序。」吳學〈跋〉曰：「《大事記》，史遷表漢事之目也。以事繫年，而列將相名臣於其下，蓋不但存古策書之法而已，特其體統未備，猶有遺憾。班固表公卿百官，

詳於拜罷，而置大事弗錄，失遷意遠甚。太史先生是書，名襲遷史，體備編年，包舉廣而興寄深，雖不幸絕筆於征和，而書法可概見。其文則史，其義則竊取之矣。《通釋》，是書之總也。《解題》，是書之傳也。學考《通釋》之綱，玩《解題》之旨，斯得先生次輯之意云。嘉定壬申鋟木，吳學謹識于後。冬至前三日，學掾東陽李大有書。」《文獻通考》卷一百九十三〈經籍考〉二十〈史・編年〉著錄此條，後附朱子曰：「『伯恭《大事記》甚精密，古今蓋未有此書，若能續而成之，豈非美事。但讀書本自不多，加以衰老昏憊，豈復能辦此事。世間英俊如林，要必有能爲之者，但恐其所經世之意未離乎功利、術數之間，則非筆削之本意耳。〈答詹師書〉。』《語錄》：『伯恭《大事記》辨司馬遷、班固異同處最好，大抵謙不敢任作書之意，故《左傳》、《通鑑》已載者不復載；其載者，皆《左傳》、《通鑑》所無者耳。有大纖巧處，如指公孫弘、張湯姦狡處，皆說得羞愧人。伯恭少時被人說他不曉事，故其論事多指出人之情僞云。我亦知得他有此意。東萊（撰）《大事記》時，已自感疾了。一日做一年，若不死，自漢武到五代只千年，三年自可了。此文字解題煞有工夫，只一句要包括一段意思。』」《玉海》卷第四十七〈藝文・編年〉「淳熙《大事記》、《通釋》、《解題》」條載：「淳熙七年，呂祖謙作《大事記》。起周敬王三十九年，迄漢武征和三年，采《左傳》、《稽古錄》、《通鑑》、《目錄》、《舉要曆》、《皇極經世》、歷代史，輯而廣之；參稽百氏書法，視太史公所錄，不盡用策書凡例。」《四庫全書總目》卷四十七〈史部〉三〈編年類〉亦著錄此書，曰：「《大事紀》十二卷、《通釋》三卷、《解題》十二卷，浙江吳玉墀家藏本。宋呂祖謙撰。祖謙有《古周易》，已著錄。是書取司馬遷〈年表〉所書，編年系月，以紀《春秋》後事，復採輯諸書以廣之。始周敬王三十九年，迄漢武帝征和三年。書法皆祖太史公，所錄不盡用策書凡例。《朱子語錄》所謂『伯恭子約宗太史公之學，以爲非漢儒所及』者，此亦一證也。其書作於淳熙七年。每以一日排比一年之事。本欲起春秋後，迄於五代，會疾作而罷。故所成僅此，然亦足見其大凡矣。當時講學之家，惟祖謙博通史傳，不專言性命。《宋史》以此黜之，降置〈儒林傳〉中。然所學終有根柢，此書亦具有體例。即如每條下各註從某書修云云，一一具載出典，固非臆爲筆削者可及也。《通釋》三卷，如說經家之有綱領，皆錄經典中要義格言。《解題》十二卷，則如經之有傳，略具本末，而附以己見。凡《史》、《漢》同異及《通鑑》得失，皆縷析而詳辨之。又於名物象數旁見側出者，並推闡貫通，夾註句下。《朱子語錄》每譏祖謙所學之雜，獨謂此書爲『精密』，又謂：『《解題》煞有工夫，只一句要包括一段意思。』觀書中周慎靚王二年載魏襄王問孟子事，取蘇轍《古史》之論，後《孟子集註》即引用其說，蓋亦心服其淹通，知非趙師淵輩所能望其項背也。所附《通釋》，《文獻通考》作一卷。此本乃宋嘉定壬申吳郡學舍所刻，實分三卷。《通考》蓋傳寫之誤云。」均足資參證。《宋史》卷二百三〈志〉第一百五十六〈藝文〉二〈編年類〉著錄：「呂祖謙《大事記》二十七卷。」恐誤。

建隆編一卷

《建隆編》一卷，陳傅良撰。蓋《長編》太祖一朝節略也。隨事考訂，併及累朝始末。慶元初，在經筵所上。

廣棪案：《宋史》卷二百六〈志〉第一百五十六〈藝文〉二〈別史類〉著錄：「陳傅良《建隆編》一卷，一名《開基事要》。」此書《文獻通考》卷一百九十三〈經籍考〉二十〈史・編年〉此條下引止齋〈自序〉曰：「本朝國書有日歷，有寶錄，有正史，有會要，有敕令，有御集，又有司專行指揮典故之類。三朝以上，又有寶訓，而百家小說、私史，與大夫行狀、誌銘之類，不可勝記。自李燾作《續通鑑》，起建隆元年，盡靖康元年，而一代之書，萃見於此，可謂備矣。然篇帙浩繁，文字重併，未爲成書，難以觀覽。今略依漢司馬遷〈年表〉大事記、溫公司馬光《稽古錄》與燾《舉要》，撮取其要，繫以年月，其上譜將相大臣除罷，而記其政事因革於下方。夫學之爲王事，非若書生務多而求博，雖章句言語皆不忍捨也。誠能考大臣之除罷，而識君子、小人進退消長之際；考政事之因革，而識取士、養民、治軍、理財之方，其後治亂成敗效出於此，斯足以成孝敬，廣聰明矣。故今所節略《通鑑》，如群臣奏疏，與其他年行與一時誥令出於代言之臣，苟非關於當年治道之大端，即不抄錄；或見於他書，實係治體不可不聞，而《通鑑》偶遺，即據某書添入。至於《通鑑》登載萬一有小小遺誤，亦略附著其說於下。若夫列聖深仁厚澤，垂裕後人，傳之萬世尤當循守者，必爲之論。但存本指，不加文采，深有冀於省察也。」可知傅良撰作此書之用心。傅良字君舉，號止齋，溫州瑞安人。《宋史》卷四百三十四〈列傳〉第一百九十三〈儒林〉四有傳。其〈傳〉曰：「傅良著述有《詩解詁》、《周禮說》、《春秋後傳》、《左氏章指》行于世。」獨闕此書。

讀書譜一卷

《讀書譜》一卷，陳傅良撰。自伏羲迄春秋終，以《易》、廣棪案：《文獻通考》「以《易》」作「於」。《書》、《詩》、《春秋》諸經，考世代而附著之。共和而下始有年數。

廣棪案：此書《解題》外，僅見《文獻通考》著錄。《通考》殆據《解題》，而個別文字有異同。書已佚，無可考矣。

紀年統紀論一卷

《紀年統紀論》一卷，永嘉朱黼文昭撰。黼從陳止齋學，嘗著《記年備遺》，起陶唐，終顯德，為百卷。蓋亦本《通鑑》、《稽古錄》，而擷其中論正統者為《統紀論》。是編葉水心序之。

廣棪案：《文獻通考》卷一百九十三〈經籍考〉二十〈史・編年〉著錄此條，下引水心葉氏〈序〉曰：「平陽朱黼因《通鑑》、《稽古錄》章別論者，始堯舜，迄五代，三千餘篇，述呂武、王莽、曹丕、朱溫，皆削其紀年，以從正統。曰：『吾爲書之志也，書法無大於此矣。報讎明恥，貴夏賤夷，其次也。凡民人家國之用、制度等威之異，皆爲說以處之；眾言之淆亂，則折而一之；訛謬之相承，則釐而正之。南北華戎之離合，爭奪之碎，人所厭簡，亦備論之。該括既多，而條目眾矣。所以存世次，觀興廢，本經訓，原事實，芟理蕪蔓，顯發精隱，扶樹正義，蒐舉墜逸。不以華爲辨，不以意爲覺。無偏駮之說，無新特之論。反而約之，知其能費而隱也；時而措之，知其能典而當也。』嗚呼！此豈非學者之所當盡其心歟！」足資參證。黼，《宋史翼》卷二十五〈列傳〉第二十五〈儒林〉三有傳。其〈傳〉曰：「朱黼字文昭，學於陳止齋，不事舉業。嘗著《紀年備遺》，始堯舜、迄五代，若呂武、王莽、朱溫，皆削其紀年，以從正統。葉水心序之，且云：『此書一出，義理所會，寶藏充斥，人始知其能傳陳氏學也。』躬耕於南蕩山，抱其學以終。《平陽縣志》。」〈傳〉中之《紀年備遺》，即此書。

皇朝編年舉要三十卷、備要二十卷、中興編年舉要十四卷、備要十四卷

《皇朝編年舉要》三十卷、《備要》二十卷、館臣案：《文獻通考》：《備要》亦作三

十卷。**《中興編年舉要》十四卷、《備要》十四卷，太學生莆田陳均平甫撰。均，丞相俊卿之從孫。端平初，有言於朝者，下福州取其書，由是得初品官。大抵依倣朱氏《通鑑綱目》。《舉要》者，綱也；《備要》者，目也；然去取無法，詳略失中，未為善書。**

廣棪案：《玉海》卷第四十七〈藝文‧編年〉「《國朝編年政要》」條載：「陳均《皇朝編年備要》三十卷。依朱文公《綱目》義例，據事實錄，不敢盡同其書法。」是《玉海》著錄均之書，僅一種。《四庫全書總目》卷四十七〈史部〉三〈編年類〉著錄：「《宋九朝編年備要》三十卷，兩淮鹽政採進本。宋陳均撰。均字平甫，號雲巖，莆田人。端平初有言是書於朝者，敕下福州宣取，賜均官迪功郎。馬端臨《文獻通考》載均《編年舉要》三十卷、《備要》三十卷，又有《中興舉要》十四卷、《備要》十四卷。今《中興舉要》、《備要》皆佚。此書前有紹定二年眞德秀〈序〉，稱《皇朝編年舉要》與《備要》合若干卷。則當時本共爲一書。今《舉要》亦佚，存者惟此編耳。其書取《日歷》、《實錄》及李燾《續通鑑長編》，刪繁撮要，勒成一帙。兼採司馬光、徐度、趙汝愚等十數家之書，博考互訂。始太祖至欽宗，凡九朝事蹟。欲其篇帙省約，便於尋閱，故苟非大事，則略而不書。林岊〈序〉謂取司馬氏之綱，而時有修飾；取李氏之目，而頗加節文；足以括其體例。然實以《通鑑綱目》爲式，特據事直書，不加褒貶耳。觀均〈自序〉，其宗旨可見也。」足資參證。錢大昕《潛研堂文集》卷二十八〈題跋〉二有〈跋九朝編年備要〉二篇，其一曰：「陳平甫《九朝編年備要》三十卷，不載於《宋史‧藝文志》，唯直齋陳氏嘗著於《錄》，而又譏其『去取無法』，近時秀水朱氏乃亟稱之。予讀其書，有大字，有分注，略仿紫陽《綱目》之例，而以宋人述宋事，不敢過爲褒貶之辭。且書成於南渡之世，故老舊聞未盡散失，間有可補正史之闕者，較之陳桱、商輅輩誠遠勝之矣。至如唐主景、北漢主鈞，同爲敵國，而鈞書『卒』，景書『死』；同一高麗王也，而徽與運書『卒』，顒與俁書『死』，此則義例之乖剌者，又不能曲爲之諱也。卷首有建安眞德秀、長樂鄭性之、直敷文閣林岊三〈序〉。岊字仲山，福州長樂人，淳熙十四年王容榜進士。開禧三年三月，除祕書郎。七月，除著作佐郎，以祖諱改除祕書丞。十月，出知衢州。見《中興館閣續錄》。」其二曰：「予初於袁又愷齋假讀此書，病其末卷多闕字，又借張沖之手鈔本校勘，則所闕正同。考《宋史‧理宗紀》，端平二年三月乙未，詔太學生陳均編《宋長編綱日》，補迪功郎，即是此書，但經進時更其名耳。而《直齋書錄》猶仍舊名，蓋未進御之前已刊行，伯玉所見與今本當不異，但今本標題稱『皇朝』，而伯玉改稱『九朝』何也？據眞、鄭、林三

〈序〉，似平甫別有《舉要》一書，今刊本編年之下空兩格，豈所闕者即『舉要』兩字歟？當訪之知者。」足資參考。惟錢氏似未重檢《解題》，故一則曰：「今本標題稱『皇朝』，而伯玉改稱『九朝』。」其實改稱「九朝」乃《四庫》本，《解題》與《文獻通考》均作「皇朝」。其二則曰：「似平甫別有《舉要》一書，今刊本『編年』之下空兩格，豈所闕者即『舉要』兩字歟？」其實《解題》著錄均之書，正有《舉要》與《備要》兩類，且分別著錄也。瞿鏞《鐵琴銅劍樓藏書目錄》卷第九〈史部〉二〈編年類〉著錄：「《皇朝編年備要》二十五卷、《補刊編年備要》五卷，影鈔宋本。題壺山陳均撰。紀太祖至欽宗事。平甫爲丞相正獻公從孫，侍從之下，獲睹國史及先儒諸書，博考互訂，輯脊成編。皇朝或作九朝，陳氏《書錄》亦作皇朝，並列《舉要》三十卷。或疑《舉要》已佚。案伯玉云：『《舉要》爲綱，《備要》爲目。』似當時分爲二書，各編三十卷。今綱目並列，出後人合并。此本每卷標題，編年下空二格，實即『舉要』二字，可證其未亡也。況眞文忠〈序〉稱書名曰《舉要備要》，是非二書明矣。伯玉譏其去取無法，詳略失中，國朝小長蘆叟則謂其簡而有要，勝於陳子經、薛方山之書。潛研錢氏謂書成南渡之世，故老舊聞未盡散失，有可補正史之闕者。至其書雖依朱子《綱目》大書分注之例，而以宋人紀宋事，但據事直書，不爲褒貶之詞，〈自序〉中亦及之。錢氏議其唐主景、北漢主鈞，同爲敵國，而鈞書卒，景書死；同一高麗王，而徽與運書卒，容與俁書死，爲義例乖剌。竊意平甫未嘗寓褒貶於一字，偶爾紀載參差，不足爲病也。此本鈔手甚舊，宋諱字多闕筆，每半葉八行，分注用小字雙行，每行大字十六，小字廿三，當爲明時印寫宋本。」是瞿氏所述，亦有不盡愜意於大昕所論者。陳均，《宋史翼》卷二十九〈列傳〉第二十九〈文苑〉四有傳。其〈傳〉曰：「陳均字平甫，福建莆田人。號雲巖，於丞相俊卿爲從孫。濡染家世舊聞，又時親炙於從父寺丞宓，刻勵自奮。宓在嘉定間，立朝有直聲，多均贊之。初肄業太學，及以累舉恩當大對，不就，歸著《皇朝舉要》、《備要》二書。端平初，簽樞鄭性之聞於朝，有旨令本軍繕錄以進，授迪功郎，辭不授。郡守楊棟延入郡學，爲諸生矜式，力辭不獲，深衣大帶，一至而返。閫帥王居安聞其名，延至福州，甚禮遇之。年七十餘卒。性之題其墓曰『篤行君子』。《福建通志》。」所記均之生平，足補《解題》之未及。

續百官公卿表十卷、質疑十卷

《續百官公卿表》十卷、《質疑》十卷，兵部尚書永嘉蔡幼學行之撰。續溫公舊書，起熙寧，至靖康。《質疑》者，考異也。

廣棪案：《宋史》卷二百三〈志〉第一百五十六〈藝文〉二〈職官類〉著錄：「蔡幼學《續百官公卿表》二十卷，又《續百官表質疑》十卷。」所著錄《公卿表》較《解題》多十卷。考《玉海》卷第一百十九〈官制·官名〉「熙寧《百官公卿表》」條載：「晁氏《志》：『《百官公卿表》一百四十二卷，司馬光等撰。卷數多，當考。光〈行狀〉云六卷。熙寧中，光建議欲據《國史》，旁采異聞，敘宋興以來百官除拜，效《漢書》作表，以便御覽。詔許之。光請宋敏求同修，敏求卒，請趙彥若繼之，歷十二年書成。』熙寧二年十一月甲子朔，翰林學士、史館修撰司馬光言：『欲據正史、實錄所載，旁采異聞，敘宋興以來迄今百官沿革、公卿除拜，倣《漢書》舊法，作《大宋百官公卿表》，以備奏御，便省覽。』從之。詔所用文字，委檢討官檢閱。是月命知制誥宋敏求同修。敏求卒元豐二年五月己巳，集賢校理趙彥若代之。元豐四年八月辛巳，二十七日。光、彥若上所修六卷。盡治平二年。《會要》云十卷。《國史》云六卷。自建隆元年至治平四年，依司馬遷法記大事於上方。書成，詔附于國史。一云後續修至十五卷。《書目》：『《百官公卿表》十五卷。彥若又自撰《宗室世表》三卷，詔進入，並送編修院，賜銀帛有差。』」據是，則《大宋百官公卿表》乃溫公建議修撰，先後同修者爲宋敏求與趙彥若。凡六卷，自建隆元年至治平四年。同書卷第四十七〈藝文·編年〉「熙寧《百官公卿表》、紹興《續百官公卿表》」條載：「紹興二十九年七月十七日戊戌，史院言：『知成都雙流縣李燾有《續皇朝百官公卿表》一百十二卷，內九十卷係私自編纂。乞給札鈔錄。』從之。蔡幼學亦爲《續公卿百官表》、《年曆大事記》、《備志辨疑》、《編年政要》、《列傳舉要》等百餘篇，《表》凡二十卷；《質疑》十卷，自治平訖紹興五年。」據是，李燾有《續皇朝百官公卿表》一百十二卷；而蔡幼學有《續公卿百官表》凡二十卷，《質疑》十卷，自治平訖紹興元年，乃續溫公書者。惟幼學此《表》，《解題》著錄作十卷，又謂「起熙寧至靖康」，顯與《玉海》所記不同。故疑此《表》應爲二十卷，直齋所得者乃不完之本，僅爲「起熙寧至靖康」部分。幼學字行之，溫州瑞安人。《宋史》卷四百三十四〈列傳〉第一百九十三〈儒林〉四有傳。其〈傳〉曰：「幼學早以文鳴于時，而中年述作，益窮根本，非關教化之大、由情性之正者，不道也。器質凝重，莫窺其際，終日危坐，一語不妄發。及辨論義理，縱橫闔闢，沛然如決江河，雖辯士不及也。嘗續司馬光《公卿百官表》，《年曆》、《大事記》、《備忘》、《辨疑》、《編年政要》、《列傳舉要》，凡百餘篇，傳于世。」即記此事。

續稽古錄一卷

《續稽古錄》一卷，祕書丞歷陽龔頤正養正撰。以續司馬光前錄，而序述繁釀。其記紹熙甲寅事，歸功於韓侂胄。頤正本名敦頤，避崇陵諱改焉。嘗撰《元祐黨籍譜傳》得官。韓氏用事時，賜出身入館，非端士也。此書正以右韓也。

廣棪案：《宋史》卷二百三〈志〉第一百五十六〈藝文〉二〈故事類〉著錄：「龔頤正《續稽古錄》一卷。」考《建炎以來朝野雜記》乙集卷十二「龔頤正《續稽古錄》」條云：「龔頤正字養正，和州歷陽人。曾祖原，尚書兵部侍郎。頤正本名敦頤，少舉進士不第。……光宗受禪，改今名。……頤正著《續稽古錄》，盛言侂胄定策之勳，由是擢兼資善堂小學教授，遷樞密院編修官。嘉泰元年秋，詔以頤正學問該博，賜進士出身，兼實錄院檢討官，付以三朝史事。是冬，遷祕書丞，未踰月卒。及侂胄死，有詔毀其《續稽古錄》焉。」可資參證。頤正，《宋史》無傳。《解題》所言之「崇陵」，乃指宋光宗陵。光宗即趙惇，頤正改名，蓋避光宗諱也。

歷代帝王纂要譜括二卷

《歷代帝王纂要譜括》二卷，餘姚孫應符仲潛撰。

廣棪案：《宋人傳記資料索引》載：「孫應符，字仲潛，餘姚人，介次子。嘗讀韓愈〈齪齪詩〉，因借其韻爲〈咄咄篇〉以自警。著有《歷代帝王纂要》二卷、《幼學須知》五卷。」此條《歷代帝王纂要》書名下，脫「譜括」二字。

蓋《紹運圖》之詳者也。

案：《紹運圖》，《解題》同卷〈編年類〉雖著錄，而所記不詳。《郡齋讀書志》卷第六〈雜史類〉則載：「《紹運圖》一卷。右未詳何人所撰。自伏羲迄皇朝神廟五德之傳及紀事，皆著於篇云。」據此，猶可略推悉其書內容梗概。《解題》既謂此書「蓋《紹運圖》之詳者」，則其內容殆與《紹運圖》相類而稍詳贍耳。

起居注類第四

〈唐志・起居注類〉，實錄、詔令皆附焉。今惟存《穆天子傳》及《唐創業起居注》二種，餘皆不存。故用《中興館閣書目》例，與〈實錄〉共為一類，而別出〈詔令〉。

廣棪案：《新唐書》卷五十八〈志〉第四十八〈藝文〉二〈起居注類〉著錄起居注凡三十九部，四千九百六十二卷；實錄凡二十八部，八百零二卷；詔令凡二十三部，五百四十二卷。《解題》謂〈唐志〉著錄之起居注書籍，今惟存郭璞注《穆天子傳》六卷，及溫大雅《大唐創業起居注》三卷二種，餘皆不存。故用《中興館閣書目》例，與〈實錄〉共爲一類，而別出〈詔令〉。其能不拘固常，因事制宜，法至善也。今考《中興館閣書目》，趙士煒輯考本。其〈起居注類〉共著錄起居注二種，實錄二十二種，另日曆二種；而《解題》之〈起居注類〉著錄起居注二種，實錄四十三種，而別出〈詔令類〉，上既有所承，而較〈新唐志〉之分類，則尤細密也。

穆天子傳六卷

《穆天子傳》六卷，晉武帝時汲冢所得書，其體制與起居注正同，郭璞為之注。

廣棪案：《郡齋讀書志》卷第九〈傳記類〉著錄：「《穆天子傳》六卷。右晉太康二年，汲縣民盜發古冢所得，凡六卷，八千五百一十四字，詔荀勗、和嶠等以隸字寫之云。按《春秋左氏傳》：『穆王欲肆其心，周行天下，將皆必有車轍馬跡焉。』此書所載即其事也。穆王好巡狩，得驊騮、騄耳之乘，造父爲御，以觀四荒。北絕流沙，西登崑崙，與太史公記同。汲郡收書不謹，多毀闕。雖其言不典，皆古書，頗可觀覽。郭璞注本謂之《周王遊行記》。勗之時，古文已不能盡識，時有闕者，又轉寫益誤，殆不可讀。」《通志》卷六十五〈藝文略〉第三〈史類〉第五〈起居注〉著錄：「《穆天子傳》六卷，汲冢古文，郭璞注。其言似今起居注。」《玉海》卷第五十八〈藝文・傳〉「《穆天子傳》」條載：「〈唐志〉：『《穆天子傳》六卷。』《晉書》云五篇。〈隋志〉：『六卷。汲冢書，郭璞注。〈起居注類〉。』晉時得汲冢書，有《穆天子傳》，體製與今起居正同，蓋周時內史所記王命之副也。……《中興書目》：『六卷。晉太康二年，汲郡民發古冢得之，其書言穆王遊行之事。侍中荀勗等校正，郭璞爲之注。〈序〉曰：「謹以一尺書紙寫上，請付祕書繕寫藏之。《中經》副在三閣，詔荀勗、和嶠等以隸字寫之，六卷，八千五百一十四字。」』。《書正義》、《漢書注》、《水經注》引之。」《四庫全書總目》卷一百四十二〈子部〉五十二〈小說家類〉三著錄：「《穆天子傳》六卷，兩江總督採進本。晉郭璞註。前有荀勖〈序〉。案〈束晳傳〉云：『太康二年，汲縣人不準盜發魏襄王墓，得竹書《穆天子傳》五篇，又《雜書》十九篇，周食田法、周書論楚事、周穆王美人盛姬事。』案今盛姬事載《穆天子傳》第六卷，蓋即〈束晳傳〉所謂《雜書》之一篇也。尋其文義，應歸此傳。〈束晳傳〉別出之，非也。此書所紀，雖多夸言寡實，然所謂西王母者，不過西方一國君；所謂縣圃者，不過飛鳥百獸之所飲食，爲大荒之圃澤，無所謂神仙怪異之事；所謂河宗氏者，亦僅國名，無所謂魚龍變見之說；較《山海經》、《淮南子》，猶爲近實。郭璞註《爾雅》，於『西至西王母』句，不過曰：『四方昏荒之國。』於『河出崑崙墟』句，雖引〈大荒西經〉，而不言其靈異。其註此書，乃頗引志怪之談。蓋釋經不敢不謹嚴，而箋釋雜書，則務矜博洽故也。案《穆天子傳》，舊皆入〈起居注類〉，徒以編年紀月，敘述西遊之事，體近乎起居注耳。實則恍惚無徵，又非《逸周書》之比。以爲古書而存之可也，以爲信史而錄之，則史體雜，史例破矣。今退置於〈小說家〉，義求其當，無庸以變古爲嫌也。」均足資參證。然此書仍宜歸〈起居注類〉。

起居注者，館臣案：原本脱此四字，今據《文獻通考》補入。**自漢明德馬皇后始，漢、魏以來因之。**

廣棪案：《隋書》卷三十三〈志〉第二十八〈經籍〉二〈起居注類〉載：「起居注者，錄紀人君言行動止之事。《春秋傳》曰：『君舉必書，書而不法，後嗣何觀？』《周官》，內史掌王之命，遂書其副而藏之，是其職也。漢武帝有《禁中起居注》，後漢明德馬后撰《明帝起居注》，然則漢時起居，似在宮中，爲女史之職。然皆零落，不可復知。今之存者，有漢獻帝及晉代以來起居注，皆近侍之臣所錄。晉時又得汲冢書，有《穆天子傳》，體制與今起居正同，蓋周時內史所記王命之副也。近代已來，別有其職，事在〈百官志〉，今依其先後，編而次之。其僞國起居，唯《南燕》一卷，不可別出，附之於此。」是〈起居注類〉書籍，實始於漢武帝時之《禁中起居注》，直齋以爲「自漢朝明德馬皇后始」，偶失檢耳。

唐創業起居注五卷

《唐創業起居注》五卷，館臣案：《唐書·藝文志》作三卷。唐工部尚書晉陽溫大雅彥弘撰。所載自起義至受禪，凡三百五十七日。其述神堯不受九錫，反復之語甚詳。愚嘗書其後曰「新史」。稱除隋之亂，比迹湯武。湯武未易比也，唐之受命正與漢高帝等爾。其不受九錫，足以掃除魏、晉以來欺天罔人之態，而猶不免曰受隋禪者，乃以尊立代王之故，曾不若以子嬰屬吏之為明白洞達也。

廣棪案：《郡齋讀書志》卷第五〈編年類〉著錄：「《大唐創業起居注》三卷。右唐溫大雅撰。紀高祖起義，至受隋禪用師符讖受命典冊事。」《通志》卷六十五〈藝文略〉第三〈史類〉第五〈起居注〉著錄：「《大唐創業起居注》三卷，溫大雅撰。」《玉海》卷第四十八〈藝文·記注〉「《唐創業起居注》」條載：「〈藝文志〉：『溫大雅工部尚書《大唐創業起居注》三卷。』《中興書目》：『三卷，起隋大業十二年為太原道安撫，盡義寧二年五月甲子即帝位。即武德元年。紀用師符讖受命典冊事。』」《宋史》卷二百三〈志〉第一百五十六〈藝文〉二〈編年類〉著錄：「《唐創業起居注》三卷，溫大雅撰。」是此書應爲三卷，《解題》作五卷，字之訛也。《四庫全書總目》卷四十七〈史部〉三〈編年類〉著錄：「《大唐創業起居注》三卷，浙江巡撫採進本。唐溫大雅撰。大雅字彥寵，并州祁人。官禮部尚書，封黎國公。事蹟具《唐書》本傳。是書〈唐志〉、〈宋志〉皆作三卷、惟《文獻通考》作五卷。此本上卷記起義旗至發引四十八日之事。中卷記起自太原至京城一百二十六日之事。下卷記起攝政至即眞一百八十三日之事。與《書錄解題》所云記三百五十七日之事者，其數相符。首尾完具，無所佚闕，不應復有二卷。《通考》殆訛三爲五也。大雅本傳稱：『高祖兵興，引爲記室參軍，主文檄。』則此書得諸聞見，記錄當眞。今取與〈高祖本紀〉相較，若劉仁恭爲突厥所敗，煬帝驛繫高祖。此書稱高祖側耳謂秦王曰：『隋運將盡，吾家繼膺符命。所以不早起兵者，爲爾兄弟未集耳。今遭羑里之厄，爾昆季須會盟津之師。』是興師由高祖，而〈本紀〉則謂舉事由秦王。又此書載隋少帝以夏四月詔曰：『今遵故事，遜於舊邸。』而〈本紀〉則繫之五月戊午。凡此之類，皆頗相牴牾。書中所謂大郎即建成，二郎即太宗，於太宗殊無所表異。胡震亨〈跋〉謂：『大抵載筆之時，建成方爲太子，故凡言結納賢豪，攻略城邑，必與太宗並稱。』殆其然歟？抑或貞觀十七年敬播、房元齡、許敬宗等所修《高祖實錄》，欲以刱業之功獨歸太宗，不能無所潤色也。觀大雅所諱，獨宮婢私侍一事耳。至於稱臣突厥，則以不用書而用啓，隱約其詞。而於煬帝命爲太原道安撫大使，則載高祖私喜此行，以爲天授。於煬帝命擊突厥，則載高祖私謂人曰：『天其或者將以畀余。』俱據事直書，無所粉飾，則凡與《唐史》不同者，或此書反爲實錄，亦未可定也。」足資參證。

唐高祖實錄二十卷

《唐高祖實錄》二十卷，唐給事河東敬播撰。案〈志〉稱房玄齡監修，許敬宗刪改。今本首題「監修國史許敬宗奉敕定」，而第十一卷題「司空房玄齡奉敕撰」，不詳其故。

廣棪案：《舊唐書》卷四十六〈志〉第二十六〈經籍〉上〈起居注類〉著錄：「《高祖實錄》二十卷，房玄齡撰。」《新唐書》卷五十八〈志〉第四十八〈藝文〉二〈實錄類〉著錄：「《高祖實錄》二十卷，敬播撰，房玄齡監脩，許敬宗刪改。」《崇文總目》卷二〈實錄類〉錢東垣輯釋本。著錄同。《郡齋讀書志》卷第六〈實錄類〉著錄：「《唐高祖實錄》二十卷。右唐房玄齡等撰。太宗詔玄齡與許敬宗、敬播同修，起創業，盡武德九年。貞觀十七年書成。」《玉海》卷四十八〈藝文・實錄〉「《唐高祖實錄》」條：「〈志〉：『《高祖實錄》二十卷，敬播撰，房玄齡監修，許敬宗刪改。』起創業，盡貞觀九年。」《宋史》卷二百三〈志〉第一百五十六〈藝文〉二〈編年類〉著錄：「《唐高祖實錄》二十卷，許敬宗、房玄齡等撰。」綜上所引，諸家著錄此書撰人均有所異同。檢《舊唐書》卷一百八十九上〈列傳〉第一百三十九上〈儒學〉上〈敬播〉載：「史（指《隋書》）成，遷著作郎，兼修國史。與給事中許敬宗撰《高祖》、《太宗實錄》，自創業至于貞觀十四年，奏之，賜物五百段。」《新唐書》同。《舊唐書》卷六十六〈列傳〉第十六〈房玄齡〉載：「（貞觀）十七年，……加玄齡太子太傅，仍知門下省事，監修國史如故。尋以撰《高祖》、《太宗實錄》成，降璽書褒美，賜物一千五百段。」《新唐書》房〈傳〉無載。《舊唐書》卷八十二〈列傳〉第三十二〈許敬宗〉載：「累遷給事中，兼修國史。（貞觀）十七年，以修《武德》、《貞觀實錄》成，封高陽縣男，賜物八百段，權檢校黃門侍郎。」《新唐書》卷二百二十三上〈列傳〉第一百四十八上〈姦臣〉上〈許敬宗〉載：「初，《高祖》、《太宗實錄》，敬播所撰信而詳。及敬宗身爲國史，竄改不平，專出己私。」綜上所記，則撰《高祖實錄》時，玄齡位最高，故〈新唐志〉稱監修，應符史實。而書成後，亦以玄齡賞褒最厚。敬播，其時任著作郎，兼修國史，位最微，故《高祖實錄》之撰，雖出播手。而書成，所賜最少。至《解題》稱播爲「唐給事」者，乃播於高宗永徽時所得官也。敬宗時遷給事中，兼修國史，地位在房、敬之間。播所撰雖「信而詳」，敬宗猶「竄改不平」，亦以職任刪改之故。至直齋所見本，首題敬宗「監修國史」，則史無明文，故《解題》謂「不詳其故」。至此書第十一卷處題「司空房玄齡奉敕撰」，蓋以玄齡領銜爲之，此題殆與〈舊唐志〉著錄同也。

唐太宗實錄四十卷

《唐太宗實錄》四十卷，案〈藝文志〉有《今上實錄》二十卷，敬播等撰，房玄齡監修。又有長孫無忌《太宗實錄》四十卷。今本惟題「中書令許敬宗奉敕撰」。蓋敬宗當高宗時用事，以私意竄改國史，《中興書目》言之詳矣。但今本既云許敬宗撰，而以為恐止是玄齡、無忌所進，則不可考也。

廣棪案：《舊唐書》卷四十六〈志〉第二十六〈經籍〉上〈起居注類〉著錄：「《太宗實錄》二十卷，房玄齡撰。」又：「《太宗實錄》四十卷，長孫無忌撰。」《新唐書》卷五十八〈志〉第四十八〈藝文〉二著錄：「《今上實錄》二十卷，敬播、顧胤撰，房玄齡監脩。」又：「長孫無忌《貞觀實錄》四十卷。」是〈新〉、〈舊唐志〉所著錄大體相同，然均無及於「中書令許敬宗奉敕撰」一事。至《郡齋讀書志》卷第六〈實錄類〉則著錄：「《唐太宗實錄》四十卷。右唐許敬宗等撰。起即位，盡貞觀二十三年。初，貞觀十七年，房玄齡、許敬宗、敬播撰《今上實錄》，止十四年，成二十卷。永徽五年，無忌與史臣續十五年後，盡昭陵事，合四十卷。其後敬宗改定。」《玉海》卷第四十八〈藝文・實錄〉「《太宗實錄》」條載：「〈志〉：『《今上太宗實錄》二十卷，敬播、顧胤撰，房玄齡監修。』盡貞觀十四年。《會要》：『貞觀十七年七月十六日癸巳，司空房玄齡、給事中許敬宗、著作郎敬播等上《高祖》、《今上太宗實錄》各二十卷，使諫議大夫褚遂良讀之。始讀太宗初生祥瑞，感動流涕曰：「朕富有四海，追思膝下，不可復得。」收卷遣編之祕閣，賜皇太子、諸王各一部。』封玄齡一子縣男，賜物千段，璽書褒美。〈敬播傳〉：『與敬宗撰《高祖實錄》，興創業，盡貞觀十四年。至是又撰《太宗實錄》，訖二十三年。』房喬嘗稱播為陳壽之流。《通鑑》：『貞觀十七年七月癸巳書成，上之。上見其書六月四日事，語多微隱，命削去浮辭，直書其事。初，上謂監修國史玄齡曰：「前世史官所記，皆不令人主見之，何也？」對曰：「史官不虛美隱惡，人主見之必怒，故不敢獻。」上曰：「朕欲自觀《國史》，知前日之惡，爲後來之戒。公可撰次以聞。」諫議大夫朱子奢上言云云，上不從。玄齡乃刪爲《高祖》、《今上實錄》。』」同書同卷〈藝文・實錄〉「唐《貞觀實錄》」

條載：「〈志〉：『長孫無忌《貞觀實錄》四十卷。』《會要》：『永徽元年閏五月二十三日，史官太尉無忌等修《貞觀實錄》畢，上之，起貞觀十五年，至二十三年五月，勒成二十卷，通前共四十卷。顯慶元年七月三日，史官太尉無忌、左僕射于志寧等修《國史》成，起義寧，盡貞觀末，凡八十一卷，藏其書於內府。至四年二月五日，中書令許敬宗等五人受詔，撰《貞觀二十三年以後至顯慶三年實錄》，成二十卷，添成一百卷，上以敬宗所記多非實錄，謂劉仁軌曰：「此既乖於實錄，何以垂之後昆。」《高祖》、《太宗實錄》，敬播所修，頗多詳直，敬宗輒以愛憎刪改，〈本傳〉所摘四事。』《書目》：『《太宗實錄》四十卷，許敬宗奉詔定，起初誕，盡貞觀二十三年八月。』《舊史》：『顧胤撰《太宗實錄》二十卷，永徽中。』」據上所引，則知《唐太宗實錄》一書，前後經三次修撰。貞觀十七年所上者爲第一次，起即位，盡貞觀十四年，凡二十卷，撰人爲敬播、顧嗣，房玄齡監修。永徽元年所上者爲第二次，起貞觀十五年，盡二十三年五月，凡二十卷，通前共四十卷，乃長孫無忌等所修。永徽四年二月五日，許敬宗等受詔撰《貞觀二十三年以後至顯慶三年實錄》爲第三次，凡二十卷。然「以敬宗所記多非實錄」，高宗深不以爲然。故至宋所傳之《唐太宗實錄》四十卷，乃即《中興館閣書目》所著錄者，由許敬宗奉詔定，起太宗初誕，而盡貞觀二十三年。其事彰彰可考。《解題》謂：「但今本既云許敬宗撰，而以爲恐止是玄齡、無忌所進，則不可考也。」因疑直齋於《唐太宗實錄》三次修撰及高宗深斥敬宗事，仍有所未照也。

唐高宗後修實錄十九卷

《唐高宗後修實錄》十九卷，唐左散騎常侍彭城劉知幾子玄、恆王傅汴州吳兢撰。案〈志〉，令狐德棻撰，止乾封，知幾續成之，故號「後修」。書本三十卷，今闕十一卷。

廣棪案：《舊唐書》卷四十六〈志〉第二十六〈經籍〉上〈起居注類〉著錄：「《高宗實錄》三十卷。許敬宗撰。」又：「《高宗實錄》一百卷，大聖天后撰。」《新唐書》卷五十八〈志〉第四十八〈藝文〉二〈實錄類〉著錄：「許敬宗《皇帝實錄》三十卷。」又：「《高宗後脩實錄》三十卷，初，令狐德棻撰，止乾封。劉知幾、吳兢續成。」又：「韋述《高宗實錄》三十卷。」又：「武后《高宗實錄》一百卷。」是兩〈唐志〉所著錄之《高宗實錄》凡四種，撰人、卷數有所異同。《解題》著錄者乃《後修實錄》一種，此書原三十卷，直齋所藏者僅十九卷，闕十一卷。《郡齋讀書志》卷第六〈實錄類〉著錄：「《唐高宗實錄》三十卷。右唐劉知幾等撰。起即位，盡永淳二年，凡二十九年。初，令狐德棻、許敬宗等撰錄，止顯慶三年，成二十卷，上之。後知幾與吳兢續成。」與《解題》著錄同，惟《解題》據〈新唐志〉謂「止乾封」，《郡齋讀書志》謂「止顯慶」爲稍異。《玉海》卷第四十八〈藝文・實錄〉「《唐高宗實錄》」條載：「〈志〉：『許敬宗《皇帝實錄》三十卷、《高宗後修實錄》三十卷。《崇文目》、《書目》止有後修。初，令狐德棻撰，止乾封。劉知幾、吳兢續成。起初載，盡永淳二年。初，顯慶四年，許敬宗等撰貞觀二十三年以後至顯慶三年，成二十卷。韋述《高宗實錄》三十卷。《武后高宗實錄》一百卷。』」是知此書始高宗永徽元年（650），盡永淳二年（683）。廣棪案：實應稱弘道元年。謂「止顯慶」者，據許敬宗所修，至顯慶三年（658）；謂「止乾封」者，據令狐德棻撰，至乾封二年（667）；由總章元年（668）至弘道元年（683），則劉知幾、吳兢所續成也。

唐則天實錄二十卷

《唐則天實錄》二十卷，吳兢撰。案〈志〉：「魏元忠等撰，劉知幾、吳兢刪正。」今惟題兢撰。武氏罪大惡極，固不應復入唐廟，而題主猶有「聖帝」之稱，至開元中，禮官有言乃去之。武氏不應有實錄，猶正史之不應有本紀。皆沿襲《史》、《漢》呂后例。惟沈既濟之〈論〉為正，而范氏《唐鑑》用之。《唐鑑》中宗嗣聖元年書至二十一年案神龍元年，黜武后光宅至長安並不用。

廣棪案：《新唐書》卷五十八〈志〉第四十八〈藝文〉二〈起居注類〉著錄：「《則天皇后實錄》二十卷，魏元忠、武三思、祝欽明、徐彥伯、柳沖、韋承慶、崔融、岑羲、徐堅撰，劉知幾、吳兢刪正。」《郡齋讀書志》卷第六〈實錄類〉著錄：「《唐則天實錄》二十卷。右唐吳兢撰。初，神龍二年，詔武三思、魏元忠、祝欽明、徐彥伯，柳同、崔融、岑羲、徐堅撰錄，三十卷。開元四年，兢與知幾刊修成此書，上之。起嗣聖改元甲申臨朝，止長安四年甲辰傳位，凡二十一年。」與《解題》同，《玉海》卷第四十八〈藝文・實錄〉「《唐則天實錄》」條載：「〈志〉：『《則天皇后實錄》二十卷。《書目》同。魏元忠、武三思、祝欽明、徐彥伯、柳沖、韋承慶、崔融、岑羲、徐堅撰，劉知幾、吳兢刪正。』……《會要》：『神龍二年五月，魏元忠至徐堅等修《則天實錄》三十卷、《文集》一百卷，上之。開元四年十一月十四日，子玄、兢重修《則天寶錄》三十卷，與《中》《睿實錄》同上。』」是此書《會要》作三十卷。大抵魏元忠等撰，成於神龍二年（706）；知幾、兢重修刪正，成於開元四年（716）。至《解題》所言沈既濟，其生平則《舊唐書》卷一百四十九〈列傳〉第九十九附其子〈沈傳師〉，《新唐書》卷一百三十二〈列傳〉第五十七有專傳。《舊唐書》記既濟事曰：「沈傳師字子言，吳人。父既濟，博通群籍，史筆尤工，吏部侍郎楊炎見而稱之。建中初，炎為宰相，薦既濟才堪史任，召拜左拾遺、史館修撰。既濟以吳兢撰《國史》，以則天事立本紀，奏議非之曰：『史氏之作，本乎懲勸，以正君臣，以維家邦。前端千古，後法萬代，使其生不敢差，死不忘懼。緯人倫而經世道，為百王準的，不止屬辭比事，以日繫月而已。故善惡之道，在乎勸誡；勸誡之柄，存乎褒貶。是以《春秋》之義，尊卑輕重升降，幾微髣彿，雖一字二字，必有微旨存焉。況鴻名大統，其可以貸乎？伏以則天皇后，初以聰明睿哲，內輔時政，厥功茂矣。及弘道之際，孝和以長君嗣位，而太后以專制臨朝，俄又廢帝，或幽或徙。既而握圖稱籙，移運革名，牝司燕啄之蹤，難乎備述。其後五王建策，皇運復興，議名之際，得無降損。必將義以親隱，禮從國諱，苟不及損，當如其常，安可橫絕彝典，超居帝籍？昔仲尼有言，必也正名，故夏、殷二代為帝者三十世矣，而周人通名之曰王，吳、楚、越之君為王者百餘年，而《春秋》書之為子。蓋高下自乎彼，而是非稽乎我。過者抑之，不及者援之，不為弱減，不為僭奪。握中持平，不振不傾，使其求不可得，而蓋不可掩，斯古君子所以慎其名也。夫則天體自坤順，位居乾極，以柔乘剛，天紀倒張，進以強有，退非德讓。今史臣追書，當稱之太后，不宜曰「上」。孝和雖迫母后之命，降居藩邸，而體元繼代，本吾君也，史臣追書，宜稱曰「皇帝」，不宜曰「廬陵王」。睿宗在景龍已前，天命未集，徒稟后制，假臨大寶，於倫非次，於義無名，史臣書之，宜曰「相王」，未宜曰「帝」。若以得失既往，遂而不舉，則是非褒貶，安所辨正？載筆執簡，謂之何哉？則天廢國家曆數，用周正朔，廢國家太廟，立周七廟。鼎命革矣，徽號易矣，旂裳服色，既已殊矣，今安得以周氏年曆而列為《唐書》帝紀？徵諸《禮經》，是謂亂名。且孝和繼天踐祚，在太后之前，而敘年製紀，居太后之下，方之躋僖，是謂不智；詳今考古，並未為可。或曰：「班、馬，良史也，編述漢事，立高后以續帝載，豈有非之者乎？」答曰：「昔高后稱制，因其曠嗣，獨有分王諸呂，負於漢約，無遷鼎革命之甚。況其時孝惠已歿，孝文在下，宮中二子，非劉氏種，不紀呂后，將紀誰焉？雖云其然，議者猶為不可，況遷鼎革命者乎？」或曰：「若天后不紀，帝緒缺矣，則二十二年行事，何所繫乎？」曰：「孝和以始年登大位，以季年復舊業，雖尊名中奪，而天命未改，足以首事，足以表年，何所拘閡，裂爲二紀？昔魯昭之出也，《春秋》歲書其居，曰：『公在乾侯。』且君在雖失位，不敢廢也。今請併〈天后紀〉合〈孝和紀〉，每於歲首，必書孝和所在以統之，書曰某年春正月，皇帝在房陵，太后行某事，改某制云云。則〈紀〉稱孝和，而事述太后，俾名不失正，而禮不違常，名禮兩得，人無間矣。其姓氏名諱，入宮之由，歷位之資，才藝智略，年辰崩葬，別纂錄入〈皇后傳〉，列於廢后王庶人之下，題其篇曰『則天順聖武后』云。」』事雖不行，而史氏稱之。」《解題》所謂「惟沈既濟之〈論〉爲正」者，實指既濟此奏議所論則天事也。至直齋所評「武氏罪大惡極」云云，亦就沈氏所論而概括言之。范祖禹撰《唐鑑》，其書卷七於「右高宗在位三十三年崩，年五十六」後，繼則爲「中宗嗣聖元年」，直書至「二十一年」，即「神龍元年」，是「黜武后光宅至長安並不用也」。《唐鑑》載：「神龍元年春正月癸卯，張柬之、崔玄暉、敬暉、桓彥範、袁恕己、李湛、薛思行、趙承恩、楊元琰、李多祚、崔泰之、朱敬則、冀仲甫、翟世言、王同皎率左右羽林兵迎帝于東宮，誅張易之、張昌宗、張同休、張昌儀、張景雄。甲辰大赦，改元。丙午，帝復於位，徙太后於上陽宮。二月甲寅，復國號曰唐。」繼而范氏之論曰：「臣祖禹曰：『昔季氏出其君，魯無君者八年，《春秋》每歲必書公之所在。及其居乾侯也，正月必書曰：「公在乾侯。」不與季氏之專國也。《春秋》昭二十五年九月己亥，公孫於齊，次於陽州。杜預云：「諱奔，故曰孫，若自孫讓而去位者。」陽州，齊魯境上邑。孫音遜。二十六年三月，公至自齊，居於鄆。二十七年同。二十八年，公如晉，次于乾侯，在魏郡斤丘縣晉境內邑。二十九年春，公至自乾侯，居于鄆。三十年春，王正月，公在乾侯。三十一年同。三十二年正月，公在乾侯，取闞。十二月己未，公薨於乾侯。自二十五年至三十二年，共八年。自司馬遷作〈呂后本紀〉，後世爲史者因之，故唐史亦列武后於本紀。其於紀事之體則實矣，《春秋》之法則未用也。或曰：「武后，母也；中宗，子也。母雖不慈，子不可以不孝。中宗欲以天下與韋元貞，不得爲無罪，武后實有天下，不得不列于本紀，不沒其實，所以著其惡也。」臣以爲不然。中宗之有天下，受之於高宗也。武后以無罪而廢其子，是絕先君之世也，況其革命乎！中宗曰：「我以天下與韋元貞，何不可？」此乃一時拒諫之忿辭，非實欲行之也。若以爲罪，則漢哀帝之欲禪位董賢，前佞幸〈董賢傳〉：「哀帝即位，賢隨太子官為郎。二歲餘，賢傳漏在殿下，為人美麗自喜，哀帝望見，悅其儀貌，識而問之，曰：『是舍人董賢邪？』因引上與語，拜為黃門郎，由是寵愛日甚。為駙馬都尉、侍中，旬月間，賞累鉅萬，貴振朝廷，常與上臥起。後上置酒麒麟殿，賢父子親屬宴飲。王閎兄弟、侍中、中常侍皆在側，上從容觀賢曰：『吾欲法堯舜禪，如何？』閎進曰：『天下乃高祖天下，非陛下之有也。統業至重，天子亡戲言。』上默然不悅。」禪音善。其臣亦可廢立也。《春秋》，吳楚之君不稱王，所以存周室也。《史・孔子世家》：「吳楚之君自稱王，而《春秋》貶之。」天下者，唐之天下也，武氏豈得而間之。故臣復係嗣聖之年，黜武氏之號，以爲母后禍亂之戒。竊取《春秋》之義，雖獲罪於君子而不辭也。』」是祖禹之論，猶沈既濟之論也。

唐中宗實錄二十卷

《唐中宗實錄》二十卷，吳兢撰。

廣棪案：《舊唐書》卷四十六〈志〉第二十六〈經籍〉上〈起居注類〉著錄：「《中宗皇帝實錄》二十卷，吳兢撰。」《新唐書》卷五十八〈志〉第四十八〈藝文〉二〈起居注類〉著錄：「吳兢《中宗實錄》二十卷。」《郡齋讀書志》卷第六〈實錄類〉著錄：「《唐中宗實錄》二十卷。右唐吳兢撰。起神龍元年復位，盡景龍四年，凡六年。」《玉海》卷第四十八〈藝文・實錄〉「《唐中宗實錄》」條載：「〈志〉：『吳兢《中宗實錄》二十卷，劉知幾《太上皇帝實錄》十卷。《書目》十卷，下止傳位。』……《中興書目》：『《中宗實錄》，起神龍元年復位，盡景龍四年八月傳位，凡六年。』」均足資參考。

唐睿宗實錄十卷

《唐睿宗實錄》十卷，劉知幾撰。〈志〉有二《錄》，五卷者為吳兢。今此十卷，當是知幾也。《館閣書目》亦別有五卷者。

廣棪案：《新唐書》卷五十八〈志〉第四十八〈藝文〉二〈起居注類〉著錄：「劉知幾《太上皇實錄》十卷。」又：「吳兢《睿宗實錄》五卷。」《玉海》卷第四十八〈藝文・實錄〉「《唐中宗實錄》」條載：「《中興書目》：『《睿宗實錄》十卷，起初誕，盡先天二年七月禪位，凡四年。又五卷，知幾、兢等撰。起藩邸，盡開元四年，其書互爲詳略。』」足資參證。《郡齋讀書志》卷第六〈實錄類〉著錄：「《唐睿宗實錄》十卷。右唐劉知幾撰。知幾與吳兢先修《太上皇實錄》，起初誕，止傳位，凡四年。後續修益，止山陵。」孫猛《郡齋讀書志校證》曰：「按《睿宗實錄》，〈新唐志〉卷二〈起居注類〉、《崇文總目》卷二、《玉海》卷四十八引《中興書目》、〈宋志〉卷二〈編年類〉俱著錄二本：一爲十卷，〈新唐志〉、《崇文總目》題〈太上皇實錄〉，劉知幾撰；一爲五卷，題《睿宗實錄》，吳兢撰。《中興書目》云：『《睿宗實錄》十卷，起初誕，盡先天二年七月禪位，凡四年；又五卷，知幾、兢等撰，起藩邸，盡開元四年，其書互爲詳略。』據此，《郡齋讀書志》著錄當爲十卷盡先天二年者。又，《唐會要》卷六十三謂：『開元四年十一月十四日，劉知幾、吳兢撰《睿宗實錄》二十卷成，以聞。』卷數獨異，不詳其故。」可備參考。案：《唐會要》著錄《唐則天實錄》，較〈新唐志〉及《郡齋讀書志》所著錄者多十卷。

唐玄宗實錄一百卷

《唐玄宗實錄》一百卷，題元載撰。蓋左拾遺令狐峘所為，而載以宰相監修也。史稱「事多漏略，拙於取棄，不稱良史」。峘，德棻五世孫也。

廣棪案：《新唐書》卷五十八〈志〉第四十八〈藝文〉二〈起居注類〉著錄：「《玄宗實錄》一百卷，令狐峘撰，元載監修。」著錄與《解題》同。惟〈新唐志〉另著錄：「張說《今上實錄》二十卷。說與唐穎撰，次玄宗開元初事。」又：「《開元實錄》四十七卷，失撰人名。」與此不同。《郡齋讀書志》卷第六〈實錄類〉著錄：「《唐玄宗實錄》一百卷。右唐元載等撰。起即位，盡上元三年，凡五十年。安史之亂，《玄宗起居注》亡。大曆中，史官令狐峘裒掇詔策，備一朝之遺闕，開元、天寶間，君臣事多漏略。」《玉海》卷第四十八〈藝文・實錄〉「《唐玄宗實錄》」條載：「〈志〉：『《開元實錄》四十七卷，失撰人姓名。張說《今上實錄》二十卷，說與唐穎撰，次玄宗開元初事。《玄宗實錄》一百卷，令狐峘撰，元載監修。』峘所纂開元、天寶間事，唯得諸家文集，編其詔冊，以備一朝之遺事，多漏略，名臣傳記，十無二三，不稱良史。《中興書目》：『一百卷，元載、令狐峘撰。起先天元年，盡上元三年，以大曆三年上，凡五十年。』」足資參證。元載字公輔，鳳翔岐山人，肅、代朝在相位。《舊唐書》卷一百一十八〈列傳〉第六十八、《新唐書》卷一百四十五〈列傳〉第七十有傳。令狐峘，《舊唐書》卷一百四十九〈列傳〉第九十九、《新唐書》卷一百二〈列傳〉第二十七有傳。《舊唐書》載：「令狐峘，德棻之玄孫。登進士第。祿山之亂，隱居南山豹林谷，谷中有峘別墅。司徒楊綰未仕時，避亂南山，止於峘舍。峘博學，貫通群書，有口辯，綰甚稱之。及綰爲禮部侍郎，修《國史》，乃引峘入史館。自華原尉拜右拾遺，累遷起居舍人，皆兼史職，修《玄宗實錄》一百卷、《代宗實錄》四十卷。

著述雖勤，屬大亂之後，《起居注》亡失，峘纂開元、天寶事，雖得諸家文集，編其詔策，名臣傳記十無三四，後人以漏落處多，不稱良史。大曆八年，改刑部員外郎。」《解題》所述，乃據《舊唐書》峘本傳。

唐肅宗實錄三十卷

《唐肅宗實錄》三十卷，館臣案：《文獻通考》作二十卷。**亦元載監修，不見史官姓名。**

廣棪案：《新唐書》卷五十八〈志〉第四十八〈藝文〉二〈起居注類〉著錄：「《肅宗實錄》三十卷，元載監脩。」與《解題》同。惟《郡齋讀書志》卷第六〈實錄類〉則著錄：「《唐肅宗實錄》三十卷。右唐元載等撰。起即位，盡後元年，凡六年。」《通志》卷六十五〈藝文略〉第三〈史類〉第五〈起居注〉著錄亦同。惟時以元載居相位，職任監修，書必非其所親撰。《玉海》卷第四十八〈藝文・實錄〉「《唐肅宗實錄》」條載：「〈志〉：『《肅宗實錄》三十卷，元載監修。』《中興書目》卷同，元載撰。起至德元，盡後元年，凡六年。《會要》：『元和七年六月，上讀《肅宗實錄》，見〈大臣傳〉多浮辭虛美，因宣與史官，令紀事詣實。』」劉兆祐《宋史藝文志史部佚籍考》上編〈已佚而無輯本者〉（二）〈編年類〉載：「《唐肅宗實錄》三〇卷，唐元載等撰。……按：《肅宗實錄》當修於代宗初年。檢《唐書・于休烈傳》云：『代宗嗣位，拜右散騎常侍，兼修國史。』是休烈當與修《肅宗實錄》者也。《唐會要》（卷六四）載：『元和七年（812）六月，上讀《肅宗實錄》，見〈大臣傳〉多浮詞虛美，因宣與史官記事每要指實，不得虛飾。』是知《肅宗實錄》不盡為直筆。」均足供參考。此書各家著錄為三十卷，《文獻通考》作二十卷，顯誤。

唐代宗實錄四十卷

《唐代宗實錄》四十卷，令狐峘撰。尤為漏略，不立房琯傳，不載顏真卿事跡。

廣棪案：《新唐書》卷五十八〈志〉第四十八〈藝文〉二〈起居注類〉著錄：「令狐峘《代宗實錄》四十卷。」《郡齋讀書志》卷第六〈實錄類〉著錄：「《唐代宗實錄》四十卷。右唐令狐峘撰。初，詔峘撰《實錄》，未成書，貶官，卒。元和二年，子丕上之。當時名臣如房琯，不立傳；抗直如顏眞卿，略而不載，時譏漏略。起寶應元年壬寅，止大曆十四年己未，凡十七年。」《玉海》卷四十八〈藝文・實錄〉「《唐代宗實錄》」條載：「〈志〉：『令狐峘《代宗實錄》四十卷。』《中興書目》同，起寶應元，盡大曆十四年，凡十七年。《會要》：『元和二年七月癸巳，太僕丞令狐丕進父峘所撰《代宗實錄》四十卷。』詔贈工部尚書。建中初受詔，撰未就，聽在外成書。當時名臣如房琯，而直諒如顏真卿，略而不載，時譏漏略。」可供參證。《解題》所述，殆據《郡齋讀書志》。

唐建中實錄十卷

《唐建中實錄》十卷，唐史館修撰吳郡沈既濟撰。其書止於建中二年十月既濟罷史官之日。

廣棪案：《新唐書》卷五十八〈志〉第四十八〈藝文〉二〈起居注類〉著錄：「沈既濟《建中實錄》十卷。」《崇文總目》卷二〈實錄類〉著錄：「《建中實錄》十卷。原釋：唐史館修撰沈既濟撰。起大曆十四年德宗即位，盡建中二年十月既濟罷史官之日。自作五例，所以異於常者：舉終必見始；善惡必評；月必舉朔；史官雖卑，出入必書；太子曰薨。自謂辭雖不足，而書法無隱云。見《文獻通考》。」錢東垣輯釋本。《解題》所述殆據《崇文總目》。《玉海》卷第四十八〈藝文・實錄〉「《唐建中實錄》」條載：「〈志〉：『沈既濟《建中實錄》十卷。』《舊史》、《崇文目》同。〈沈既濟傳〉：『撰《建中實錄》，時稱其能。』……《書目》：『《唐建中實錄》十五卷，左拾遺沈既濟撰，起大曆十四年，以建中二年十月終篇。既濟作五例：舉終必見始；善惡必評；月必舉朔；史官雖卑，出入必書；太子曰薨。自謂辭雖不足，而書法無隱云。』」足供參考。《中興館閣書目》著錄此書作十五卷，惟考以《舊唐書・沈傳師傳》載：「初，傳師父既濟撰《建中實錄》十卷，爲時所稱。」則此書應爲十卷，《中興館閣書目》之「五」字乃衍文也。

唐德宗實錄五十卷

《唐德宗實錄》五十卷，稱裴垍撰。亦監修宰相也。案〈志〉：「蔣乂、樊紳、林寶、韋處厚、獨孤郁撰。」垍，字弘中，河東人。

廣棪案：《新唐書》卷五十八〈志〉第四十八〈藝文〉二〈起居注類〉著錄：「《德宗實錄》五十卷，蔣乂、樊紳、林寶、韋處厚、獨孤郁撰，裴垍監脩。」與《解題》同。《郡齋讀書志》卷第六〈實錄類〉著錄：「《唐德宗實錄》五十卷。右唐裴垍等撰。起即位，盡貞元二十一年，凡二十五年。元和二年，詔蔣乂、樊紳、林寶、韋處厚、獨孤郁同修。五年，垍上之。」《玉海》卷四十八〈藝文・實錄〉「《德宗實錄》」條載：「(〈志〉)：『《德宗實錄》五十卷，蔣乂、樊紳、林寶、韋處厚、獨孤郁撰，裴垍監修。』《崇文目》同。《書目》同。裴垍等撰。凡二十五年。起建中元，盡貞元二十一年。《會要》：『元和二年二月詔撰《德宗實錄》，五年十月庚辰，宰臣裴垍與史官蔣武、韋處厚等五人撰，五十卷，獻之。』賜垍錦綵銀器。」足資參證。是此書元和二年奉詔撰，五年完成獻上。同修者蔣乂，《唐會要》作蔣武。考《新唐書》卷一百六十九〈列傳〉第九十四〈裴垍〉載：「裴垍字弘中，絳州聞喜人。……（元和）五年，暴風痺。……會垍與史官蔣武等上《德宗實錄》，（李）吉甫以垍引疾解史任，不宜冒奏，乃徙垍太子賓客，罷武等史官。」是《新唐書》垍〈傳〉亦作蔣武。惟蔣乂與蔣武固同屬一人。《新唐書》卷一百三十二〈列傳〉第五十七〈蔣乂傳〉載：「蔣乂字德源，常州義興人。……初名武，憲宗時因進見，請曰：『陛下今日偃武脩文，群臣當順承上意，請改名乂。』帝悅。」是其證。

唐順宗實錄五卷

《唐順宗實錄》五卷，唐史館修撰韓愈撰。見愈《外集》。案〈志〉稱：「韓愈、沈傳師、宇文籍撰，李吉父監修。」《新史》謂議者鬨然不息，卒竄定無完篇，以閹官惡其書禁中事切直故也。

廣棪案：《新唐書》卷五十八〈志〉第四十八〈藝文〉二〈起居注類〉著錄：「《順宗實錄》五卷，韓愈、沈傳師、宇文籍撰，李吉甫監脩。」與《解題》同。《郡齋讀書志》卷第六〈實錄類〉著錄：「《唐順宗實錄》五卷。右唐韓愈撰。起貞元二十一年乙酉正月，止永貞元年丙戌八月。初，韓愈撰錄禁中事爲切直，閹官不喜，訾其非實。文宗時，詔路隨刊正。隨建言：『眾議以刊修非是，李宗閔、牛僧孺謂史官李漢、蔣係皆愈之壻，不可參撰，俾臣下筆。臣謂不然，且愈之所書，非己自出，元和以來，相循逮今。漢等以嫌，無害公議，請條其甚謬誤者，付史官刊定。』詔擿去元和、永貞間數事爲失實，餘不復改。」《玉海》卷第四十八〈藝文・實錄〉「《唐順宗實錄》」條載：「〈志〉：『《順宗實錄》五卷，韓愈、沈傳師、宇文籍撰。李吉甫監修。』愈〈表〉云：『元和八年十一月，監修吉甫授臣以前史官韋處厚所撰《先帝實錄》三卷，云未周，悉令臣重修。臣與修撰傳師、直館籍等採訪修成五卷，削去常事，著其繫於政者，比舊《錄》十益六七，忠良、姦佞，莫不備書。去月二十九日進，今月四日重令刊正。其奉天功烈，更加尋訪，已據所聞載於首卷。』太和二年詔：『《實錄》所書德、順朝禁中事，起於謬傳，殊非信史，令史官詳正。』愈言禁中事頗切直，宦官惡之，屢言不實，故令路隋等刊正。開成二年三月，帝曰：『似未詳實。』〈路隋傳〉：『愈書禁中事切直，宦孺訾其非實，詔隋刊正。隋言：「愈所書非自出，元和以來相循逮今。」有詔擿貞元、永貞間數事爲失實，餘不復改。』景祐中編次《崇文總目》，《順宗實錄》有七本，皆五卷。五本略而二本詳。」足資參證。韓愈字退之，昌黎人。《舊唐書》卷一百六十〈列傳〉第一百一十有傳。其〈傳〉曰：「時謂愈有史筆，及撰《順宗實錄》，繁簡不當，敘事拙於取捨，頗爲當代所非。穆宗、文宗嘗詔史臣添改，時愈壻李漢、蔣係在顯位，諸公難之。而韋處厚竟別撰《順宗實錄》三卷。」惟處厚所撰，在愈之前，非於愈後別有所撰。《舊唐書》愈〈傳〉所記，未符史實。

唐憲宗實錄四十卷

《唐憲宗實錄》四十卷，題路隋撰。隋自長慶，與韋處厚同修撰，歷年久而未成，至文宗太和中，隋為監修，迺上之。案〈志〉稱：「沈傳師、鄭澣、宇文籍、蔣繫、李漢、陳夷行、蘇景裔館臣案：《唐書·藝文志》注作「蘇景允」。廣棪案：盧校本『裔』為『胤』。**撰。」蓋前後史官也。又稱：「杜元穎、韋處厚、路隋監修。」亦前後宰相也。**

廣棪案：《新唐書》卷五十八〈志〉第四十八〈藝文〉二〈起居注類〉著錄：「《憲宗實錄》四十卷，沈傳師、鄭澣、宇文籍、蔣係、李漢、陳夷行、蘇景胤撰，杜元穎、韋處厚、路隋監脩。景胤，弁子也，中書舍人。」《郡齋讀書志》卷第六〈實錄類〉著錄：「《唐憲宗實錄》四十卷。右唐路隨等撰。起即位，盡元和十五年。初，穆宗長慶二年，詔監修國史杜元穎與史官韋處厚、路隨、沈傳師、鄭澣、宇文籍等修《元和實錄》，未及成書。大和四年，隨與蘇景裔、陳夷行、李漢，蔣係續成，上之。統例取捨，皆出處厚焉。」《玉海》卷第四十八〈藝文·實錄〉「《唐憲宗實錄》」條載：「〈志〉：『《憲宗實錄》四十卷，沈傳師、鄭澣、宇文籍、蔣係、李漢、陳夷行、蘇景裔撰，杜元穎、韋處厚、路隋監修。』《中興書目》：『路隋等撰。起藩邸，盡元和十五年正月。』按《文宗實錄》：『長慶二年閏十月己亥，路隋以學士、處厚以舍人兼修撰，更日入史館。明年，詔元穎與傳師、滂、籍，與處厚、隋等分年編次，未及成。大和中，詔景裔、夷行、漢、係等續修，成四十卷。四年三月丁酉路隋進。《目錄》一卷。《目錄》今不存。上之時，大和四年也。賜錦綵、銀器。會昌元年四月又詔再修撰，與先撰成本同進。三年十月，宰臣李紳、史臣鄭亞等進重修四十卷，賜銀綵。大中二年十一月又詔止行舊本，其再修本，今不傳。』」均足資參證。路隋，《舊唐書》作隨，字南式，其先陽平人。《舊唐書》卷一百五十九〈列傳〉第一百九、《新唐書》卷一百四十二〈列傳〉第六十七有傳。《舊唐書》本傳載：「穆宗即位，遷司勳郎中，賜緋魚袋，與韋處厚同入翰林，爲侍講學士。……拜諫議大夫。依前侍講學士，將修《憲宗實錄》，復命兼充史職。……文宗即位，韋處厚入相，隨代爲承旨，轉兵部侍郎，知制誥。大和二年，處厚薨，隨代爲相時，拜中書侍郎，加監修國史。……及隨進《憲宗實錄》後，文宗復令改正永貞時事。……七年，兼太子太師，備禮冊拜。表上史官所修《憲宗》、《穆宗實錄》。」是《憲宗實錄》乃隋代處厚爲相，監修國史時，於太和七年表上。故此書題隋撰。《解題》所考不誤。

唐穆宗實錄二十卷

《唐穆宗實錄》二十卷，亦路隋監修，史官則蘇景裔、王彥威、楊漢公、蘇滌、裴休也。

廣棪案：《新唐書》卷第五十八〈志〉第四十八〈藝文〉二〈起居注類〉著錄：「《穆宗實錄》二十卷，蘇景胤、王彥威、楊漢公、蘇滌、裴休撰，路隋監脩。滌，字玄獻，冕子也，荊南節度使、吏部尚書。」《郡齋讀書志》卷第六〈實錄類〉著錄：「《唐穆宗實錄》二十卷。右唐路隨等撰。起即位，盡長慶四年。案《文宗實錄》：大和四年，隨與蘇景裔等上《憲宗實錄》，後有王彥威、楊漢公、蘇滌、裴休，並爲史官云。」《玉海》卷第四十八〈藝文・實錄〉「《唐穆宗實錄》」條載：「〈志〉：『《穆宗實錄》二十卷，蘇景胤、王彥威、楊漢公、蘇滌、裴休撰，路隋監修。』《書目》：『路隋等撰，起元和十五年正月，盡長慶四年十一月，凡五年。』〈隋傳〉云：『大和七年表上《憲》、《穆實錄》。』今案：上《憲錄》在四年。」均足參證。惟依《舊唐書・路隨傳》，初進《憲宗實錄》在大和四年；再表上《憲》、《穆實錄》在大和七年。〈路隋傳〉及《玉海》所述各據一端，故未周延。

唐敬宗實錄十卷

《唐敬宗實錄》十卷，監修李讓夷，史官陳商、鄭亞。

廣棪案：《新唐書》卷五十八〈志〉第四十八〈藝文〉二〈起居注類〉著錄：「《敬宗實錄》十卷，陳商、鄭亞撰，李讓夷監脩。商，字述聖，禮部侍郎，祕書監。」《郡齋讀書志》卷第六〈實錄類〉著錄：「《唐敬宗實錄》十卷。右唐李讓夷等撰。起長慶四年甲辰即位，止寶曆二年丁未，凡三年。武宗會昌中，詔史官陳商、鄭亞同修，讓夷監修，書成上之。」《玉海》卷四十八〈藝文．實錄〉「《唐敬宗實錄》」條載：「〈志〉：『《敬宗實錄》十卷，陳商、鄭亞撰，李讓夷監修。』《書目》：『李讓夷等撰，起長慶四年，盡寶曆二年，凡三年。會昌五年上，鄭亞等修撰。』均足資參證。李讓夷字達心，隴西人。《舊唐書》卷一百七十六〈列傳〉第一百二十六、《新唐書》卷一百八十一〈列傳〉第一百六有傳。

唐文宗實錄四十卷

《唐文宗實錄》四十卷，監修魏謩，史官盧耽、蔣偕、王渢、盧告、牛叢也。

廣棪案：《新唐書》卷五十八〈志〉第四十八〈藝文〉二〈起居注類〉著錄：「《文宗實錄》四十卷，盧耽、蔣偕、王渢、盧告、牛叢撰，魏謩監脩。耽，字子嚴，一字子重，歷西川節度使，同中書門下平章事。渢，字中德，歷東都留守。告，字子有，弘宣子也，歷吏部侍郎。」《郡齋讀書志》卷第六〈實錄類〉著錄：「《唐文宗實錄》四十卷。右唐魏謩等撰。起即位，盡開成五年，凡十四年。宣宗大中八年，史官蔣偕、牛叢、王渢、盧告同修。」《玉海》卷第四十八〈藝文．實錄〉「《唐文宗實錄》」條載：「〈志〉：『《文宗實錄》四十卷，盧耽、蔣偕、王渢、盧告、牛叢撰，魏謩監修。』《書目》、《崇文目》同，起寶曆二年，盡開成五年，凡十四年。《會要》：『大中八年三月，魏謩修成，上之。賜銀器、錦綵有差。孫甫曰：「高祖至文宗《實錄》，敘事詳備，差勝他書。」』」足資參證。魏謩字申之，鉅鹿人。五代祖文貞公徵，貞觀朝名相。《舊唐書》卷一百七十六〈列傳〉第一百二十六、《新唐書》卷九十七〈列傳〉第二十二有傳。《舊唐書》本傳載：「宣宗即位，……進階銀青光祿大夫，兼禮部尚書，監修國史。修成《文宗實錄》四十卷，上之。其修史官給事中盧耽、太常少卿蔣偕、司勳員外郎王渢、右補闕盧告、膳部員外郎牛叢，皆頒賜錦綵、銀器，序遷職秩。謩轉門下侍郎，兼戶部尚書。」可補《解題》之未及。

唐武宗實錄三十卷

《唐武宗實錄》三十卷，監修韋保衡。館臣案：原本脱此句，今據《唐書・藝文志》校補。

廣棪案：《新唐書》卷五十八〈志〉第四十八〈藝文〉二〈起居注類〉著錄：「《武宗實錄》三十卷，韋保衡監脩。」《四庫》館臣校補殆據此。考《郡齋讀書志》卷第六〈實錄類〉著錄：「《唐武宗實錄》一卷。右唐韋保衡等撰。武宗以後《實錄》皆亡，今存止會昌元年正月、二月。國朝宋敏求次道嘗補《宣宗實錄》三十卷、《懿宗實錄》三十卷、《僖宗實錄》三十卷、《昭宗實錄》三十卷、《哀帝實錄》八卷，通百二十八卷。世服其博聞。」是公武所見僅一卷，蓋所存者止會昌元年正、二月也。《玉海》卷第四十八〈藝文・實錄〉「《唐武宗實錄》」條載：「〈志〉：『《武宗實錄》三十卷，韋保衡監修。』五代時唯存一卷，《崇文目》一卷。《書目》：『皇朝宋敏求撰，二十卷。起開成五年正月，盡會昌六年三月，凡七年。』」是《玉海》亦云此書五代時唯存一卷。《中興館閣書目》著錄之二十卷，乃宋敏求所撰。今人孫猛《郡齋讀書志校證》曰：「《唐武宗實錄》一卷，〈新唐志〉卷二〈起居注類〉作三十卷，按《崇文總目》卷二、《書錄解題》卷四引《邯鄲書目》、《玉海》卷四十八、《五代會要》卷十八引賈緯奏俱云止存一卷。〈新唐志〉所著錄，乃據傳聞，不可據依，韋保衡所修《武宗實錄》，北宋時止存一卷。詳《唐史餘瀋》卷三『《武宗實錄》』條。」考岑仲勉《唐史餘瀋》卷三〈武宗〉「《武宗實錄》」條載：「今本《書錄解題》四云：『《唐武宗實錄》三十卷。』其後注云：『監修韋保衡，案原本脱此句，今據《唐書・藝文志》校補。』此後接云：『《宣宗實錄》三十卷，《懿宗實錄》二十五卷、《僖宗實錄》三十卷、《昭宗實錄》三十卷、《哀宗實錄》八卷。』案〈唐志〉惟有《武宗實錄》三十卷，其後皆未嘗修纂，更五代，《武錄》亦不存，《邯鄲書目》惟存一卷而已。五錄者，龍圖閣直學士常山宋敏求次道追述爲書，案《兩朝史志》初爲一百卷，其後增益爲一百四十八卷，今案《懿錄》三十五卷，止有二十五卷，而始終皆備，非闕也，實一百四十三卷。如上所說，《宣》、《懿》、《僖》、《昭》、《哀》五錄實百四十三卷，今依文以散合總，止得百二十三卷；如并《武錄》言之，又爲百五十三卷，超出十卷，且如是則應云六錄，非五錄也。抑《武錄》是唐修，非敏求撰也。反覆求之，乃知今本《解題》，實由四庫修書諸臣自作聰明，妄爲注改，故表露此矛盾現象。蓋《解題》所錄，皆陳氏書櫥之品，陳氏明云『更五代，《武錄》

亦不存』，將何從搜羅此韋保衡監修三十卷本之《武錄》珍帙乎？考《宋史》二〇三，〈藝文志〉：『《唐武宗實錄》二十卷、《唐宣宗實錄》三十卷、《唐懿宗實錄》二十五卷、《唐僖宗實錄》三十卷、《唐昭宗實錄》三十卷、《唐哀宗實錄》八卷，並宋敏求撰。』同書一九一，〈敏求傳〉『補唐武宗以下六世《實錄》百四十八卷』，是敏求所補凡六錄，非五錄，如陳氏所搜宋《錄》缺《武錄》，釋文何以不提？如陳氏搜得前代所缺之韋修《武錄》，何未見自矜珍本？唯修四庫書者弗細閱陳注，強以《解題》之《武錄》，爲唐代所修，於是將《武錄》二十卷改爲三十卷，以符〈新志〉之數矣，『六錄者』改爲『五錄者』，以符《解題》錯改後之數矣。今若將《武錄》三十卷正爲二十卷，刪卻校補之『監修韋保衡』五字，又將『五錄者』正爲『六錄者』，斯陳氏所釋，完全可通，清臣此種妄改，試參當日底稿，必可見其道迹，行將有以實吾說也。韋修《武錄》，北宋時已幾全部散失，除《解題》外，可於下舉各事見之：如後梁龍德元年二月，史館請修《唐史》奏：『如記得前朝會昌已後公私，亦任鈔錄送官，皆須直書，不用文藻。』（《全唐文》九六九）後唐長興三年十二月，史館請下兩浙荊湖購募野史奏曰：『當館昨爲大中以來，迄於天祐，四朝實錄尙未纂修。』（《全唐文》九七一）賈緯上《唐年補遺錄》奏：『武宗至廢陰（？）廢帝凡六代，唯有《武宗實錄》一卷，餘皆缺落。』（《全唐文》八五六）又如《冊府元龜》，祥符六年修成，書中所載會昌年事迹甚少，知後晉及祥符時，其本已不完。《崇文總目》：『《武宗實錄》一卷，韋保衡監修。』《邯鄲書目》（皇祐己丑李淑〈自序〉）亦衹存一卷，知慶歷、皇祐間存者確衹一卷。《通鑑考異》所引《武宗實錄》，雖未著明，然《考異》二二，會昌三年下有云：『按《實錄》，辛未……丙子……，不知宋據何書，得此辛未及丙子日也。』宋指敏求，知治平、元豐間，司馬氏所見，不過宋補《實錄》。夫《新書》之修，時在慶歷至嘉祐，其五八〈藝文志〉竟著錄『《武宗實錄》三十卷，韋保衡監修』，豈前此自後晉至宋皇祐，後此自治平至元豐，均不得見者，獨慶歷、嘉祐間韋修《武錄》乃曇花一見乎？至和二年，『十月，歐陽修言唐自武宗以下，並無《實錄》，以傳記別說考證虛實，尙慮缺略，聞西京內中省寺留司御史臺及鑾和諸庫，有唐朝至五代已來奏牘案簿尙存，欲差編修官呂夏卿詣彼檢討。從之。』（據〈修唐書史臣表〉引）有以知其不然也。〈新志〉著錄唐代各《實錄》下，監修官而外，都並舉撰人，今《武錄》撰人不詳，然則〈新志〉第據所聞以纂入，並未親見全書，清代諸臣不予深究，無怪乎妄改《解題》矣。《崇文總目》錢繹校語云：『按《玉海》引《崇文目》同，諸家書目並三十卷，〈宋志〉二十卷。』則不知一卷者舉其實存，三十卷者溯其原有也。〈宋志〉所錄乃敏求書，非唐代原修本，錢混而一之，與清臣編《解題》者誤同。姚應績《讀書後志》一云：『《唐武宗實錄》一卷，右唐韋保衡等撰，武宗以後《實錄》皆亡，今存止會昌元年正月、二月。國朝宋敏求次道嘗補《宣宗實錄》三十卷、《懿宗實錄》三十卷、《僖宗實錄》三十卷、《昭宗實錄》三十卷、《哀宗實錄》八卷，通一百二十八卷，世服其博聞。』觀此，知《崇文目》存唐修《武錄》一卷，止屬會昌元年正、二月，可反映《考異》所引之必爲宋補。又五錄通一百二十八卷，再加《武錄》二十卷，正合一百四十八卷之數。惟陳振孫堅謂《懿錄》止二十五卷，首尾無闕，則未知稱三十卷者爲傳訛，抑當日編卷不同耳。抑《解題》釋文『今案《懿錄》三十五卷』，由此又可決『五』字是衍，應正作『今案《懿錄》三十卷』，蓋非如是，無以合乎百四十八之數也。」岑氏考證翔實，足知今本《解題》「《唐武宗實錄》三十卷」條及其後之案語，皆《四庫》館臣妄爲注改，非直齋《解題》原本面目，不足據也。

宣宗實錄三十卷、懿宗實錄二十五卷、僖宗實錄三十卷、昭宗實錄三十卷、哀帝實錄八卷

《宣宗實錄》三十卷、《懿宗實錄》二十五卷、《僖宗實錄》三十卷、《昭宗實錄》三十卷、《哀帝實錄》八卷。案：〈唐志〉惟有《武宗實錄》三十卷，其後皆未嘗修纂。更五代，《武錄》亦不存，《邯鄲書目》惟存一卷而已。五錄者，龍圖閣直學士常山宋敏求次道追述為書。案《兩朝史志》：「初為一百卷，其後增益為一百四十八卷。」今案《懿錄》三十五卷，止有二十五卷，而始終皆備，非闕也。實一百四十三卷。廣棪案：盧校本「一百四十三卷」為「一百二十三卷」。**《館閣書目》又言：「闕第九一卷。」今本亦不闕云。**

廣棪案：《郡齋讀書志》卷第六〈實錄類〉著錄：「《唐武宗實錄》一卷。右唐韋保衡等撰。武宗以後，實錄皆亡，今存止會昌元年正月、二月。國朝宋敏求次道嘗補《宣宗實錄》三十卷，《懿宗實錄》三十卷、《僖宗實錄》三十卷、《昭宗實錄》三十卷、《哀帝實錄》八卷，通百二十八卷。世服其博聞。」《玉海》卷四十八〈藝文・實錄〉「《唐武宗實錄》」條載：「(〈志〉)：『《宣宗實錄》三十卷，敏求撰。起藩邸，盡大中十四年二月。』」同書同卷「宋朝續唐錄」條載：「《書目》：『《會要》：「《實錄》。廣棪案：即《武宗實錄》。二十卷、《宣》、《懿》、《僖》、

《昭實錄》各三十卷、《哀帝實錄》八卷。合一百四十八卷。」今《懿宗》二十五卷。』」《宋史》卷二百三〈志〉第一百五十六〈藝文〉二〈編年類〉著錄：「《唐武宗實錄》二十卷、《唐宣宗實錄》三十卷、《唐懿宗實錄》二十五卷、《唐僖宗實錄》三十卷、《唐昭宗實錄》三十卷、《唐哀宗實錄》八卷。並宋敏求撰。」均足資參證。惟有關《懿宗實錄》之卷數，《解題》所著錄無論作三十五卷或二十五卷，均與《郡齋讀書志》作三十卷不同；而直齋云：「今案《懿錄》三十五卷，止有二十五卷，而始終皆備，非闕也。」〈宋志〉正作二十五卷，與《解題》同。敏求字次道，《宋史》卷二百九十一〈列傳〉第五十附其父〈宋綬〉。其〈傳〉曰：「敏求家藏書三萬卷，皆略誦習，熟於朝廷典故，士大夫疑議，必就正焉。補唐武宗以下六世《實錄》百四十八卷，它所著書甚多，學者多咨之。」是敏求所撰《懿宗實錄》應爲三十卷，方符六世《實錄》百四十八卷之數。

後唐莊宗實錄三十卷

《後唐莊宗實錄》三十卷，監修趙鳳，史官張昭遠撰。天成四年上。

廣棪案：《通志》卷六十五〈藝文略〉第三〈史類〉第五〈起居注〉著錄：「《後唐莊宗實錄》三十卷，後唐趙鳳，史官張昭遠等修獻祖、懿祖、太祖爲《紀年》，莊宗爲《實錄》。」《宋史》卷二百三〈志〉第一百五十六〈藝文〉二〈編年類〉著錄：「《五代唐莊宗實錄》三十卷，並趙鳳、張昭遠等撰。」《宋史藝文志史部佚籍考》上編〈已佚而無輯本者〉（二）〈編年類〉載：「《五代唐懿宗紀年錄》一卷，五代趙鳳、張昭遠等撰。《五代唐獻祖紀年錄》一卷，五代趙鳳、張昭遠等撰。《五代唐莊宗實錄》三〇卷，五代趙鳳、張昭遠等撰。鳳，後唐幽州人，仕梁，爲博州刺史判官，遷鄆州節度判官。後唐莊宗取鄆州，得鳳以爲扈鑾學士。同光二年（624）授禮部侍郎；天成四年（929）拜門下侍郎同中書門下平章事，尋罷爲安國軍節度使。清泰初召還，授太子太保，二年（935）卒。事蹟具《五代史》（卷六七）、《新五代史》（卷二八）本傳。昭遠，有《朱梁列傳》（一五卷）已著錄。……按：諸錄之修撰，事在後唐明宗天成三年（928）。檢《五代會要》（卷一八）『脩國史』條云：『後唐天成三年十二月，史館奏：「據左補闕張昭狀，嘗讀國書，伏見懿祖昭烈皇帝自元和之初，獻祖文景皇帝於太和之際，立功王室，陳力國朝。太祖武皇帝自咸通後來，勤王戮力，剪平多難，頻立大功，三換節旄，再安京國。莊宗皇帝親平大憝，奄有中原。儻闕編脩，遂成湮墜。伏請與當館脩撰參序條綱，撰《太祖莊宗實錄》者。伏見前代史館，歸於著作，國初分撰《五代史》，方委大臣監脩。自大歷後來，始奏兩員脩撰，當時選任，皆取良能，一代之書，便成於手。其後源流失緒，波蕩不還，冒當脩撰之名，曷揚褒貶之職？及乎編脩大典，即云別訪通才，況當館職在編脩，合令撰述。」敕宜依。』《五代史・明宗本紀》不載此事。《宋史・張昭傳》亦云：『後唐天成三年，以《武宗》、《莊宗實錄》未修，詔正國節度盧質、西川節度何瓚、祕書監韓彥輝纘錄事迹。瓚上言：「昭有史材，嘗私撰《同光實錄》十二卷，又聞其欲撰《三祖志》並昭宗朝賜武皇制詔誥九十餘篇，請以昭所撰送史館，拜昭爲左補闕、史館修撰，委之撰錄。」昭以懿祖、獻祖、太祖並不踐帝位，仍補爲《紀年錄》二十卷，又撰《莊宗實錄》三十卷上之。』……陳《錄》云諸《錄》於天成四年（929）上，事當在七月。《五代會要》（卷一八）云：『後唐天成四年七月，監修國史趙鳳奏：「當館奉敕脩懿祖、顯祖、太祖、莊宗四帝《實錄》，自今年六月一日起手，旋具進呈。伏以凡關纂述，務合品題，承乾御宇之君，行事方云實錄，追尊冊號之帝，約文祇可紀年。所脩前件史書，今欲自莊宗一朝，名爲實錄；其太祖已上，並目爲紀年錄。」從之。其年十一月，史館上《新脩懿祖太祖紀年錄》共二十卷、《莊宗實錄》三十卷，監脩宰臣趙鳳，修撰張昭遠、呂咸休，各賜繒綵銀器等。』」足資參證。

後唐明宗實錄三十卷

《後唐明宗實錄》三十卷，監修姚顗、史官張昭遠等撰。清泰三年上。

廣棪案：《崇文總目》卷二〈實錄類〉著錄：「《後唐明宗實錄》三十卷，姚顗等撰。」錢東垣輯釋本。《通志》、〈宋志〉著錄同。《宋史藝文志史部佚籍考》上編〈已佚而無輯本者〉（二）〈編年類〉載：「《五代唐明宗實錄》三〇卷，五代姚顗等撰。顗，字百眞，京兆長安人，少惷，不修容止，時人莫之知。事梁爲翰林學士、中書舍人。莊宗滅梁，貶復州司馬，擢尙書左丞。廢帝立，欲擇宰相，選當時清望官知名於世者，得盧文紀及顗，乃拜顗中書侍郎、同中書門下平章事。晉高祖立，罷爲戶部尙書，卒年七十五。事迹具《五代史》（卷九二）、《新五代史》（卷五五）本傳。……按：詔修《明宗實錄》，在廢帝清泰二年（935）。《五代史・廢帝本紀》不載。《宋史・張昭傳》云：『清泰二年，召判史館，預修《明宗實錄》。』三年二月，書成三十卷，門下侍郎平章事監修國史姚顗上之，同修撰官張昭遠、李祥，直館左拾遺吳承範，右拾遺楊昭儉等，各頒賚有差。」足資參證。

後唐廢帝實錄十七卷

《後唐廢帝實錄》十七卷，張昭、館臣案：《東都事略》本傳舊名「昭遠」，避漢祖諱，止稱「昭」。**尹拙、劉溫叟撰。案昭本傳撰《梁均王》、《郢王》、《後唐愍帝》、《廢帝》、《漢隱帝實錄》，惟梁二王年祀浸遠，事皆遺失，遂不修。餘三帝《實錄》皆藏史閣，周世宗時也。蓋昭本撰《周祖實錄》，以其歷試之迹多在漢隱帝時，故請先修《隱錄》，因併及前代云。**

廣棪案：《崇文總目》卷二〈實錄類〉著錄：「《後唐廢帝實錄》十七卷，張昭等撰。」錢東垣輯釋本。〈宋志〉同。《通志》卷六十五〈藝文略〉第三〈史類〉第五〈起居注〉著錄：「《後唐廢帝實錄》十七卷，宋朝張昭、劉溫叟同修。」昭，《宋史》卷二百六十三〈列傳〉第二十二有傳。其〈傳〉曰：「張昭字潛夫，本名昭遠，避漢祖諱，止稱昭。……顯德元年，遷兵部尚書。世宗以昭舊德，甚重焉。二年，表求致仕，優詔不允，促其入謁。嘗詔撰《制旨兵法》十卷，又撰《周祖實錄》三十卷，及《梁郢王》、《均帝》、《後唐閔帝》、《廢帝》、《漢隱帝五朝實錄》；梁二主年祀寖遠，事皆遺失，遂不克修，餘三帝《實錄》，皆藏史閣。」與《解題》同，惟「均王」作「均帝」爲畧異。

晉高祖實錄三十卷、晉少帝實錄二十卷

《晉高祖實錄》三十卷、《晉少帝實錄》二十卷，監修竇正固，史官賈緯、王伸、竇儼等撰。周廣順元年上。正固字體仁，同州人。相漢至周，罷歸洛陽，國初卒。

廣棪案：《崇文總目》卷二〈實錄類〉著錄：「《晉高祖實錄》三十卷，竇貞固等撰。《晉少帝實錄》二十卷，竇貞固等撰。」錢東垣輯釋本。《通志》卷六十五〈藝文略〉第三〈史類〉第五〈起居注〉著錄：「《晉高祖實錄》三十卷，漢竇貞固，史官賈緯等修。《晉少帝實錄》二十卷，竇貞固等修。」《宋史》卷二百三〈志〉第一百五十六〈藝文〉二〈編年類〉著錄：「《五代晉高祖實錄》三十卷、《五代晉少帝實錄》二十卷，並竇貞固等撰。」名均作「貞固」，《四庫》本《解題》作「正固」者，蓋避清世宗諱也。《宋史藝文志史部佚籍考》上編〈已佚而無輯本者〉（二）〈編年類〉載：「《五代晉高祖實錄》三〇卷，宋竇貞固等撰。《五代晉少帝實錄》二〇卷，宋竇貞固等撰。貞固，字體仁，同州白水人。幼能屬文，後唐同光中進士，補萬全主簿。晉祖在藩，以貞固廉介，重之。及即位，累擢

門下侍郎。出帝即位，遷刑部尚書。入漢，拜司空，門下侍郎平章事，加司徒。太祖即位，加兼侍中，俄罷相，守司徒，封沂國公。世宗時歸洛陽，開寶二年（969）病困，自爲〈墓誌〉，卒，年七十八。事迹具《宋史》（卷二六二）本傳。……按：漢乾祐二年（949）十二月，詔監修國史蘇逢吉，與史館修撰賈緯並竇儼、王伸等，修《晉朝實錄》呈進，此乃宰臣竇貞固所奏請。今檢《全唐文》（卷八六五）載竇貞固撰〈請纂集晉朝實錄疏〉，曰：『臣伏睹上自軒、昊，下及隋、唐，歷代帝王，享國年月，莫不裁成信史，載在明文。或編修祇自於本朝，或追補亦從於來者，曾無漏略，咸有排聯，蹤迹相尋，源流可別。五運生成之道，於是乎彰明；一時褒貶之書，因茲而昭著。古既若此，今乃宜然。輒敢上言，庶裨有作。伏以晉高祖洎少帝，兩朝臨御，一紀光陰。雖金德告衰，蓋歸曆數；而炎靈復盛，固有階緣。先皇昔在初潛，曾經所事；舜有歷試之迹，禹陳俾義之功，載尋發漸之由，實謂開基之本。近見史臣修《高祖實錄》，神功聖德，靡不詳明；述漢之興，由晉而起。安可遺落朝代，廢缺編修？更若日月滋深，耳目不接，恐成湮沒，莫究端由。伏惟皇帝陛下，德洽守文，功宣下武。化家爲國，備觀王業之源；續聖繼明，益表帝圖之美。舊章畢舉，墜典聿修。伏乞睿慈，敕史官纂集《晉朝實錄》。』同書同卷復載竇貞固〈進晉朝實錄疏〉，曰：『臣監修國史，時奉詔修《晉朝實錄》。伏以皇帝陛下武功定業，文德化民，《河圖》《雒書》，將薦聖明之瑞；商俗夏諺，無輕典誥之資。厚言貽誡以宏心，彰往考來而在念。臣等任叨南、董，才愧班、荀，屬辭虧朗暢之功，總論寡精微之識。秩無文於昭代，浪塞闕如；收敗韻於傳聞，冀開來者。奉茲鉛槧，賞以油緗。同傾獻狀之心，上副成書之命。所撰《晉高祖實錄》三十卷，《少帝實錄》二十卷，謹詣東山閤門呈進。』」足資參證。

漢高祖實錄十七卷

《漢高祖實錄》十七卷，監修蘇逢吉，史官賈緯等撰。乾祐二年上。書本十二卷，廣棪案：《文獻通考》作「二十卷」，《四庫》本文字倒乙。**今缺末三卷。《中興書目》作十卷。**

廣棪案：《崇文總目》卷二〈實錄類〉著錄：「《漢高祖實錄》二十卷，蘇逢吉等撰。繹按：舊本高祖訛作高帝，今校改。《書錄解題》十七卷，云：『書本二十卷，今闕末三卷，《中興書目》作十卷。』《通考》亦作十七卷、〈宋志〉十卷。」錢東垣輯釋本。《通志》卷六十五〈藝文略〉第三〈史類〉第五〈起居注〉著錄：

「《漢高祖實錄》二十卷，漢蘇逢吉等修。」是此書著錄卷數頗有異同。《解題》著錄作「十七卷」者，殆以直齋所藏缺末三卷。《宋史藝文志史部佚籍考》上編〈已佚而無輯本者〉（二）〈編年類〉載：「《五代漢高祖實錄》一〇卷，五代蘇逢吉等撰。逢吉，京兆長安人，少嫻筆札。高祖鎭河東，父悅爲高祖從事，逢吉常代悅作奏記，悅乃言之高祖，高祖召見，爲節度判官，甚愛之。然爲人貪詐無行，喜爲殺戮。高祖嘗以生日，遣疏理獄囚以祈福，謂之靜獄。逢吉入獄中閱囚，無輕重曲直，悉殺之以報。曰：『獄靜矣！』高祖建號，拜中書侍郎，同中書門下平章事，朝廷大事，皆出其手。然素不學問，隨事裁決，出其意見，尤納賄賂，市權鬻官，謗者讙譁。周太祖至北郊，逢吉素與有隙，與隱帝出走，自殺於民舍。事迹具《五代史》（卷一〇八）、《新五代史》（卷三〇）本傳。……按：《五代會要》（卷一八）云：『漢乾祐二年二月，敕左諫議大夫史館修撰賈緯、左拾遺直史館王伸，宜令同修《高祖實錄》，仍令宰臣蘇逢吉監修。至其年十月，修成《實錄》二十卷，上之。』今檢《全唐文》（卷一二一）載漢隱帝〈修高祖實錄敕〉，曰：『載唐、虞之盛，傳彼古文；明得失之由，存乎信史。恭惟高祖皇帝，受天歷數，纘漢基圖。戎虜蠻夷，懾靈旗而內附；禮福征伐，建王道於大中。功格於上元，化行於率土。將欲示其軌範，約彼《春秋》。接高、光紀聖之書，續班、馬紀言之典。廢而不舉，闕孰甚焉？左諫議大夫賈緯、左拾遺竇儼、右拾遺王伸等，才學淵深，論辯鋒起，分職方提於直筆，編年允屬於鴻儒。宜令緯等同修《高祖實錄》呈進，仍令宰臣蘇逢吉監修。』又按：是書本二十卷，振孫所見已闕三卷。至淳熙五年（1178）編《中興館閣書目》（七〇卷）時，則僅殘存十卷矣。」足資參考。

漢隱帝實錄十五卷

《漢隱帝實錄》十五卷，張昭等撰。事已見前。

廣棪案：《崇文總目》卷二〈實錄類〉著錄：「《漢隱帝實錄》十五卷，張昭等撰。」錢東垣輯釋本。《通志》同。《宋史》卷二百三〈志〉第一百五十六〈藝文〉二〈編年類〉著錄：「《五代漢隱帝實錄》十五卷、《五代周太祖實錄》三十卷，並張昭、尹拙、劉溫叟等撰。」是此書乃張、尹、劉三人合撰。《宋史藝文志史部佚籍考》上編〈已佚而無輯本者〉（二）〈編年類〉載：「《五代漢隱帝實錄》一五卷、《五代周太祖實錄》三〇卷，宋張昭遠、尹拙、劉溫叟等撰。昭遠，有《朱梁列傳》（一五卷）已著錄。拙，穎州汝陰人，梁貞明五年（919）舉三史，調補下邑主簿，晉天福中與張昭遠等同修《唐史》，周顯德初又同詳定《經典釋文》。宋初，以祕書監致仕。性純謹，博通經史。周世宗北征，命翰林學士爲文祭白馬祠，學士不知所出，遂訪於拙。拙歷舉郡國祠白馬者以十數，當時服其該博。開寶四年（971）卒，年八十一。事迹具《宋史》（卷四三一）本傳。溫叟，字永齡，河南洛陽人，性重厚方正，動遵禮法。七歲能屬文，善楷、隸。後唐清泰中爲左拾遺，未幾召爲右補闕。開運中，充翰林學士。契丹入汴，溫叟北遷。漢祖南下，授駕部郎中。周初，拜左諫議大夫。入宋，官至御史中丞，兼判吏部。開寶四年（971）被疾，太祖知其貧，就賜器幣。數月，卒，年六十三。著有《開寶通禮》。事迹具《宋史》（卷二六二）本傳。」《宋史藝文志史部佚籍考》所記尹、劉事迹，足供參考。

周太祖實錄三十卷

《周太祖實錄》三十卷，張昭等撰。顯德五年上。昭即昭遠，字潛夫，濮上人。避漢祖諱，止稱昭。逮事本朝，為吏部尚書。開寶四年卒。館臣案：《宋史》本傳開寶五年卒。

廣棪案：《通志》卷六十五〈藝文略〉第三〈史類〉第五〈起居注〉著錄：「《周太祖實錄》三十卷，張昭、劉溫叟等修。」昭事，已略見「《後唐廢帝實錄》十七卷」條考證。考《宋史》卷二百六十三〈列傳〉第二十二昭本傳載：「宋初，拜吏部尚書。乾德元年郊祀，昭爲鹵簿使，奏復宮闕廟門、郊壇夜警晨嚴之制。禮畢，進封鄭國公，與翰林承旨陶穀同掌選。穀嘗誣奏事，引昭爲證，昭免冠抗論。太祖不說，遂三拜章告老，以本官致仕，改封陳國公。開寶五年，卒，年七十九。」是《宋史》記昭卒於開寶五年，四庫館臣案語有據。《宋史藝文志史部佚籍考》上編〈已佚而無輯本者〉（二）〈編年類〉載：「《五代漢隱帝實錄》一五卷、《五代周太祖實錄》三〇卷，宋張昭遠、尹拙、劉溫叟等撰。……按：周顯德三年（956）十二月，周世宗詔云：『《太祖實錄》，並《梁均帝》、《唐清泰二主實錄》，宜差兵部尚書張昭修，其同修修撰官委張昭定名奏請。』今檢《全唐文》（卷一二五）載〈修太祖實錄詔〉，云：『伏以太祖聖神恭肅文武孝皇帝，削平多難，開啓洪圖。用干戈而清域中，修禮樂而治天下。克勤克儉，乃武乃文。八紘方混於車書，三載忽遺於弓劍。英謀睿略，既高冠於前王；聖德神功，尚未編於信史。詢於典禮，闕孰甚焉！宜垂不朽之文，以永無疆之美。其《太祖聖神恭肅文武孝皇帝實錄》，宜差兵部尚書張昭修纂；其同修纂官員，委張昭定名奏請。』至四年（957）正月，兵部尚書張昭奏云：『奉敕編修《太祖實錄》，及《梁唐二末主實錄》，今請令國子祭酒尹拙、太子詹事劉溫叟同編修。伏緣漢隱帝君臨太祖之前，其歷試之績，並在漢隱帝朝內，請先修《隱帝實錄》。又梁末主之上，有郢王友珪，篡弒居位，未有紀錄，請依《宋書》劉劭例，書為元兇友珪。其末帝請依古義，書曰《後梁實錄》。又唐末主之前，有應順帝，在位四月出奔，亦未編記，請書為前廢帝，清泰主為後廢帝，其書並為實錄。』從之。五年（958）六月，張昭等修《太祖實錄》竟，上之。」可供參考。

周世宗實錄四十卷

《周世宗實錄》四十卷，監修官晉陽王溥齊物、修撰范陽扈蒙日用撰。

廣棪案：《崇文總目》卷二〈實錄類〉著錄：「《周世宗實錄》四十卷，王溥等撰。」錢東垣輯釋本。《通志》、〈宋志〉著錄同。《宋史藝文志史部佚籍考》上編〈已佚而無輯本者〉（二）〈編年類〉載：「《五代周世宗實錄》四〇卷，宋王溥等撰。溥，字齊物，并州祁人，漢乾祐中舉進士甲科，為祕書郎，仕周為中書侍郎平章事。宋初進司空，太平興國初封祁國公，七年（982）八月卒，年六十一。有《集說》、《文集》、《唐會要》（編）、《五代會要》（編）等。事迹具《宋史》（卷二四九）、《宋史新編》（卷六五）、《東都事略》（卷一八）、《隆平集》（卷四）、《名臣碑傳琬琰集》（下集卷三）等書。按：《宋史》本傳云：『（顯德）六年夏，命（溥）參知樞密院事。恭帝嗣位，加右僕射。是冬，表請修《世宗實錄》，遂奏史館修撰都官郎中知制誥扈蒙、右司員外郎知制誥張淡、左拾遺王格、直史館左拾遺董淳同加修纂。從之。』」足資參考。蒙字日用，幽州安次人。《宋史》卷二百六十九〈列傳〉第二十八有傳。

太祖實錄五十卷

《太祖實錄》五十卷，監修國史肥鄉李沆太初、史官集賢院學士河南錢若水淡成等重修。初，淳化中，命李至、張洎等修太祖史未成。及咸平元年，《太祖實錄》成書，以太祖朝事多漏略，故再命若水修撰。二年書成，上之。卷首有沆〈進書表〉，敘前錄之失，及新書刊修條目甚詳。同修者直館饒陽李宗諤昌武、東平梁顥太素、直集賢院河南趙安仁樂道。李燾云：「世傳太祖自陳橋推戴馬上，約束諸將，本太祖聖意，前錄無太宗叩馬之語，乃後錄所增也。

前錄既不傳，今不可考矣。」李燾《長編》且載，而云舊錄所無，今從新錄。然則燾亦嘗見舊錄也耶？近聞士大夫家亦多有之，求之未獲也。

廣棪案：《郡齋讀書志》卷第六〈實錄類〉著錄：「《太祖實錄》五十卷。右皇朝沈倫撰。太平興國三年，詔李昉、扈蒙、李穆、郭贄、宋白、董淳、趙鄰幾同修，倫總其事。更歷二載，書成。起創業，迄山陵，凡十七年。淳化中，王禹偁作《篋中記》，〈敘〉云：『太祖神聖文武，曠世無倫，自受命之後，功德日新，皆禹偁所聞見。今為史臣多有諱忌而不書，又上近取《實錄》入禁中，親筆削之。禹偁恐歲月寖久，遺落不傳，因編次十餘事。』按禹偁所言雖未可盡信，然咸平、祥符間，亦以所書漏落，一再命儒臣重修，多所增益，故有三本傳於世。」同書同卷又著錄：「《重修太祖實錄》五十卷。右皇朝李沆等撰。咸平中，眞宗以前錄漏略，詔錢若水、王禹偁、李宗諤、梁顥、趙安仁重加刊修，呂端監修。端罷，沆代。二年，書成奏御。沆〈表〉云：『前錄天造之始，國姓之源，發揮無取；削平諸國，僭主偽臣，頗亡事迹。今之所正，率由典章，又益諸臣傳一百四人。』按書太宗不夯市及杜太后遺言，與司馬溫公所書不同，多類此。」是《太祖實錄》初修成於太宗太平興國時，至眞宗咸平又重修之。公武猶及見前、後二《錄》，故《郡齋讀書志》分別著錄之。《解題》著錄者乃後《錄》，《解題》云：「近聞士大夫家多有之，求之未獲也。」是直齋未得見前《錄》。《玉海》卷第四十八〈藝文・實錄〉「《咸平重修太祖實錄》」條載：「太平興國三年正月己酉，命李昉、扈蒙、李穆、董淳、趙鄰幾同修《太祖實錄》。五年九月甲辰，史館修為五十卷以獻。賜監修沈倫、史官李昉、扈蒙等襲衣、金帶、錦綵、銀器。淳化五年四月癸未，命張洎、李至等同修國史。先是，上語宰相曰：『先朝事，耳目相接，今《實錄》中多有漏略，可集史官重修。』蘇易簡對曰：『近代委學士扈蒙修史，蒙性懦，逼於權勢，多所諱避，甚非直筆。』上因言及太祖受命之際，非謀慮所及。陳橋之事，史冊所缺，宜令至等重加綴緝。是年十月丙午，張洎等獻《重修太祖紀》一卷，以朱墨雜書，洎所上《紀》不列於史館。凡躬承聖問，及史官採摭之事，即朱書以別之，其書未成。眞宗咸平元年九月己巳下詔，以沈倫所修事多漏略。先朝命張洎重修《太祖實錄》未成，會洎、淪沒，命右僕射呂端、集賢學士錢若水重修。丁丑，又以王禹偁、李宗諤、梁顥、趙安仁等同修。二年六月丁巳書成，凡五十卷，並《事目》二卷，平章事李沆監修上之。〈表〉云：『前集錄敘天造之始，稽國姓之源，發揮無取，銓次失當，今之所正，率由舊章，文武群臣，舊載者九十二人，或作九十一。今增其遺漏一百四人。其於制禮作樂，經文緯武，申明大政，釐改庶務者，於甲令垂爲法式，靡不具載。』帝覽之稱善。癸亥，詔褒諭，賜襲衣、金犀帶、銀帛，若水而下加散官，食邑。先是，詔並加恩，而沆獨辭。李沆所修視前《錄》爲稍詳，而眞宗猶謂未備。大中祥符九年，復詔趙安仁、晁迥、陳彭年、夏竦、崔遵度同修，王旦監修。明年書成。自興國至祥符，前後凡三修。」足資參證。據是，則《太祖實錄》一書曾三修矣。

太宗實錄八十卷

《太宗實錄》八十卷，錢若水等以至道三年十一月受命，咸平元年八月上之。九月而畢，人難其速。同修撰者：給事中濟陰柴成務寶臣、祕閣校理丹陽吳淑正儀、直集賢院建安楊億大年。案〈億傳〉，書凡八十篇，而億獨草五十六卷。

廣棪案：《郡齋讀書志》卷第六〈實錄類〉著錄：「《太宗實錄》八十卷。右皇朝錢若水等撰。至道三年，命若水監修，不隸史局。若水即引柴成務、宋度、吳淑、楊億爲佐，咸平元年書成，上於朝。起即位，至至道三年丁酉三月，凡二十年。初，太宗有馴犬常在乘輿側，及崩，犬輒不食。李至嘗作歌紀其事，以遺若水，其斷章曰：『白麟赤鴈君勿書，勸君書此懲浮俗。』而若水不爲載。呂端雖爲監修，而未嘗蒞局，書成，不署端名，至抉其事以爲專美。若水援唐朝故事，若此者甚眾，時議不能奪。世又傳億子娶張洎女而不終，故〈洎傳〉多醜辭。嗚呼！若水及億，天下稱賢，尚不能免於流議若此，信乎執史筆者之難也。」《玉海》卷第四十八〈藝文・實錄〉「咸平《太宗實錄》」條載：「至道三年十一月己巳，真宗初即位。命集賢院學士錢若水等修《太宗實錄》。若水請柴成務、宋度、吳淑、楊億同修，請令修實錄官遞宿本院。十二月甲午又言：『太平興國八年以前，君臣獻替，不著於話言；淳化五年以後，親決萬機，不聞於策府。請降詔旨於前任宰執、三司等處，移牒求訪，以備缺文。』從之。時有昭宣使王延德一本作王建德。上《太宗南宮事跡》三卷，命送修實錄院。咸平元年八月乙巳十九日。書成，凡八十卷。楊億獨修五十六卷。若水等奉〈表〉以獻。〈表〉云：『借箸之畫，咸所預聞。執簡而書，莫非摭實。』上親覽，涕泗嗚咽，命坐，從容勞問。纔九月而畢，上甚歎其速，以其書入禁中。時若水判集賢院，因用院印，史館無所預。以諸王賜食，聽爲修撰。所令莊宅，使劉承珪掌其事。乙卯，若水等加食邑、階勳，賜器帛。《長編》：『至道三年十一月乙巳，詔工部侍郎、集賢院學士錢若水修《太宗實錄》。若水舉官同修，起居舍人李宗諤預焉。

上曰：「自太平興國八年以後，皆李昉在中書，日事、史策，本憑直筆。若子爲父隱，何以傳信於後代。」除宗諤不可，餘悉許。至咸平元年以後，並同前。上前出《會要》。』祥符九年二月己丑，監修王旦言：『兩朝《實錄》，事有未備者，望付修史官增修。』從之。遂委趙安仁、晁迥等增續，明年書成，其卷帙如舊。」足資參證。是《太宗實錄》，其後曾由趙安仁等增續修之。若水字澹成，一字長卿，河南新安人。《宋史》卷二百六十六〈列傳〉第二十五有傳。其〈傳〉曰：「至道初，以右諫議大夫同知樞密院事。眞宗即位，加工部侍郎。數月，以母老上章求解機務，詔不許。若水請益堅，遂以本官充集賢院學士判院事。俄詔修《太宗實錄》，若水引柴成務、宋度、吳淑、楊億同修，成八十卷。眞宗覽書流涕，錫賚有差。」億字大年，建州浦城人。《宋史》卷三百五〈列傳〉第六十四有傳，其〈傳〉載：「眞宗在京府，徵之爲首僚，邸中書疏，悉億草定。即位初，超拜左正言。詔錢若水修《太宗實錄》，奏億參預，凡八十卷，而億獨草五十六卷。書成，乞外補就養，知處州。眞宗稱其才長於史學，留不遣，固請，乃許之任。郡人周啓明篤學有文，深加禮待。召還，拜左司諫、知制誥，賜金紫。」所載均與《解題》略同。惟參以《玉海》、《宋史》所載，《解題》「書凡八十篇」一語，應爲「書凡八十卷」。

眞宗實錄一百五十卷

《眞宗實錄》一百五十卷，學士承旨肥鄉李維仲方、學士臨川晏殊同叔撰。乾興元年受詔，天聖二年，監修新喻王欽若定國上之。同修者：侍講博平孫奭宗古、知制誥趙郡宋綬公垂、度支副使閬中陳堯佐舜元、校理真定王舉正伯中、校勘河南李淑獻臣。

廣棪案：《郡齋讀書志》卷第六〈實錄類〉著錄：「《眞宗實錄》一百五十卷。右皇朝王欽若等撰。起藩邸，止乾興元年壬戌二月，凡二十六年。乾興元年，詔李維、晏殊、孫奭、宋綬、陳堯佐、王舉正、李淑同修，馮拯監修。拯卒，欽若代。天聖二年，書成奏御。」《玉海》卷第四十八〈藝文・實錄〉「乾興《眞宗實錄》」條載：「乾興元年十一月癸酉，八日。命翰林承旨李維、學士晏殊修撰《眞宗實錄》，諭以一朝大典，謹筆削之意。壬午十六日。命孫奭、宋綬、陳堯佐爲同修撰官。十二月丁巳，詔宰臣馮拯提舉監修。天聖元年二月乙巳，王舉正、李淑爲檢討。拯卒，又命宰臣王欽若代之。天聖二年三月癸卯書成，凡百五十卷，《事目》五卷。癸卯，欽若等詣承明殿以獻，兩宮覽書涕泣，命坐勞問，錫宴進官。錫宴於編修院。一本無『《事目》五卷』。甲辰，以欽若爲司徒；丙午，李維等遷官第，賜器幣、襲衣、金犀帶、鞍勒馬。」足資參證。疑以馮拯卒於撰成《實錄》前，故《解題》未之及。

仁宗實錄二百卷

《仁宗實錄》二百卷，學士華陽王珪禹玉、范鎮景仁、知制誥常山宋敏求次道撰。嘉祐八年奉詔，歷治平至熙寧二年七月書成。宰臣韓琦提舉。

廣棪案：《郡齋讀書志》卷第六〈實錄類〉著錄：「《仁宗實錄》二百卷。右皇朝韓琦等撰。起藩邸，盡嘉祐八年三月，凡四十二年。嘉祐八年十二月，詔韓琦提舉，王珪，賈黯、范鎭修撰，宋敏求、呂夏卿、韓維檢討。治平中，又命陳薦、陳繹同編修。熙寧二年奏御。」《玉海》卷第四十八〈藝文・實錄〉「嘉祐《仁宗實錄》」條載：「嘉祐八年十二月十二日庚辰，時英宗已即位。命翰林學士王珪、賈黯、范鎭修《仁宗實錄》，以宋敏求、呂夏卿、韓維爲實錄院檢討官。治平元年二月戊辰，命宰臣韓琦提舉。治平四年五月，上遣使取淨草二篇留觀禁中，賜史臣手詔。熙寧二年七月己丑，韓琦等上之，凡二百卷。又本有《事目》十卷。《長編》：『命王珪等為檢討，入內都知任守忠管勾，敏求時知亳州，召用之。無韓琦提舉事。』」均足資參證。

英宗實錄三十卷

《英宗實錄》三十卷，學士壽春呂公著晦叔、長社韓維持國、知制誥浦城吳充沖卿撰。熙寧元年正月奉詔。二年七月，宰臣提舉曾公亮上之。

《英宗實錄》，熙寧元年曾宣靖提舉，王荊公時已入翰林，請自為之，兼實錄修撰，不置官屬。成書三十卷，出於一手。東坡先生嘗語劉壯輿羲仲云：「此書詞簡而事備，文古而意明，為國朝諸史之冠。」《揮麈》第三錄。晁氏《讀書志》云：「熙寧元年正月，詔曾公亮提舉，呂公著、韓維修撰，孫覺、曾鞏檢討；三月，又以錢藻檢討；四月，又以王安石、吳充為修撰。二年七月，書成上之。」隨齋批注。

廣棪案：《郡齋讀書志》卷第六〈實錄類〉著錄：「《英宗實錄》三十卷。右皇朝曾公亮等撰。起藩邸，盡治平四年正月，凡四年。熙寧元年正月，詔公亮提舉，呂公著、韓維修撰，孫覺、曾鞏檢討。三月，又以錢藻檢討；四月，又以王安石、吳充爲修撰。二年七月，書成上之。」可參證。又案：隨齋批注引王明清《揮麈三錄》卷一，謂此書乃王安石一人所修撰，此說與《解題》著錄者不同；繼又引《郡齋讀書志》卷六，記此書非安石一人獨撰，則與《解題》同。檢王安石《臨川先生文集》卷四十二〈乞免修實錄箚子〉云：「臣准閤門報敕，差臣與吳充同修《英宗皇帝實錄》，竊緣臣於吳充為正親家，慮有共事之嫌。今來實錄院止闕呂公著一人。臣於討論綴緝，不如吳充精密，若止差吳充一人以代公著，自足辦事。伏望聖恩詳酌指揮，所有敕牒，臣未敢受取。」又《玉海》卷第四十八〈藝文・實錄〉「熙寧《英宗實錄》」條載：「熙寧元年正月二十四日，一云二月丁酉。詔以宰相曾公亮提舉，呂公著、韓維、王安石修撰，孫覺、曾鞏檢討。二年七月己丑，司徒韓琦等上《英宗實錄》三十卷，《事目》三卷。一云曾公亮等上。賜詔獎論。時與《仁宗實錄》同上，琦等言書成乞不推恩。從之。」則此書非安石一人所撰可知，《揮麈錄》所記殊不可靠。

神宗實錄朱墨本二百卷

《神宗實錄》朱墨本二百卷，館臣案：《宋史・藝文志》作三百卷。**元祐中，兵部侍郎青社趙彥若元考、著作郎成都范祖禹淳甫、豫章黃庭堅魯直撰。紹聖中，中書舍人莆田蔡卞元度、長樂林希子中等重修。其朱書繫新修，黃字繫刪去，墨字繫舊文，其增改刪易處則又有籤貼，前史官由是得罪。卞，王安石之壻，大抵以安石《日錄》為主，陳瓘所謂「尊私史而壓宗廟」者也。**

廣棪案：《郡齋讀書志》卷第六〈實錄類〉著錄：「《神宗朱墨史》二百卷。右皇朝元祐元年，詔修《神宗實錄》，鄧溫伯、陸佃修撰，林希、曾肇檢討，蔡確提舉。確罷，司馬光代。光薨，呂公著代。公著薨，大防代。六年奏御。趙彥若、范祖禹、黃庭堅後亦與編修，書成賞勞，皆遷官一等。紹聖中，諫官翟思言：『元祐間，呂大防提舉《實錄》，祖禹、庭堅等編修，刊落事迹，變亂美實，外應姦人詆誣之辭。』命曾布重行修定。其後奏書，以舊錄為本，用墨書，添入者用朱書，其刪去者用黃抹。已而將舊錄焚毀。宣和中，或得其本於禁中，遂傳於民間，號《朱墨史》云。」孫猛《郡齋讀書志校證》曰：「《神宗朱墨史》二百卷，袁本題作《神宗實錄》二百卷，《解題》亦稍異，俱錄如下：『右皇朝呂大防等撰。起藩邸，止元豐八年三月，凡十九年。紹聖中，言者謂：「元祐間，呂大防提舉《實錄》，范祖禹等編修，刊落事迹，變亂美實，外應姦人詆誣之說。」命蔡卞改修，其後奏書，以舊錄為本，用墨書，添入者用朱書，其刪去者用黃抹。已而將舊錄焚毀。宣和中，或得其本於禁中，遂傳於民間，號《朱墨史》云。』」足資參證。《玉海》卷第四十八《藝文・實錄》「元祐《神宗實錄》」條載：「元祐元年二月六日乙丑詔修。閏二月，命司馬光提舉，鄧溫伯、陸佃並修撰。十月，又以呂公著提舉，黃庭堅、范祖禹檢討。四年，左僕射呂大防提舉。六年三月四日癸亥，書成進呈。上東鄉再拜，然後開編。大防於簾前進讀，詔止讀，令進。七日賜宴於實錄院。丙子，大防等遷秩。紹聖元年四月戊辰，從蔡卞之請重修，至三年十一月戊辰，書成進之。元符三年五月，左正言陳瓘言：『伏聞王安石《日錄》七十餘卷，具載熙寧中奏對議論之語。此乃人臣私錄，非朝廷典冊。自紹聖再修，凡《日曆》、《時政記》及《御集》所不載者，往往專據此書追議。刑賞、宗廟之美，皆爲私史所攘，願詔史官別行刪修。』詔三省同參對聞奏。靖國元年六月壬戌詔：『熙寧、元豐，事實具備；元祐、紹聖，編錄具存；訂正討論，宜公乃心，務不失實。』十月詔：『前降參取《元祐實錄》及刪除王安石《日錄》旨揮，更不行。』」亦可與《郡齋讀書志》、《解題》所述相參證。

神宗實錄考異二百卷

《神宗實錄考異》二百卷，監修解梁趙鼎元鎮、史官成都范沖元長等撰。建炎初，有詔重修。紹興六年，先進呈五十卷，六年正月書成。《考異》者，備朱、墨、黃三書，而明著其去取之意也。闕百六十一至百七十一卷。初，蔡卞既改舊錄，每一卷成，納之禁中，蓋將盡泯其迹，而使新錄獨行。謂朱墨本者，世不可得而見也。及梁師成用事，自謂蘇氏遺體，頗招延元祐諸家子孫，若范溫、秦湛之流。師成在禁中見其書，為諸人道之。諸人幸其書之出，因曰此不可不錄也。師成如其言。及敗，沒入。有得其書者，攜以渡江，遂傳於世。嗚呼，此可謂非天乎！

廣棪案：陸游《老學庵筆記》卷十載：「太宗時，史官張洎等撰《太祖史》，凡太宗聖諭及史官采摭之事，分爲朱墨書以別之，此國史有朱墨本之始也。元祐、紹聖皆嘗修《神宗實錄》。紹聖所修既成，焚元祐舊本，有敢私藏者皆立重法。久之，內侍梁師成家乃有朱墨本，以墨書元祐所脩，朱書紹聖所脩，稍稍傳於士大夫家。紹興初，趙相鼎提舉再撰，又或以雌黃書之，目爲黃本，然世罕傳。」《玉海》卷第四十八〈藝文・實錄〉「紹興《重修神宗實錄》」條載：「紹興五年九月十六日乙酉，左僕射監修趙鼎、史館修撰范沖、直史館任申先、著作佐郎張九成等上《重修實錄》五十卷。後三日制：『鼎進二官，沖等一官。』至六年正月癸未成書，通已進凡二百卷，繕寫三部，一爲御覽，一藏天章閣，一付祕省。先是，建炎初，上謂朱勝非曰：『神宗史錄，事多失實。』遂降詔重修，勝非薦范沖兼史事。沖言：『《神宗實錄》，自紹聖中已命官重修，既經刪改，慮他日無所質證，今爲《考異》，追記紹聖重修本末。朱字係新修，黃字係刪去，墨字係舊文，每條即著臣所見於後，以示去取。』世號《朱墨史》。」足資參證。孫猛《郡齋讀書志校證》曰：「按《神宗實錄》凡四修：元祐元年二月六日乙丑詔修，以蔡確提舉，鄧溫伯、陸佃爲修撰，林希、曾肇爲檢討。之後，司馬光、呂公著、呂大防相替爲提舉，又增黃庭堅、范祖禹爲檢討，於六年三月四日成書進御。是爲首次，事見《續資治通鑑長編》卷三六五、《玉海》卷四十八。紹聖元年四月戊辰，蔡卞請重修，以卞、林希爲同修撰，曾布爲修撰。三年十一月二十一日成書，章惇奏進，是爲再修，即《朱墨史》也。事見《宋史》卷四七二〈蔡卞傳〉、《宋會要輯稿・運曆》一。元符三年五月，陳瓘上疏，請別行刊修《紹聖實錄》，建中靖國元年六月下重修詔。是爲三脩。參見《國朝諸臣奏議》卷六十、《玉海》卷四十八，〈重修神宗實錄詔〉載《宋大詔令集》卷一五〇。紹興四年五月初四日癸丑，詔范沖改修《神哲二朝實錄》。五年九月十五日乙酉，監修趙鼎、修撰范沖等上《重修實錄》五十卷，六年正月癸未成書，通先進者凡二百卷，見《玉海》卷四十八。是爲第四次修撰。……所謂《朱墨史》。（或稱朱墨本）乃紹聖史官在元祐舊錄之上，以色筆刪補改修者，其傳世端緒見《書錄解題》卷四《神宗實錄考異》條、陸游《老學庵筆記》卷十。」是則《考異》本者，即第四次修撰者矣。

哲宗實錄一百五十卷

《哲宗實錄》一百五十卷，監修趙鼎、史官范沖等重修。紹興四年三月，思陵嘗謂宰臣朱勝非等曰：「神宗、哲宗史錄，事多失實，當別修定。范祖禹之子沖已有詔命，廣棪案：盧校本「詔命」，為「召命」。**可趣來，令兼史職。」沖至，以宗正少卿兼直史館。辭，不許。上謂勝非等曰：「此事朕何敢私？頃歲昭慈誕辰，宮中置酒，從容語及前朝事，曰：『吾逮事宣仁，求之古今，母后之賢，未見其比。姦臣私憤誣謗，雖嘗下詔辨明，而史錄未經刪改，豈足貽信後世？吾意在天之靈，不無望也。』朕每念及此，惕然於懷，欲降一語**廣棪案：盧校本「語」作「詔」。**具載昭慈遺旨，庶使中外知朕修史之本意。」於是以聖語繫之《哲錄》之末。**

廣棪案：《郡齋讀書志》卷第六〈實錄類〉著錄：「《重修哲宗實錄》一百五十卷。右紹興四年三月壬子，太上皇帝顧謂宰臣朱勝非等曰：『神宗、哲宗兩朝史錄，事多失實，非所以傳信後世，當重別修定。著《唐鑑》范祖禹有子名沖者，已有召命，可促來，令兼史事。』臣勝非奏曰：『神宗史緣添入王安石《日錄》，哲宗史經蔡京、蔡卞之手，議論多不公。今蒙聖諭，命官刪定，以昭彰二帝盛美，天下幸甚。』十八日丙申，新除宗正少卿、兼直史館范沖辭免恩命。勝非奏曰：『沖謂史館專修神宗、哲宗史錄，而其父祖禹元祐間任諫官，後坐章疏議論，責死嶺表。而《神宗實錄》又經祖禹之手，今既重修，則凡出京、卞之意及其增添者不無刪改。倘使沖與其事，恐其黨未能厭服。』上曰：『以私意增添，不知當否？』勝非曰：『皆非公論。』上曰：『然則，刪之何害？紛紛浮議，不足卹也。』勝非曰：『范沖不得不以此爲辭。今聖斷不私，沖亦安敢有請。』上復愀然，謂勝非等曰：『此事豈朕敢私！頃歲昭慈聖獻皇后誕辰，因置酒宮中，從容語及前朝事。昭慈謂朕曰：「吾老矣，幸相聚於此，他時身後，吾復何患？然有一事，當爲官家言之。吾逮事宣仁聖烈皇后，求之古今母后之賢，未見其比。因姦臣快其私憤，肆加誣謗，有玷盛德。建炎初，雖嘗下詔辨明，而史錄所載未經刪改，豈足傳信後世？吾意在天之靈，不無望於官家也。」朕每念此，惕然於懷，朝夕欲降一詔書，明載昭慈遺旨，庶使中外知朕之本意。』勝非進曰：『聖諭及此，天下幸甚！臣等仰惟神宗、哲宗兩朝《實錄》，以太上皇帝聖意先定，爰命宰臣悉令刪修，故具載聖語於篇末云。』」《玉海》卷第四十八〈藝文・實錄〉「紹興《重修哲宗實錄》」條載：「初，元符三年，詔修《哲宗實錄》，至大觀四年四月成書。紹興四年五月庚申，詔條具重修事件。八年六月九日癸亥，左僕射監修趙鼎，修撰勾濤，秘書少監尹焞，著作郎張嵲，佐郎胡理，校勘朱松、李彌正、高閌、范如圭等，以重修哲宗元豐八年至元祐八年《實錄》上之，至九月甲午書成。起紹聖元年，至元符三年，通前《錄》爲一書，成一百五十卷，先後進呈。著作何掄謂：『舊《錄》一書不應分前後，請併紹聖、元符接續修纂。』從之。上皆御殿，如進《神宗實錄》之制。丁未，趙鼎遷特進。先是宰臣朱勝非言《哲宗實錄》經京、卞之手，議論不公，遂詔史官看詳重修。後邵溥上其父伯溫《辨誣》，王鉎上元祐八年《補錄》，送史館參修。初舊《錄》係二百卷，勾濤言請依《英宗實錄》例目，通融裁減卷帙。從之。乾道七年十一月廿八日，詔祕省繕寫太祖至哲宗《實錄》，讎校以進。《神錄》有《考異》，《哲錄》有《辯誣》，皆出范沖一手。」足資參證。

徽宗實錄一百五十卷

《徽宗實錄》一百五十卷，監修宰相湯思退等上。自紹興七年詔修，十一年先成六十卷，至二十八年書成。修撰官歷年既久，前後非一人。至乾道五年，祕書少監李燾請重修。淳熙四年成二百卷，《考異》百五十卷，《目錄》二十五卷。今百五十卷者，前本也。

廣棪案：《玉海》卷第四十八〈藝文・實錄〉「紹興《徽宗實錄》，淳熙重修」條載：「紹興七年詔修，八年秋即史館開實錄院，十一年七月戊戌進六十卷。自元符三年，至大觀四年。丁未提舉秦檜遷少保，封冀國公。庚戌，修撰已下各遷秩，所修疏略。二十八年二月癸巳，修撰賀允中等請重修大觀以前實錄，八月戊戌十一日。提舉湯思退等上一百五十卷，以左僕射沈該爲禮儀使，自八年秋開院，踰二十年乃成。再加增潤，猶多疏略。上御垂拱殿，進呈訖，奉安於天章閣。一云藏於數文閣。又以小本進入禁中。癸卯，思退遷左正奉大夫。丙午，同修國史周麟之奏：『副本在有司者，宜謹其藏，不許關借傳寫。』……（乾道）五年十二月，祕書少監李燾請重修《徽錄》。六年置院重修。淳熙四年三月九日，上重修《徽錄》二百卷、《考異》二十五卷、《目錄》二十五卷，進呈如二十八年之制。燾薦呂祖謙為檢討，審訂增削數百條，書遂成。汪藻纂《元符以來詔旨》，至宣和，凡八百六十五卷，《實錄》所取十蓋七八，然猶多脱略，燾增修之。」可供參證。《郡齋讀書志》卷第六〈實錄類〉著錄：「《徽廟實錄》二十卷。右皇朝程俱撰。先是汪藻編《庚辰以來詔旨》，頗繁雜。俱刪輯成此書，且附以靖康、建炎時事。」孫猛《郡齋讀書志校證》曰：「《徽廟實錄》二十卷，《經籍考》卷二十一『廟』作『宗』。原本黃丕烈校語云：『《通考》引陳氏語，有《徽宗實錄》一百五十卷，又淳熙四年成，凡二百卷。是晁氏所藏爲二十卷者，別一本也。』按黃說是，《徽宗實錄》一百五十卷，秦檜、湯思退先後提舉，紹興七年詔修，二十八年書成；二百卷者，有《考異》一百五十卷，《目錄》二十五卷，李燾撰，淳熙四年三月九日書成。見李心傳《建炎以來繫年要錄》卷一一六、卷一四一、卷一八〇，《建炎以來朝野雜記甲集》卷四，《宋會要輯稿・職官》十八『國史院、實錄院』條，《玉海》卷四十八等。公武似未見彼二本，而陳振孫又未見程俱所撰本。」迻錄之，以備參考。

欽宗實錄四十卷

《欽宗實錄》四十卷，乾道四年，修撰洪邁等進。

廣棪案：《玉海》卷第四十六〈藝文・實錄〉「乾道《欽宗實錄》」條載：「乾道四年四月甲寅，上《欽宗實錄》四十卷並《帝紀》。乾道二年十一月，起居舍人洪邁奏《欽宗日曆》已成，宜修纂。十二月詔免進呈，因龔茂良所補《日曆》而修。」可供參證。《宋史藝文志史部佚籍考》上編〈已佚而無輯本者〉（二）〈編年類〉載：「《欽宗實錄》四〇卷，宋洪邁等撰。按：《欽宗實錄》以《日曆》未成，故遲至乾道一年（1166）始詔修。《宋史・孝宗本紀》云：『乾道二年十二月辛巳，詔免進呈《欽宗日曆》，送國史院修纂《實錄》。』《宋史・職官志》云：『乾道二年置實錄院，修《欽宗實錄》。以右僕射魏杞兼權提舉實錄院，起居舍人兼權直學士院洪邁兼實錄院同修撰。……乾道四年（1168）三月二十四日，詔進呈《欽宗實錄》並〈本紀〉；夏四月甲寅，蔣芾等上《欽宗帝紀實錄》。』李心傳《建炎以來朝野雜記甲集》（卷四）『《徽宗欽宗高宗孝宗光宗實錄》』條云：『《欽宗實錄》，洪景盧（邁）因龔實之（茂良）所補《日曆》而修，皆文直而事核。』然朱熹《語錄》（卷一三〇）則云：『洪景盧在史館時沒意思，謂靖康諸臣覿尚無恙，必知其事之詳，奏乞下覿具所見聞進呈，秉筆之際，遂因而誣其素所不樂之人。』當時渡江之後，簡編散逸，邁能冥搜博採，已屬不易；覿就記憶所及，條述事迹，容有私心，以邁之史識，必能有所剪裁也。」亦可參考，邁字景盧，《宋史》卷三百七十三〈列傳〉第一百三十二附其父〈洪皓〉。其〈傳〉載：「（乾道）三年，遷起居郎，拜中書舍人兼侍讀，直學士院，仍參史事。」與《玉海》等所記吻合。

高宗實錄五百卷

《高宗實錄》五百卷，慶元三年，修撰濟源傅伯壽景仁撰。初進二百八十卷，止紹興十六年。嘉泰二年，修撰建安袁說友起巖等又進二百二十卷，止三十二年。

廣棪案：《玉海》卷第四十八〈藝文・實錄〉「慶元《高宗實錄》」條載：「淳熙十五年三月十一日，洪邁請開院修纂。慶元三年二月五日上二百八十卷，起藩邸，至紹興十六年。修撰傅伯壽等。嘉泰二年正月二十一日又上二百二十卷，起十七年至三十二年，修撰袁說友等。自奉詔至成書，凡十六年，成五百卷。」足資參證。《宋史藝文志史部佚籍考》上編〈已佚而無輯本者〉（二）〈編年類〉載：「《高宗實錄》五〇〇卷，宋傅伯壽等撰。伯壽，字景仁，濟源人，慶元間爲史館修撰，嘉泰三年（1203）正月，爲簽書樞密院事。編有

《孝宗實錄》、《光宗實錄》等書。事迹具《宋史翼》（卷四〇）、《慶元黨禁宋大臣年表》、《宋中興學士院題名錄》、《南宋館閣錄》及《南宋館閣續錄》等書。……按：《高宗實錄》詔修於淳熙十五年（1188）。《宋史・職官志》云：『淳熙十五年，《四朝國史》成書，詔罷史院，復開實錄院，修《高宗實錄》。』時爲三月十一日，洪邁所請也。楊大全爲檢討官，修撰傅伯壽等。考《宋史・楊大全傳》云：『慶元元年（1195）修《高宗實錄》，充檢討官。韓侂胄用事，會御史虛位，有力荐大全者，屬大全一往見，大全笑謝，決不往，明日遂丐外，時《實錄》將上矣。上必推恩，大全不少待，於是除知全州。』慶元二年（1195）二月五日，成二百八十卷，起藩邸，至紹興十六年（1146）。三年（1197）二月乙酉，京鏜等上《神宗玉牒》、《高宗實錄》。嘉泰二年（1202）正月二十一日，又上二百二十卷，起十七年（1147），至三十二年（1162），修撰袁說友等。自奉詔至成書，凡十六年，成五百卷。又按：李心傳《建炎以來朝野雜記甲集》（卷四）『《徽宗欽宗高宗孝宗光宗實錄》』條云：『《高宗實錄》，慶元、嘉泰間，京冀公仲遠（鏜）、謝魯公子肅（深甫）爲丞相時所上，時史館無專官，未知果誰筆也。』」可供參考。袁說友字起巖，建安人。《宋史翼》卷十四〈列傳〉第十四有傳。其〈傳〉載：「嘉泰初，復召爲吏部尚書兼侍讀；二年，除同知樞密院事。」是嘉泰二年，說友以同知樞密院事兼修撰也。

孝宗實錄五百卷

《孝宗實錄》五百卷，嘉泰二年，修撰傅伯壽等撰進。中興以來，兩朝五十餘載事迹，置院既久，不以時成，涉筆之臣，乍遷忽徙，不可殫紀。及有詔趣進，則匆遽鈔錄，甚者一委吏手，卷帙猥多，而紀載無法，疎略牴牾，不復可稽據。故二《錄》比之前世，最為缺典，觀者為之太息。

廣棪案：《玉海》卷第四十八〈藝文・實錄〉「嘉泰《孝宗實錄》」條載：「慶元元年七月二十日，詔修《孝宗實錄》。嘉泰二年詔傅伯壽、陸游同修，專以委之。三年四月十七日上五百卷。」是此書傅伯壽與陸游同修。《宋史藝文志史部佚籍考》上編〈已佚而無輯本者〉（二）〈編年類〉載：「《孝宗實錄》五〇〇卷，宋傅伯壽、陸游等撰。伯壽有《高宗實錄》（五〇〇卷），已著錄。游，字務觀，號放翁，山陰人，佃之孫，宰之子，以廕補登仕郎。孝宗隆興初賜進士出身，官至寶謨閣待制。游立朝頗著風采，後以爲侂胄作〈南園閱古泉記〉，見譏清議。

然忠愛出於天性，其詩爲宋大家稱首；文章法度謹嚴，亦爲南渡有數作家。著有《入蜀記》、《南唐書》、《老學庵筆記》、《劍南詩集》、《渭南文集》等。事迹具《宋史》（卷三九五）、《宋史新編》（卷一四七）、《南宋書》（卷三七）、《皇宋書錄》（卷下）、《南宋館閣續錄》、《宋詩鈔》、《宋人軼事彙編》等書。……按：慶元元年（1195）七月二十日，詔修《孝宗實錄》。史官有傅伯壽、陸游等。《宋史・陸游傳》云：『紹熙元年（1190）遷禮部郎中，兼實錄院檢討官。嘉泰二年（1202）以《孝宗光宗兩朝實錄》及《三朝史》未就，詔游權同修國史實錄院同修撰。』三年（1203）書成，凡五〇〇卷，四月十七日上。」可供參考。惟直齋評此書，以爲「卷帙猥多，而紀載無法，疎略牴牾，不復可稽據。故二《錄》廣棪案：指《高》、《孝》二宗《實錄》。比之前世，最爲缺典，觀者爲之太息」。則此書之不饜直齋之意，殆可知矣。《文獻通考》此條下引《中興國史志》曰：「高宗命范沖重修《神錄》，已進而沖去國，尹焞繼之。又進《哲宗》、《徽宗實錄》，紹興未嘗成書。建炎後史牘不存，皆仰搜討，故猶多脫略，孝宗命李燾增修之。《欽宗實錄》，洪邁用龔茂良所補《日曆》，文直事核。《高宗實錄》，慶元、嘉泰間所上，時史無專官，莫知誰筆。《孝宗》、《光宗實錄》，初以付龔敦頤，卒；專委傅伯壽、陸游，《孝錄》比諸《錄》爲疎。」《中興國史志》所述，足與直齋之說相參證。

詔令類第五

西漢詔令十二卷

《西漢詔令》十二卷，吳郡林虙德祖編。采括志、傳，參之本紀，以示信安程俱致道。俱以世次先後各為一卷，差比歲月，纂而成書，且為之〈序〉。虙嘗試中詞學，為開封府掾，尹以佞幸進，有所不樂，引疾納祿去，遂終於家。

廣棪案：《宋史》卷二百九〈志〉第一百六十二〈藝文〉八〈總集類〉著錄：「《西漢詔令》十二卷。」〈宋志〉以此書入〈總集類〉，未當。林虙，《宋史翼》卷二十六〈列傳〉第二十六〈文苑〉一有傳，曰：「林虙字德祖，長州人。虙，少穎悟絕人，能傳父祖業。……登紹聖四年進士第，……除開封府左司錄，以府尹不之禮，上章請老，夜自書牘，且報可，家人無知者。即日束裝出國門，士大夫奔走出餞，皆不及。既歸，杜門一室，不入州縣，無一言及時事。……十四年始疾，不呼醫，逮卒弗亂，年六十六。」可參考。程俱字致道，衢州開化人。《宋史》卷四百四十五〈列傳〉第二百四〈文苑〉七有傳。此書俱有〈序〉，曰：「右《西漢詔令》四百一章，舊傳《西漢文類》所載，尚多闕略。吳郡林德祖虙實始采括傳、志，參之本紀，斷章析簡，掇之無遺。方萅蕞在紙，未遑詮錄，間以示余。余因取其具稿，以世次先後，自高祖至平帝，人別爲篇；又差考歲月，纂而成書，且敘其末曰：『古之盛，王與道爲一，故其酬酢之間，理言遺事，皆足以爲萬世法。是以事爲《春秋》，言爲《尚書》，而《書》之所傳，自唐、虞、夏、商、周，上下千數百載間而存，則今之五十八篇而已。由秦、漢以來，置學官，弟子誦說研究，至有白首沒身，莫能詣其極者。大哉王言，蓋聖人之防表也。自五十八篇而後，起衰周至五代之末，又千數百載間，其爲詔令，溫醇簡盡，而猶時有三代之遺法者，唯西漢爲然。其進退美惡，不以溢言沒其實。其申飭訓戒，皆至誠明白，節緩而思深。至叢脞大壞之餘，其施置雖已不合古道、當人心，然猶陳義懇到，雍容而不迫，此其一代之文，流風未泯，顧猶不可及，又況文實兼盛哉！昔者，文中子以聖人之重自任，迺始斷自七制之主，列爲四範，以續典、謨、訓、誥、誓、命之文，然其書世不傳，莫得而述，故備載如彼。德祖以學行名搢紳，方將以文詞爲時用，方今昭回之章、絲綸之美，固以轢絕中古，陋漢、唐而莫稱。是書也，雖未能比唐、虞、夏、商、周之隆，庶其或者亦足為王言之斧藻，《尚書》之鼓吹云。大觀三年，歲次己丑，十月壬申朔，信安程俱敘。』」是俱〈序〉撰於徽宗大觀三年（1109），則此書亦必其時前作。

東漢詔令十一卷

《東漢詔令》十一卷，宗正寺主簿鄞樓昉暘叔編。大抵用林氏舊體，自為之〈序〉。帝王之制具在百篇，後世不可及矣。兩漢猶為近古。愚未冠時，無書可觀，雖二史亦從人借。嘗於班《書》志、傳錄出諸詔，與紀中相附，以便覽閱。既仕於越，乃得見林氏書，而樓氏書近出，其為好古博雅，斯以勤矣。惟平、獻二朝，莽、操用事，如〈錫莽〉及〈廢伏后〉之類，皆當削去，莽時尤多也。

廣棪案：〈宋人傳記資料索引〉載：「樓昉字暘叔，號迂齋，鄞人。少從呂祖謙學，與弟昺俱以文名。紹熙四年進士，授從事郎，遷宗正簿，有直諒聲。後以朝奉郎守興化軍，卒，贈直龍圖閣。昉爲文汪洋浩博，從學者凡數百人，有《中興小傳》、《宋十朝綱目》、《東漢詔令》、《崇古文訣》。」是昉確撰有此書。此書昉自爲〈序〉，曰：「河汾王仲淹續《書》以存古，欲取兩漢制詔，接虞、夏、商、周之緒，君子議其僭。雖然，世有華質，道有窳隆，則一代之號令、文章，亦與之爲升降。若周之委曲繁重，固已不如商之明白畯絜，而所謂灝噩云者，視渾渾之風則已漓矣。然謂《書》之後不復有《書》，是誣天下後世也。走幼嗜《西漢書》，每得一詔，輒諷詠不忍釋。噫！一何其沈浸醲郁，雍容雅裕，入人之深也。暇日，常欲掇其散在志、傳者，附之本紀，考其歲月，以類相從，粹爲一編。因循未果，而吳郡林君德祖之書傳焉，走可以無述也。然東都二百年間，王言帝制，雖乏西京渾厚之氣，若光武與隗囂、公孫述、竇融等〈書〉，則有以見心事之磊落焉。敕鄧禹、馮異、岑彭等〈書〉，則有以見機神之英晤焉。頭鬚爲白之言，平定安輯之訓，與夫責劉尚以斬將弔人之義，有以見不得已之心焉。驚河西，感市椽，不待讖者而占其中興矣。明、章二帝雖不逮前烈，然永平即位之〈詔〉，有曰『萬乘至重，而壯者慮輕』；元和擇吏之〈詔〉，有曰『安靜之吏，日計不足，月計有餘』，其小心畏忌，忠厚惻怛，藹然見於言外。而所與東平王酬答者，讀之使人流涕也。和、安以降，政出房闈，權歸宦孺，陋矣。而勞來勤恤之意，猶時有前人之遺風焉，是未可概以爲華不副實而併棄之也。或者又曰：『帝王之言出於其心，而發於其口，故言即其心。兩漢以來，率付詞臣之手，亦何足錄邪？』嗚呼！此又未深考者爾。武帝以淮南王善文辭，每爲報書，輒召司馬相如視草；天水多文學掾，光武有所辭答，特加意焉，未必無儒生學士相與彌縫於其間也。至觀文帝〈與尉佗書〉，自謂『高皇帝側室之子』；光武以司徒比堯，必非代言者之所敢道矣。由此觀之，漢之制詔，非若後世一委之詞臣也。竊不自揆，仿林君前書之體，纂次成之，目曰《東漢詔令》。非敢傳之他人，亦聊以備遺忘。與我同志者，幸訂正而刊削之，毋以河汾譏我。嘉定十有五年，歲次壬午二月，甬東樓昉自序。」考直齋「仕於越，乃得見林氏書」之語，其時應在端平三年（1236）十月至嘉熙元年（1237）五月任浙東提舉時；至其謂「樓氏書近出」，樓書既成於嘉定十五年（1222），則兩者相距已十四、五年，直齋似不宜謂樓書近出，或其得書較晚也。

本朝大詔令二百四十卷

《本朝大詔令》二百四十卷，寶謨閣直學士，館臣案：原本誤作「實錄閣」，今據《文獻通考》改正。**豫章李大異伯珍刻於建寧，云紹興間，宋宣獻家子孫所編纂也，而不著其名。始自國初，迄於宣、政，分門別類，凡目至為詳也。**

廣校案：《玉海》卷第六十四〈詔令・詔策〉「《本朝大詔令》」條載：「二百四十卷。建隆至宣和。此集紹興中出於宋綬之家。」《宋史》卷二百九〈志〉第一百六十二〈藝文〉八〈總集類〉著錄：「宋綬《本朝大詔令》二百四十卷。按即〈史部・故事類〉:《宋朝大詔令》。」同書卷二〈史類・故事類〉著錄：「《宋朝大詔令》二百四十卷。紹興中出於宋綬家。按即〈集部・總集類〉《本朝大詔令》。」足資參證。綬字公垂，趙州平棘人。《宋史》卷二百九十一〈列傳〉第五十有傳。卒贈司徒兼侍中，諡宣獻。李大異，《宋史》無傳。《宋詩紀事》卷五十四「李大異」條載：「大異字伯珍，隆興府新建人。乾道八年進士，仕至諫議大夫，知建康府。」隆興府即豫章。建寧，即今福建省建甌縣。此書應刻於孝宗乾道時或稍後。

玉堂制草十卷

《玉堂制草》十卷，參政鉅野李邴漢老編。承平以前制誥。

廣校案：玉堂，即翰林學士院。北宋時將學士院所撰制誥分類編理，倡始於歐陽修。《玉海》卷第六十四〈詔令・詔策〉「嘉祐《學士院草錄》」條載：「嘉祐三年六月，歐陽修乞將國朝以來學士院所撰制誥文書，各以門類，依其年次，號爲《學士院草錄》，仍乞差學士兩員掌之。甲寅，詔學士院編錄。天聖七年十二月庚子，詔中書自今朝官以上告詞別錄本上禁中。」李邴之編此書，殆遵歐陽修編《草錄》之例。邴字漢老，濟州任城縣人。《宋史》卷三百七十五〈列傳〉第一百三十四有傳。史載邴崇寧五年進士第，累官爲起居舍人，試中書舍人。除給事中，同修國史兼直學士，遷翰林學士院。故此書當成於徽宗朝邴遷翰林學士院後。至邴之任參知政事，則在高宗紹興時。直齋謂此書所載皆「承平以前制誥」，甚當。

中興玉堂制草六十四卷

《中興玉堂制草》六十四卷，同知樞密鄱陽洪遵景嚴編。起建炎，迄紹興末。

廣棪案：《玉海》卷第六十四〈詔令·詔策〉「《中興以來玉堂草制》」條載：「隆興元年，翰林承旨洪遵撰《中興以來玉堂制草》。〈序〉云：『是書自承平有之，南渡以後泮散不屬，始命綴輯。凡將相之除拜、后妃之封冊，詔旨之放、樂語之奏、上梁之文、布政之牓，無不備具。惟答詔、青詞之煩，不復記也。爲六十四卷。』」足資參證。惟《玉海》此條書名「中興」後有「以來」二字，疑《解題》脫。《宋史》卷二百九〈志〉第一百六十二〈藝文〉八〈總集類〉著錄：「洪遵《中興以來玉堂制草》三十四卷。」卷數與《解題》不同，疑〈宋志〉誤。遵字景嚴，洪皓仲子。孝宗隆興元年知貢舉，拜同知樞密院事。《宋史》卷三百七十三〈列傳〉第一百三十二附〈洪皓〉。

中興續玉堂制草三十卷

《中興續玉堂制草》三十卷，丞相益文忠公東里周必大子充為學士院時編進。始嘗進言：「加上德壽尊號，不以表而以議，且稱『嗣皇帝』為非是。」遂革之。今書以〈尊號表〉為卷首，而增附〈館職策問〉於後。起隆興，迄淳熙改元。自後未有續者。

廣棪案：《玉海》卷六十四〈詔令·詔策〉「《中興以來玉堂制草》」條載：「周必大《續玉堂制草》三十卷，裒隆興以來舊稿，繼遵所編，以〈尊號表〉文爲首，增以《召試館職策問》。乾道八年壬辰上元日序。」足資參證。《宋史》卷二百九〈志〉第一百六十二〈藝文〉八〈總集類〉著錄：「周必大《續中興玉堂制草》

三十卷。」著錄與此同。必大字子充，一字洪道，其先鄭州管城人。孝宗淳熙十四年二月拜右丞相。《宋史》卷三百九十一〈列傳〉第一百五十〈周必大〉載：「德壽加尊號，必大曰：『太上萬壽，而紹興末〈議文〉及近上〈表〉用『嗣皇帝』爲未安。按〈建炎遙拜徽宗表〉，及唐憲宗〈上順宗尊號冊文〉，皆稱皇帝。』議遂定。」可與《解題》相參證。〈傳〉又載：「（必大）兼權兵部郎。……尋權禮部侍郎，兼直學士院同修國史、實錄院同修撰。」是必大曾兼直學士院，此書乃當時所編進。

綸言集三十一卷

《綸言集》三十一卷，宇文粹中、虛中兄弟所編集。

廣棪案：《郡齋讀書志》卷第二十〈總集類〉著錄：「《綸言集》一百卷。右或編國朝制冊、詔誥成此書。以其皆王言也，故以爲名。」卷數不同，惟與《解題》著錄者應同屬一書，蓋直齋所藏者非完本也。宇文虛中字叔通，成都華陽人。登大觀三年進士第，歷官州縣，入爲起居舍人、國史編修官，同知貢舉，遷中書舍人。《宋史》卷三百七十一〈列傳〉第一百三十有傳。此書應爲虛中任國史編修官時所編。粹中，《宋史》無傳。《宋人傳記資料索引》載：「宇文粹中（？～1139）字仲達，一作仲理，華陽人。崇寧二年進士，初官翰林學士承旨。宣和間仕至尚書右丞，出守江寧府。建炎元年以軍亂被囚落職，提舉亳州明道宮。二年復起直秘閣，守濮州。濮州陷金，金將嘉其忠義放歸。以光祿大夫出知潼川府。紹興元年求去，以弟時中代。九年卒，贈少保。」可知其生平仕履。

中興綸言集二十八卷

《中興綸言集》二十八卷，左司郎中莆田鄭寅子敬編。寅，知樞密院僑之子，靖重博洽，藏書數萬卷，於本朝典故尤熟。

廣棪案：寅，《宋史》無傳。《宋人傳記資料索引》載：「鄭寅字子敬，一作承敬，號肯亭，莆田人，僑子。博習典故，以父蔭補官。歷知吉州。召對，言濟王冤狀，指斥權臣。端平初，召爲左司郎中，兼權樞密院副都承旨；又請爲濟王立廟，且言三邊無備，宿患未除，宜正綱紀，抑僥倖，裁濫賞，汰冗兵，以張國勢。出知漳州，進直寶章閣。嘉熙元年卒。有《包蒙》、《中興綸言集》。」僑，《宋史》亦無傳。《宋詩紀事》卷五十三「鄭僑」條載：「僑字惠叔，興化人，乾道五年進士第一，簽書鎭南軍節度判官。光宗朝，權吏部尚書。寧宗朝，拜參知政事，以觀文殿學士致仕。」可供參證。至寅任左司郎中及其一生宦歷，余前撰《陳振孫之生平及其著述研究》一書曾考之曰：「案：鄭寅之任左司郎中，《平齋集》卷十九〈外制〉有〈工部郎中鄭寅除尙左郎官制〉，曰：『敕：具官某，艮以止爲體，能時止則止，然後能時行則行。爾簡粹而通亮，爲郡嘗以治理效聞。顧時俗之流，又孰能無變化，懼荃蕙之爲茅也。而恬然歸潔，坐玩歲華，待化機之轉移，偕眾正而彙集。其將有行乎？郎選甚高，毋憚於劇，朕方思所以進爾者。可。』觀此〈制〉中『爲郡嘗以治理效聞』一語，蓋指鄭寅知吉州時事。其後寅離吉州任，嘗除工部郎中，繼則除尙左郎官也。吳泳《鶴林集》卷六〈外制〉有〈鄭寅授左司郎中兼樞密副都丞旨制〉，曰：『敕：具官某，都司紀綱之地，非習知臺閣故事，不在茲選。朕率是道，以官其人。矧爾父僑，在淳熙間，出入二省。凡先朝之典憲，往哲之言行，燦然開陳，如指諸掌。汝實聞而習之，具在家法。用是命汝董正左曹，寅納密命，亦猶元祐用范純禮之意也。往其欽哉！可。』是寅之父鄭僑於孝宗淳熙間亦嘗任斯職，今理宗端平初，寅又被召爲左司郎中兼樞密副都丞旨，是則其父子先後皆被授此官矣。許應龍《東澗集》卷五〈外制〉又有〈鄭寅除直寶章閣致仕制〉，〈制〉曰：『大夫七十而致仕，年未及而以疾自陳，當憫其勞，勉從所請，俾遂掛冠之願，爰疏錫命之恩。以爾學廣聞多，意誠心正；厲特立獨行之操，有難進易退之風。屬當政瑟之調，首被鋒車之召。持衡銓選，平允無私。贊畫鈞樞，剛方不屈；暨司藩屏，尤號循良。胡染沈痾，力求謝事。肆加爾職，以賁其歸。勉護生經，益綏休祉。』是鄭寅雖未及古稀之年，以沈痾謝事，乃以除直寶章閣致仕，殊可惋也。」第四章第三節。可供參考。

僞史類第六

淝上英雄小錄二卷

《淝上英雄小錄》廣棪案：盧校本「上」作「人」字。誤。**二卷，信都鎬撰。**館臣案：鄭樵《通志》作「僞吳信都鎬撰」。**所錄楊行密將吏有勳名者四十人，其二十四人皆淝上，餘諸道人又有僧、道、漁、樵之屬十人，錄其小事，故名「小錄」。**

廣棪案：《崇文總目》卷二〈僞史類〉著錄：「《淝上英雄小傳》二卷。繹案：〈宋志〉作三卷。」錢東垣輯釋本。考《宋史》卷二百四〈志〉第一百五十七〈藝文〉三〈霸史類〉著錄：「吳信都鎬《淝上英雄小錄》二卷。」〈宋志〉實著錄作二卷，錢繹所案誤。劉兆祐《宋史藝文志史部佚籍考》上編〈已佚而無輯本者〉（十三）〈霸史類〉載：「《淝上英雄小錄》二卷，五代信都鎬撰。鎬，生平待考。《通志・藝文略・霸史》著錄《淝上英雄小錄》二卷，云：『僞吳信都鎬撰，記楊行密起廬州入廣陵所從將吏五十人。』……按：楊行密，五代吳合肥人，字化源。初爲盜，後應募爲州兵，遷隊長，使出戍，因起兵爲亂，據廬州。唐昭宗拜爲淮南節度使，封吳王，悉有河南、江東地。爲人寬厚雅信，能得士心，在位十五年，其後子溥稱帝，追尊爲太祖武皇帝。事迹具《五代史》（卷一三四）、《新五代史》（卷六一）本傳。」可供參證。惟信都鎬之生平，實無庸待考。蓋吳任臣《十國春秋》卷第十一〈吳〉十一〈列傳〉即有鎬小傳，曰：「信都鎬，隋信都芳之後也。少以著作自負。當太祖入廣陵，功臣三十九人，而同時佐將吏實五十人焉，鎬錄其名氏、功績，爲《淝上英雄小錄》二卷。《文獻通考》云：『信都鎬撰《淝上英雄小錄》，中錄楊行密將吏有勳名者四十人，其二十四人皆淝人，餘諸道人又有僧、道、漁、樵之屬十人，錄其小事，故名「小錄」。』」兆祐未檢《十國春秋》耳。

江淮異人傳二卷

《江淮異人傳》二卷，吳淑撰。所紀道流、俠客、術士之類，凡二十五人。

廣棪案：《宋史》卷二百六〈志〉第一百五十九〈藝文〉五〈小說家類〉著錄：

「吳淑《江淮異人錄》三卷。」書名、卷數與《解題》著錄略異。《四庫全書總目》卷一百四十二〈子部〉五十二〈小說家類〉三著錄:「《江淮異人錄》二卷,《永樂大典》本。宋吳淑撰。淑有《事類賦》,已著錄。是編所紀,多道流、俠客、術士之事。凡唐代二人、南唐二十三人。徐鉉嘗積二十年之力,成《稽神錄》一書。淑爲鉉壻,殆耳濡目染,挹其流波,故亦喜語怪歟?鉉書說鬼,率誕漫不經。淑書所記,則《周禮》所謂怪民,《史記》所謂方士,前史往往見之,尚爲事之所有。其中如耿先生之類,馬令、陸游二《南唐書》皆採取之,則亦非盡鑿空也。尤袤《遂初堂書目》載此書,作《江淮異人傳》,疑傳寫之訛。又《宋史》淑本傳載是書三卷。而陳振孫《書錄解題》作二卷,《宋・藝文志》亦同。則〈列傳〉以二爲三,由字誤矣。其書久無傳本,今從《永樂大典》中掇拾編次,適得二十五人之數,首尾全備,仍爲完書。謹依〈宋志〉,仍分爲上下二卷,以復其舊焉。」可作參證。惟此書書名或作《異人錄》,或作《異人傳》,淑既仿徐鉉《稽神錄》而撰此書,則書名似作《江淮異人錄》爲準。又此書〈宋志〉實作三卷,《宋史》卷四百四十一〈列傳〉第二百〈文苑〉三淑傳載:「吳淑字正儀,潤州丹陽人。……有《集》十卷。善筆札,好篆籀,取《說文》有字義者千八百餘條,撰《說文五義》三卷。又著《江淮異人錄》三卷、《秘閣閒談》五卷。」所記與〈宋志〉同。《四庫全書總目》云〈宋志〉作二卷,蓋館臣懶於檢書而致誤也。

南唐烈祖開基誌十卷

《南唐烈祖開基誌》十卷,南唐滁州刺史王顏撰。起天祐乙丑,止昇元癸卯,合三十九年。

廣棪案:《崇文總目》卷二〈僞史類〉著錄:「《烈祖開基錄》十卷,王顏撰。」錢東垣輯釋本。書名缺「南唐」二字。《宋史》卷二百四〈志〉第一百五十七〈藝文〉三〈霸史類〉著錄:「王顏《南唐烈祖開基志》十卷。」與此同。《宋史藝文志史部佚籍考》上編〈已佚而無輯本者〉(十三)〈霸史類〉載:「《南唐烈祖開基志》一〇卷,五代王顏撰。顏,南唐滁州刺史。《通志・藝文略・霸史》著錄《烈祖開基錄》十卷,云:『僞唐王顏撰,記李昪據金陵事,昪號烈祖。』……按:李昪事迹,具《新唐書》(卷一四七)、《五代史》(卷一三四)及《新五代史》(卷六二)等書。」可供參考。考天祐二年乙丑(905),至昇元七年癸卯(943),首尾恰爲三十九年。

南唐烈祖實錄十三卷

《南唐烈祖實錄》十三卷，南唐史館修撰高遠撰。闕第八、第十二卷。遠又嘗為《吳錄》二十卷。而徐鉉、鄭文寶皆云：「開寶中，遠始緝昇元以來事，書未成而疾，悉焚其草，故事多遺落。」

廣棪案：《宋史》卷二百三〈志〉第一百五十六〈藝文〉二〈編年類〉著錄：「《南唐烈祖實錄》二十卷，高遠撰。」卷數較《解題》著錄者多七卷。《宋史藝文志史部佚籍考》上編〈已佚而無輯本者〉（二）〈編年類〉載：「《南唐烈祖實錄》二〇卷，五代高遠撰。遠，南唐史館修撰，著有《邗溝要略》、《史稿雜著》、《吳錄》等書。……按：振孫所見已非完本，而云十三卷，與〈宋志〉所著錄者相去甚多，殆卷數分合不同歟？」可供參考。遠，《十國春秋》卷第二十八〈南唐〉十四〈列傳〉附〈高越〉，載：「遠字攸遠。父操，袁州別駕。遠少孤，爲人淳雅沖淡，而遇事有奇節，杜門力學，不交人事。烈祖受禪，招來四方秀傑，以遠爲秘書省正字。保大初，遷校書郎，兼太常修撰，遂爲太常博士。淮南兵興，元宗召見，賜金紫，使典戎府書檄，歷禮部員外郎、樞密判官、侍御史，知雜史館修撰、起居郎知館事，遂爲勤政殿學士。國初，命兵部尙書陳濬修《吳史》，未成而卒。其後領史職者多貴游，或新進少年，纂述殆廢。遠自保大中預史事，始撰《烈祖實錄》二十卷，敘事詳密。後主嗣位，遠與徐鉉、喬匡舜、潘佑共成《吳錄》二十卷，又自撰《元宗實錄》十卷，《唐餘紀傳》云：『編緝昇元以來故事，爲一家言。』未及上。會屬疾，取史稿及他所著書悉燔之，卒年五十七，贈給事中，謚曰良。後主欲修國史，訪稿于其家，無復存者。遠有精識，方邊鎬入潭州，湖南悉平，百官入賀，遠獨曰：『我乘楚亂，取之甚易，觀諸君之才，守之實難。』聞者愕然，以爲過。及後如所料，乃皆服其先見。按馬令《南唐書》載『諸將取潭、衡，舉朝稱慶，高越謂潭、衡一時之凶亂，取之甚易。觀諸將之才，善守爲難』云云。今從陸游《南唐書》入〈遠傳〉。」可與《解題》相參證。

江南錄十卷

《江南錄》十卷，給事中廣陵徐鉉鼎臣、光祿卿池陽湯悅德川撰。二人皆唐舊臣，故太宗命之撰次。悅即殷崇義，避宣祖諱及太宗舊名，並姓改焉。

廣棪案：《郡齋讀書志》卷第七〈僞史類〉著錄：「《江南錄》十卷。右皇朝徐鉉等撰。鉉等自江南歸朝，奉詔撰集李氏時事。王介甫嘗謂：『鉉書至亡國之際，不言其君之過，但以曆數存亡論之，其於《春秋》、箕子之義爲得也。雖然，潘佑以直見殺，而鉉書佑死以妖妄，殆與佑爭名。且恥其善不及佑，故匿其忠，污之以罪耳。若然，豈惟厚誣忠臣，其欺吾君不亦甚乎？』世多以介甫之言爲然。獨劉道原得佑子華所上其父事迹，略與《江南錄》所書同，乃知鉉等非欺誣也。」《宋史》卷二百四〈志〉第一百五七〈藝文〉三〈霸史類〉著錄：「徐鉉、湯悅《江南錄》十卷。」《宋史藝文志史部佚籍考》上編〈已佚而無輯本者〉（十二）〈霸史類〉載：「《江南錄》一〇卷，宋徐鉉、湯悅等撰。鉉有《吳錄》（二〇卷）已著錄。悅，即殷崇義也。崇義，字德川，文圭子，李璟時歷右僕射，入宋避諱，易姓名曰湯悅，事迹附見《新唐書》（卷一八九）〈殷文圭傳〉。《通志・藝文略・霸史》著錄《江南錄》十卷，云：『徐鉉、湯悅等撰，記江南李氏三主事。』……按：晁《志》既引王安石非此編不直之言，又謂劉道原嘗得佑子華所上其父事迹，略與此編所書同，知鉉言不誣。今考安石之言，見諸《臨川先生文集》（卷七一）〈讀江南錄〉一文，潘華所上其父事迹則不之見，惟臣爲君諱，乃人之常情，介甫之言，必有所據也。」均足參考。考徐鉉字鼎臣，揚州廣陵人，《宋史》卷四百四十一〈列傳〉第二百〈文苑〉三有傳。悅，《宋史》無傳。《十國春秋》卷第二十八〈南唐〉十四〈列傳〉載：「殷崇義，陳州西華人。父文圭，爲吳翰林學士。崇義博洽能文章，《一統志》云：『崇義自少穎悟，常見飛星墮水盤中，掬而吞之，文思日麗。』仕元宗，官至學士，歷樞密使、右僕射。嘗撰〈揚州孝先寺碑〉。周世宗親征淮南，駐蹕于寺，讀其文，嗟歎久之。及畫江請平，元宗使崇義入貢，世宗待之有加禮。自淮上用兵，凡書檄教誥，皆崇義任之，特爲典贍，切于事情。周世宗覽江左章奏，輒擊節稱賞。元宗遷南都，命以樞密使，與嚴續輔太子留守金陵。後主初立，令民間行鐵錢，物價騰涌，崇義上言：『泉布屢變，亂之招也。且豪民富商，不保其貲，則日益思亂。』累數百言，不報。未幾，進右僕射同平章事。開寶二年五月，罷爲潤州節度使，仍同平章事；已而改官名，以司空知左右內史事。國亡入宋，避宣祖廟諱，易姓名曰湯悅。宋太宗敕撰《江南錄》十卷，自言有陳壽史體，當世頗稱之。是時諸降王死，多出非命，其故臣或宣怨言，太祖俱錄之館中，俾修《太平御覽》等書，豐其廩餼，諸臣多卒老于中，崇義其一也。」所載甚詳。兆祐似未知《十國春秋》有〈殷崇義傳〉也。

南唐近事二卷

《南唐近事》二卷，工部郎江南鄭文寶撰。〈序〉云：「三世四十年。起天福己酉，廣棪案：盧校本「己酉」作「丁酉」。**終開寶乙亥。」**館臣案：宋太祖在位十七年，首庚申，盡丙子，乙亥乃開寶八年，原本作「己亥」，誤。今改正。**然泛記雜事，實小說傳記之類耳。**

廣棪案：《郡齋讀書志》卷第七〈僞史類〉著錄：「《南唐近事》二卷。右皇朝鄭文寶編。記李氏三主四十年間雜事。」所述較《解題》爲略。《宋史》卷二百四〈志〉第一百五十七〈藝文〉三〈霸史類〉著錄：「鄭文寶《南唐近事集》一卷。」則書名與卷數均略有不同。《四庫全書總目》卷一百四十〈子部〉五十〈小說家類〉一著錄：「《南唐近事》一卷，江蘇巡撫採進本。宋鄭文寶撰。文寶有《江表志》，已著錄。是書前有〈自序〉，題太平興國二年丁丑，蓋猶未仕宋時所作。《宋史・藝文志》作《南唐近事集》，名目小異，未詳何據。然《宋史》多舛謬，『集』字蓋誤衍也。其體頗近小說，疑南唐亡後，文寶有志於國史，蒐採舊聞，排纂敘次。以朝廷大政入《江表志》，至大中祥符三年乃成。其餘叢談瑣事，別爲緝綴，先成此編。一爲史體，一爲小說體也。中如『控鶴致斃』一詩，先見蜀何光遠《鑑戒錄》，乃女冠蔣鍊師事，而此以爲廬山九空使者廟道士，似不免於牽合附會。又如韓偓依王審知以終，未見南唐之平閩，乃記其金蓮燭跋事，亦失斷限。然文寶世仕江南，得諸聞見，雖浮詞不免，而實錄終存。故馬令、陸游《南唐書》採用此書幾十之五六，則宋人固不廢其說矣。書中以慶王宏茂作王宏，嚴可求作嚴求，劉存中作劉存忠，所記姓名多與他書不合。又此書之杜業，《江表志》作杜光鄴，尤自相違異，殆傳鈔者有所訛漏，不盡舊本歟？案偏霸事迹，例入載記。惟此書雖標南唐之名，而非其國記，故入之小說家。蓋以書之體例爲斷，不以書名爲斷，猶《開元天寶遺事》不可以入史部也。」頗足參證。《四庫全書總目》將此書入〈子部・小說家〉，正與《解題》謂「然泛記雜事，實小說傳記之類耳」意同。至天福二年（937）歲在丁酉，《解題》作己酉，實訛；開寶八年（976），歲在乙亥，《永樂大典》原作己亥，亦訛。天福二年至開寶八年，前後相隔，正四十年也。文寶字仲寶，宋太宗時任工部員外郎，《宋史》卷二百七十七〈列傳〉第三十六有傳。

江表志三卷

《江表志》三卷，鄭文寶撰。〈序〉言徐鉉、湯悅所錄，事多遺落，無年可編。然前《錄》固為簡略，而猶以年月紀事，今此書亦止雜記，如事實之類爾。《近事》稱太平興國二年丁丑，今稱庚戌者，大中祥符三年也。

廣棪案：此條《文獻通考》著錄，惟誤作「晁氏曰」。《通志》卷六十五〈藝文略〉三〈史類〉第五〈霸史〉下著錄：「《江表志》三卷，注鄭文寶撰。」與《解題》同。《宋史》卷二百四〈志〉第一百五十七〈藝文〉三〈霸史類〉著錄：「鄭文寶《江表志》二卷。」則較《解題》著錄少一卷。《四庫全書總目》卷六十六〈史部〉二十二〈載記類〉著錄：「《江表志》三卷，福建巡撫採進本。宋鄭文寶撰。文寶，字仲賢，寧化人。南唐鎮海節度使彥華之子。初仕爲校書郎。入宋，舉太平興國八年進士。歷官至陝西轉運使、兵部員外郎。《東都事略》載入〈文藝傳〉中。始，徐鉉、湯悅奉詔集李氏事作《江南錄》，多所遺落。文寶因爲此編。上卷紀烈祖事，中卷紀元宗事，下卷紀後主事。不編年月，於諸王大臣並標其名，亦無事實，記載甚簡。又獨全錄韓熙載〈歸國狀〉、張佖〈諫疏〉各一首，去取亦頗不可解。然文寶爲南唐舊臣，《硯北雜志》載其歸宋後，常披蓑荷笠，作漁者以見李煜，深加寬譬，煜甚忠之。《鐵圍山叢談》又載其初受業於徐鉉，及爲陝西轉運使，時鉉方謫居，仍叩謁執弟子禮，鉉亦坐受其拜，蓋惓惓篤故舊之誼者。故其紀後主亡國，亦祗以『果於自信，越人始謀』爲言。與徐鉉〈墓碑〉相類，其意尚有足取。其記『李煜時貢獻賦斂』一條，王鞏《隨手雜錄》全取之。且注其下曰：『《江表志》，鄭文寶撰。』則亦頗重其書。又如『江南江北舊家鄉』一詩，文寶以爲吳讓皇楊溥所作，而馬令《南唐書》則直以爲後主作。然文寶親事後主，所聞當得其眞，是亦可以訂馬《書》之誤也。晁氏《讀書志》稱文寶有〈序〉，題『庚戌』，乃大中祥符三年。此本無之。今從《學海類編》補錄成完帙焉。」足資參證。

南唐書三十卷

《南唐書》三十卷，陽羨馬令撰。〈序〉言其祖太博元康世家金陵，多知南唐故事，未及撰次，今纂先志而成之。實崇寧乙酉。其書略備紀傳體，而亦言徐鉉、湯悅之疎略云。

廣棪案：馬令序此書曰：「〈傳〉曰：『太熙之後述史者，幾乎罫矣。』唐季五代，大盜割據，各亦有史，而太熙之風，往往有之。南唐寖滅，史官高遠慮貽後悔，悉取史草焚之而死。徐鉉、湯悅奉太宗皇帝敕，追錄所聞，而忘遠取近，率皆疎略。先祖太博元康世家金陵，多知南唐故事，旁搜舊史遺文，并集諸朝野之能道其事者，未及撰次，遽捐館舍。今輒不自料，纂先志而成之，列爲三十卷，雖有愧於筆削，而誅亂尊王，亦庶幾焉。崇寧乙酉春正月，陽羡馬令。」《解題》殆據馬〈序〉隱括。馬〈序〉成於徽宗崇寧四年乙酉（1105），其書亦應撰就於此時。令，生平事迹無可考。籍貫之陽羨，即今江蘇宜興也。

江南餘載二卷

《江南餘載》二卷，廣棪案：《文獻通考》「餘」作「館」，誤。**不著姓名。〈序〉言：「徐鉉始奉詔為《江南錄》，其後王舉、路振、陳彭年、楊億皆有書。大概六家皆不足以史稱，而龍袞為尤甚。熙寧八年，得鄭君所述於楚州，其事迹有六家所遺或小異者，刪落是正，取百九十五段，以類相從。」鄭君者，莫知何人，豈即文寶也耶？**

廣棪案：此書《文獻通考》卷二百〈經籍考〉二十七〈史‧僞史霸史〉著錄作《江南館載》二卷，「館」字乃「餘」之訛。《宋史》卷二百四〈志〉第一百五十七〈藝文〉三〈霸史類〉著錄：「《江南餘載》二卷，並不知作者。」與此同。《四庫全書總目》卷六十六〈史部〉二十二〈載記類〉著錄：「《江南餘載》二卷，《永樂大典》本。不著撰人名氏。《宋史‧藝文志》載之〈霸史類〉中，亦不云誰作。馬端臨《文獻通考》、戚光《南唐書音釋》並作《江南館載》，字之訛也。陳氏《書錄解題》載是書原序，略曰：『徐鉉始奉詔爲《江南錄》，其後王舉、路振、陳彭年、楊億皆有書。大概六家皆不足以史稱，而龍袞爲尤甚。熙寧八年，得鄭君所述於楚州，其事迹有六家所遺或小異者，刪落是正，取百九十五段，以類相從。』云云。振孫謂鄭君者莫知何人。考鄭文寶有《南唐近事》二卷，作於太平興國二年丁丑。又《江表志》三卷，作於大中祥符三年庚戌。不在此〈序〉所列六家之內。則所稱得於楚州者，當即文寶之書。檢此書所錄雜事，亦與文寶《江表志》所載互相出入。然則所謂刪落是正者，實據《江表志》爲稿本矣。今世所行《江表志》，名爲三卷，實止二十四頁。蓋殘闕掇拾，已非完書。此書所謂一百九十五段者，今雖不可全見，而《永樂大典》內所引尚夥，多有《江表志》所不載者。則《江表志》雖存而實佚，此書雖佚，尚有大半之存也。〈宋志〉載此書二卷，《書錄解題》

及諸家書目並同。今採輯其文，仍爲二卷，以補《江表志》之闕焉。」足供參證。考《解題》所謂六家之書，除徐鉉、湯悅所撰《江南錄》十卷外，另即王舉《天下大定錄》十卷、路振《九國志》五十一卷、陳彭年《江南別錄》四卷、龍衮《江南野史》二十卷，惟楊億所撰者，則不可考耳。

新修南唐書十五卷

《新修南唐書》十五卷，寶謨閣待制山陰陸游務觀撰。采獲諸書，頗有史法。

廣棪案：黃虞稷《宋史藝文志補・史部・霸史類》著錄：「陸游《南唐書》十八卷，《音釋》一卷。」著錄卷數與《解題》不同。錢曾《讀書敏求記》卷二之上〈史〉載：「陸游《南唐書》十八卷、戚光《音釋》一卷。務觀《南唐書》詳核有法，卷例俱遵《史》、《漢》體，首行書某紀、某傳、卷第幾，而注《南唐書》於下。今流俗鈔本竟稱《南唐書》本紀卷第一、卷二、三，列傳亦如之，開卷便見其謬，可一嘅也。」《四庫全書總目》卷六十六〈史部〉二十二〈載記類〉著錄：「《南唐書》十八卷、《音釋》一卷，內府藏本。宋陸游撰。游有《入蜀記》，已著錄。宋初撰錄南唐事者凡六家，大抵簡略。其後撰《南唐書》者三家，胡恢、馬令及游也。恢書傳本甚稀，王士禎《池北偶談》記明御史李應昇之叔有之，今未之見。惟馬令《書》與游《書》盛傳，而游《書》尤簡核有法。元天歷初，金陵戚光爲之《音釋》，而博士程塾等校刊之，趙世延爲〈序〉。錢曾《讀書敏求記》稱舊本遵《史》、《漢》體，首行書某紀、某傳、卷第幾，而注《南唐書》於下。王士禎《古夫于亭雜錄》又稱其門人大名成文昭寄以宋槧本，凡十五卷，與今刻十八卷編次小異。今其本均不可見，所行者惟毛晉汲古閣本，刻附《渭南集》後者，已改其體例，析其卷數矣。南唐元宗於周顯德五年即去帝號，稱江南國主。胡恢從《晉書》之例，題曰載記，不爲無理。游乃於烈祖、元宗、後主皆稱本紀。且於〈烈祖論〉中引蘇頌之言，以《史記・秦莊襄王》、〈項羽本紀〉爲例，深斥胡恢之非。考劉知幾《史通・本紀篇》嘗謂『姬自后稷至於西伯，嬴自伯翳至於莊襄，爵乃諸侯，而名隸本紀』。又稱『項羽僭盜而死，未得成君。假使羽竊帝名，正可抑同群盜。況其名曰西楚，號止霸王。號諸侯而稱本紀，循名責實，再三乖謬』。則司馬遷之失，前人已深排之。游乃引以藉口，謬矣。得非以南渡偏安，事勢相近，有所左袒於其間乎？他如〈后妃諸王傳〉置之群臣之後，〈雜藝方士傳〉於〈忠義〉之前。揆以體例，亦爲未允。讀其書者，取其敘述之簡潔可也。」可供參證。游字務觀，越州山陰人。《宋史》

卷三百九十五〈列傳〉第一百五十四有傳。其〈傳〉謂游以光宗紹熙三年升寶章閣待制，而《解題》謂「寶謨閣待制」，二者不同。考《宋史》卷一百六十二〈志〉第一百一十五〈職官〉二〈諸閣學士〉載：「寶謨閣學士、直學士、待制，嘉泰二年置。藏光宗御製，置學士等官。寶章閣學士、直學士、待制，寶慶二年置。藏寧宗御製，置學士等官。」嘉泰，寧宗年號；二年爲西元一二〇二年；寶慶，理宗年號，二年爲西元一二二六年。是光宗時猶未有寶章閣學士等官之設置，《宋史・陸游傳》稱游「寶章閣待制」，顯誤。游以寧宗嘉定二年（1209）致仕家居，而其任寶謨閣待制必在嘉泰二年之後，致仕之前。《宋史・陸游傳》謂游以紹熙三年（1192）爲寶章閣待制，疑應爲嘉泰三年（1203）升寶謨閣待制之誤。後檢今人歐小牧所編《陸游年譜》，其「嘉泰三年先生七十九歲」條下載：「先生進職寶謨閣待制。」又載：「文〈除寶謨閣待制謝表〉，《文集》卷一。〈除寶謨閣待制謝丞相啓〉，《文集》卷十二。」與余所考者暗合。

前蜀紀事二卷

《前蜀紀事》二卷，後蜀學士毛文錫平珪撰。起廣明廣棪案：《文獻通考》作「唐明」，誤。**庚子，盡天福**廣棪案：盧校本「天福」作「天祐」，是。**甲子，凡二十五年。文錫，唐太僕卿龜範之子，十四登進士第。入蜀仕建，至判樞密院，隨衍入洛而卒。**

廣棪案：《崇文總目》卷二〈僞史類〉著錄：「《前蜀王氏紀事》二卷，毛文錫撰。繹按：《書錄解題》無『王氏』二字。」錢東垣輯釋本。惟《宋史》卷二百四〈志〉第一百五十七〈藝文〉三〈霸史類〉著錄仍有「王氏」二字。《宋史藝文志史部佚籍考》上編〈已佚而無輯本者〉（十三）〈霸史類〉載：「《前蜀王氏紀事》二卷，五代毛文錫撰。文錫，字平珪，高陽人，唐進士，事蜀爲翰林學士，累拜司徒，著有《茶譜》。《通志・藝文略》著錄《前蜀王氏紀事》二卷。云：『僞蜀毛文錫撰，記王建未僭號前事。』……按：王建事迹具《新唐書》（卷二一八）、《五代史》（卷一三六）、《新五代史》（卷六三）等書。」可供參考。廣明，唐僖宗年號，庚子爲元年（880）；天祐，唐哀帝年號，甲子爲元年（904），前後合共二十五年，《解題》作「天福」，誤。文錫，《十國春秋》卷第四十一〈前蜀〉七〈列傳〉載：「毛文錫字平珪，高陽人，唐太僕卿龜範子也。年十四登進士第，已而來成都從高祖，官翰林學士承旨。永平四年，遷禮部尚書，判樞密院事。先是峽上有堰，或勸高祖宜乘江漲決之，以灌江陵。文錫諫曰：『高季昌不服，其民何罪？陛下方以德懷天下，忍以鄰國之民爲魚鱉食乎？』高祖乃止。通正元年，進文思殿大學士，已又拜司徒，判樞密院如故。天漢時，宦官唐文扆同宰相張格爲表裏，與文錫爭權，會文錫以女適僕射庾傳素子，宴親族於樞密院，用樂不先奏聞。高祖聞鼓吹聲，怪之，文扆因極口摘其短，貶文錫茂州司馬，子詢流維州，籍其家。及國亡，隨後主降唐；未幾，復事孟氏，與歐陽炯等五人以小詞爲後蜀主所賞，文錫有《前蜀紀事》二卷、《茶譜》一卷。尤工艷語，所撰〈巫山一段雲〉詞，當世傳詠之。詞曰：『雨霽巫山上，雲輕映碧天。遠風吹散又相連，十二晚峰前。暗濕啼猿樹，高籠過客船。朝朝暮暮楚江邊，幾度降神仙。』」足資參證。

後蜀紀事二卷

《後蜀紀事》二卷，直史館太常博士董淳撰。惟記孟昶事。

廣棪案：《通志》卷六十五〈藝文略〉第三〈史類〉第五〈霸史〉下著錄：「《後蜀孟氏紀事》二卷。注：宋朝董淳撰。記孟昶事。」與《解題》著錄同，惟書名多「孟氏」二字。《宋史》卷二百四〈志〉第一百五十七〈藝文〉三〈霸史類〉著錄則作「董淳《後蜀孟氏記事》三卷」，疑「三」乃「二」之訛。淳，《宋史》無傳。《宋史》卷四百三十九〈列傳〉第一百九十八〈文苑〉一〈鄭起傳〉附載：「又有穎贄、董淳、劉從義善爲文章，張翼、譚用之善爲詩，張之翰善牋啓。贄拔萃登科，至太子中允。淳爲工部員外郎，直史館，奉詔撰《孟昶紀事》。從義多藏書，嘗纘長安碑文爲《遺風集》二十卷。餘皆官不達。」是淳所撰《孟昶紀事》，即此書也。然《宋史・鄭起傳》未記淳任太常博士事，《解題》此條足補其闕。

蜀檮杌十卷

《蜀檮杌》十卷，殿中侍御史裏行新建張唐英次功撰。唐英自號黃松子，商英天覺之兄也。

廣棪案：《郡齋讀書志》卷第七〈僞史類〉著錄：「《外史檮杌》十卷。右皇朝張唐英次公撰。〈序〉稱：『王建、孟知祥父子四世八十年，比之公孫述輩，最爲久遠。其間善惡，有可爲世戒者，路振之書未備。治平中成此書，以補其遺。』凡《五代史》及《皇朝日曆》所書皆略之。溫公修《通鑑》，搜羅小說殆遍，未嘗取此書，蓋多差舛，如光天至二年之類是也。」書名雖略異，實與《解題》

所著錄同屬一書。唐英字次功，神宗時擢殿中侍御史。《宋史》卷三百五十一〈列傳〉第一百一十附〈張商英〉。其〈傳〉曰：「唐英有史材，嘗著《仁宗政要》、《宋名臣傳》、《蜀檮杌》行于世。」唐英實著有此書。商英字天覺，其〈傳〉謂商英爲「蜀州新津人」，則唐英亦應爲新津人。唐英既撰此書，可爲蜀州人之旁證。又檢傅增湘《宋蜀文輯存》卷十四，唐英所撰〈張御史墓誌銘〉，收入其中。是則唐英乃蜀人，《解題》之「新建」，實「新津」之訛。新津，今四川省成都市；而新建，今江西省南昌市。

吳越備史九卷

《吳越備史》九卷，吳越掌書記范坰、巡官林禹撰。按《中興書目》：「其初十二卷，盡開寶三年；後又增三卷，至雍熙四年。」今書止石晉開運，比初本尚闕三卷。

廣棪案：《宋史》卷二百四〈志〉第一百五十七〈藝文〉三〈霸史類〉著錄：「《吳越備史》十五卷，吳越錢儼，託名范坰、林禹撰。」是此書〈宋志〉以爲錢儼撰。《解題》「《吳越備史遺事》五卷」條曰：「全州觀察使錢儼撰。俶之弟也。其〈序〉言《備史》亦其所作，託名林、范。」是知〈宋志〉所言，亦據儼〈吳越備史遺事序〉耳。范、林事迹無可考。此書原十五卷，蓋「其初十二卷」，「後又增三卷」。至直齋所得，「比初本尚闕三卷」，即九卷，故卷帙不全也。開寶，宋太祖年號，三年爲庚午歲（970）；雍熙，宋太宗年號，四年爲丁亥歲（987）。

吳越備史遺事五卷

《吳越備史遺事》五卷，全州觀察使錢儼撰。俶之弟也。其〈序〉言《備史》亦其所作，託名林、范，而遺名墜迹，殊聞異見，闕漏未盡者，復為是編。時皇宋平南海之二年，吳興西齋序。蓋開寶五年也。儼以三年代其兄偡刺湖州。

廣棪案：《宋史》卷二百四〈志〉第一百五十七〈藝文〉三〈霸史類〉著錄：「錢儼《備史遺事》五卷。」與此同。儼，《宋史》卷四百八十〈列傳〉第二百三十九〈世家〉三〈吳越錢氏〉載：「儼字誠允，俶之異母弟也。本名信，淳化初改焉。幼爲沙門，及長，頗謹愼好學。俶襲國封，命爲鎭東軍安撫副使。周顯德四年，奏署衢州刺史。太祖平揚州，俶遣儼入賀，命閤門副使武懷節齎詔迎勞，賜賚甚厚。及歸，又賜玉帶、名馬、錦綵、器皿。開寶三年，代兄偡知湖州，充宣德軍安撫使。俶奉詔攻毗陵，命儼督漕運。太平興國二年，從俶之請，授新、媯、儒等州觀察使，仍知湖州，儼兄儀為慎、瑞、師等州觀察使。入朝，以儼為隨州觀察使，儀為金州觀察使。侍祠郊宮，特召升儼班於節度使之次。儀卒，儼換金州。常從幸天駟監，會賜從官馬，太宗敕有司曰：『錢儼，儒者，宜擇馴馬給之。』未幾，出判和州，在職十七年。咸平六年，卒，年六十七，贈昭化軍節度。儼嗜學，博涉經史。少夢人遺以大硯，自是樂為文辭，頗敏速富贍，當時國中詞翰多出其手。歸京師，與朝廷文士遊，歌詠不絕。淳化初，嘗獻《皇猷錄》，咸平又獻《光聖錄》，並有詔嘉答。所著有《前集》五十卷、《後集》二十四卷、《吳越備史》十五卷、《備史遺事》五卷、《忠懿王勳業志》三卷，又作《貴溪叟自敘傳》一卷。」足資參證。惟《宋史》載儼兄儀為金州觀察使，儀卒，儼換金州。是儼所任者乃金州，非全州，《解題》或誤矣。

閩中實錄十卷

《閩中實錄》十卷，周顯德中，揚州永貞縣令蔣文懌記王審知父子及將吏、儒士、僧道事迹，末亦略及山川、土物。

廣棪案：《崇文總目》卷二〈僞史類〉著錄：「《閩中實錄》十卷，蔣文懌撰。」錢東垣輯釋本。《宋史》卷二百四〈志〉第一百五十七〈藝文〉三〈霸史類〉著錄：「蔣文懌《閩中實錄》十卷。」所著錄撰人名字不同，疑《解題》誤。。《宋史藝文志史部佚籍考》上編〈已佚而無輯本者〉（十三）〈霸史類〉載：「《閩中實錄》一〇卷，五代蔣文懌撰。文懌，顯德中揚州永貞縣令。……按：王審知於梁太祖開平元年（907）建國號福建，是為太祖，在位十九年。子延翰立，時為唐明宗天成元年（926），是為閩嗣主，在位僅一年。次年，弟延鈞立，是為閩惠宗，在位僅六年。」可供參考。

閩王列傳一卷

《閩王列傳》一卷，秘書監晉江陳致雍撰。二世七主，通六十年。

廣棪案：《崇文總目》卷二〈僞史類〉著錄：「《閩王審知傳》一卷，陳致雍撰。原釋：闕。見天一閣鈔本。」錢東垣輯釋本。應與此同屬一書。致雍另撰有《晉安海物異名記》三卷、《曲臺奏議集》二十卷，〈宋志〉著錄。

閩王事迹一卷

《閩王事迹》一卷，不知何人作。卷末稱「光啟二年至天聖九廣棪案：盧校本「九」作「元」。**年，一百三十八年」。其所記頗詳。**館臣案：閩亡於五代之末，其世紀不得至天聖九年，疑有誤。

廣棪案：《宋史》卷二百四〈志〉第一百五十七〈藝文〉三〈霸史類〉著錄：「《閩王事迹》一卷，並不知作者。」與此同。《宋史藝文志史部佚籍考》上編〈已佚而無輯本者〉（十三）〈霸史類〉載：「《閩王事迹》一卷，宋不著撰人。……按：閩自王延翰建國，至恭義王天德三年（945）亡，不得至天聖九年，疑後人續之也。」可供參考。考《解題》所稱光啓，乃唐僖宗年號；二年，歲次丙午（886）；天聖，宋仁宗年號；元年，歲次癸亥（1023）；正一百三十八年。盧校本不誤。

三楚新錄三卷

《三楚新錄》三卷，知貴州修仁縣周羽沖撰。上卷為湖南馬殷，中卷為武陵周行逢，下卷為荊南高季興。

廣棪案：《通志》卷六十五〈藝文略〉第三〈史類〉第五〈霸史〉下著錄：「《三楚新錄》，宋朝周羽沖撰。紀湖南馬殷、周行逢，荊南高季興事。」《宋史》卷二百四〈志〉第一百五十七〈藝文〉三〈霸史類〉著錄：「周羽沖《三楚新錄》三卷。」與此同。同書卷二百三〈志〉第一百五十六〈藝文〉二〈傳記類〉又著錄：「《三楚新錄》一卷。」則屬不完之本。《四庫全書總目》卷六十六〈史部〉二十二〈載記類〉著錄：「《三楚新錄》三卷，浙江吳玉墀家藏本。宋周羽翀撰。羽翀，里貫未詳，自署稱儒林郎、試秘書省校書郎、前桂州修仁令。蓋宋初人也。其稱三楚者，以長沙馬殷、武陵周行逢、江陵高季興皆據楚地稱王。故論次其興廢本末，以一國爲一卷。其中與史牴牾不合者甚多，如馬殷本爲武安節度使劉建鋒先鋒指揮使，佐之奪湖南，及建鋒爲陳贍所殺，軍中迎殷爲留後，亦未嘗爲邵州刺史。今羽翀乃稱殷隨渠帥何氏南侵，何命爲邵州刺史，何氏卒，眾軍迎殷爲主。其說皆鑿空無據。又謂馬希範入覲，桑維翰旅遊楚泗，求貨不得，拂衣而去；及希範立，維翰已爲宰相，奏削去其半仗云云。今考希範嗣立，在唐明宗長興三年，時晉未立國，安得有維翰爲宰相之事？亦爲誣罔。又如王逵爲潘叔嗣所襲，與戰敗沒。而羽翀以爲敗於南越，僅以身免，竟死於路。與諸書所紀並有異同。蓋羽翀未睹《國史》，僅據故老所傳述，纂錄成書，故不能盡歸精審。然其所聞軼事，爲史所不載者，亦多可採。稗官野記，古所不廢，固不妨錄存其書，備讀五代史者參考焉。」足資參證。

湖南故事十卷

《湖南故事》十卷，不知作者。記馬氏至周行逢事。《館閣書目》作十三卷，蓋為列傳十三篇，其實十卷也。文辭鄙甚。

廣棪案：《中興館閣書目・史部・霸史類》著錄：「《湖南故事》十三卷。《書錄解題》五。」趙士煒輯考本。《宋史》卷二百四〈志〉第一百五十七〈藝文〉三〈霸史類〉著錄：「《湖南故事》十三卷。」是此書《館閣書目》與〈宋志〉均作十三卷，蓋或以篇爲卷耳。

五國故事二卷

《五國故事》二卷，不知作者。記吳、蜀、閩、漢諸國事。

廣棪案：《通志》卷六十五〈藝文略〉第三〈史類〉第五〈霸史〉下著錄：「《五國故事》二卷。注：記吳、唐、蜀、漢、閩五國事。」是《解題》「吳」下脫「唐」字。此書明余寅有〈序〉，曰：「《五國故事》一篇，不知輯者誰氏，鄭迪功《通志》嘗列之〈霸史〉。吾鄞少司馬范公建天一閣，多藏書，此蓋瑣品之一目云。五國者，楊行密稱吳、李昪稱南唐、王建、孟知祥俱有蜀，總爲一國，劉龑稱漢、而王審知稱閩。茲五氏皆驍鷙猛厲，見一時鴟張，諸孽滿於海內，無不有黃屋之心，遂挾風雲，竊名號，專制一方，此桓、文之所必誅者。惜皇綱失馭，暴虎突其宮。若留從效輩，如虺蜴紛起，宇縣大裂，其時蓋且十餘姓矣。迺獨輯五國，間嘗稍一繙閱，其大者已采入正史，其細者無足爲史氏有無，且更多參錯。四國不敘姓，閩獨敘姓；四國俱加一僞字，於蜀獨否；漢氏劉未嘗氏彭城，乃舉其郡封而氏之，從效氏劉乃氏婁，固壹葉也，終宜有別。龑字誠不典，何遂不書？曌嘗別製字妄自尊，何嘗雅馴，而至今存。大抵此編潦率，蓋歐陽氏之棄餘也。五國之事邈矣，其時湯悅《江南錄》、徐鉉《吳錄》、信都鎬《淝上英雄錄》、《邗溝要略》、王顏《烈祖開基錄》、李昊《前後蜀實錄》、曹衍《湖湘故事》、蔣文懌《閩中實錄》，俱不傳，此編猶在。白日荒荒，見此爝火，又諸君亦號名英雄，多可怪愕事。范司馬喜刻古書，此編已入丹格，未及梓而歿，余遂序而存之。余寅題。」《四庫全書總目》卷六十六〈史部〉二十二〈載記類〉著錄：「《五國故事》二卷，浙江鮑士恭家藏本。不著撰人名氏。『南漢』條下稱劉晟本二名，上一字犯宣祖諱，去之。則北宋人。又『南唐』條下稱嘗以其事質於江南一朝士。則猶在宋初，得見李氏舊臣也。中於南漢稱彭城氏，於留從效姓稱婁。錢塘厲鶚〈跋〉以爲吳越國人入宋所作，避武肅王諱。然『閩王延翰』條下稱其妻爲博陵氏，則又何爲而諱崔乎？年代綿邈，蓋不可考矣。其書紀吳楊氏、南唐李氏、蜀王氏、孟氏、南漢劉氏、閩王氏之事，稱曰五國。然以其地而論，當爲四國。若以其人而論，當爲六國。未審其楊、李併爲一，抑孟、王併爲一也。鄭樵〈通志略〉列之〈霸史類〉中，實則小說之體，記錄頗爲繁碎。中如徐知誥斥進黃袍諸事，爲史所不載。又李煜爲李璟第六子，而此云璟之次子，與史亦小有異同。然考古在於博徵，固未可以瑣雜廢也。前有萬歷中太常寺少卿余寅題詞，譏其四國俱加僞字，於蜀獨否。今考書中明書僞蜀王建，又書孟知祥以長興五年遂僭大號，何嘗不著其僞。卷首〈總綱〉既以前蜀、後蜀爲分，再加僞字，則或曰前僞蜀、後僞蜀，或曰僞前蜀、僞後蜀，詞句皆嫌於贅，是以省之，《公羊傳》所謂避不成文是也。謂不僞蜀，殊失其旨。至『南漢』條下稱僞漢先主名巖，後名俊，又名龔。龔之字曰儼，本無此字。龔欲自大，乃以龍天合成其字。以其不典，故不書之。寅援《唐史》書武后名曌以駁之，則其說當矣。」均足資參考。

九國志五十一卷

《九國志》五十一卷，右正言知制誥祁陽路振子發撰。九國者，謂吳、唐、二蜀、東南二漢、閩、楚、吳越，各為世家、列傳，凡四十九卷。末二卷為北楚，書高季興事，張唐英所補撰也。

廣棪案：《郡齋讀書志》卷第七〈僞史類〉著錄：「《九國志》五十一卷。右皇朝路振子發撰。雜記吳、越、唐、前蜀、後蜀、東漢、南漢、閩、楚，凡九國。」所述較《解題》微遜。《通志》卷六十五〈藝文略〉第三〈史類〉第五〈霸史〉下著錄：「《九國志》四十九卷。注：曾顏撰。記五代國事。」所著錄之撰人與晁《志》、《解題》均不同，未知何據？曾顏有《渤海行年記》十卷，鄭樵或有所誤記也。《宋史》二百四〈志〉第一百五十七〈藝文〉三〈霸史類〉仍著錄作「路振《九國志》五十一卷」。此書阮元《揅經室外集》卷一

〈四庫未收書提要〉著錄：「《九國志》十二卷，宋路振撰。案《宋史》本傳，振字子發，永州祁陽人。淳化中登甲科，眞宗時知制誥。嘗采五代僭僞吳、南唐、吳越、前、後蜀、東、南漢、閩、楚九國君臣行事，作世家、列傳，未成而卒。王應麟云：『書凡四十九卷，其孫綸增入荊南高氏，於治平中上之，詔付史館，實十國也。』《書錄解題》則云：『末二卷爲北楚，張唐英補撰，合五十一卷。』《文獻通考》、《宋史・藝文志》總題爲路振《九國志》五十一卷，俱不及綸。蓋綸雖經增輯，而當時所傳播者則唐英所補也。此書世久失傳，惟曲阜孔氏尙有舊鈔殘帙，用以重錄，得列傳百三十六篇，編爲十二卷，而世家之文已不復見。卷帙叢殘，闕佚過半，然藉此以裨《五代史》之漏略，已不少矣。」道光間伍崇曜亦撰〈題記〉，曰：「右《九國志》十二卷，宋路振撰，張唐英補。按：振字子發，祁陽人，洵美子，事迹具見《宋史・文苑傳》。邵經邦《宏簡錄》稱其文詞溫麗，牋奏塡委，應答敏贍，使契丹，獻《乘軺錄》，有《集》二十卷。《雅言系述》載其〈伍彬歸隱詩〉，有『庭樹烏頻啄，山房人尙眠』語。錢士升《南宋書》亦稱其作詩有唐人風。又嘗采五代九國君臣事，作世家、列傳，行於世，即是書也。唐英字次公，新津人，商英兄，事迹附《宋史・商英傳》中。《南宋書》稱其有史材，嘗著《仁宗政要》、《宋名臣傳》、《蜀檮杌》行於世。楊升菴《丹鉛總錄》屢及其論姚儔，論王威、高雅等語，又譏晁公武誤以爲張君房，殆頗重其人矣。考五代諸霸國事迹，惟南唐頗詳，其他著撰遺佚已多，我朝吳任臣《十國春秋》，亦後來補作。是書久無傳本，曹溶〈絳雲樓書目跋〉謂牧翁嘗云有劉恕《十國紀年》及是書，而《書目》無之，甚可疑也。道光庚戌小寒節，南海伍崇曜。」均足資參證。是此書清時僅存十二卷，爲列傳百三十六篇。

十國紀年四十卷

《十國紀年》四十卷，劉恕撰。十國者，即前九國之外，益以荊南，張唐英所謂北楚也。

廣棪案：《郡齋讀書志》卷第七〈僞史類〉著錄：「《十國紀年》四十二卷。右皇朝劉恕道原撰。溫公〈序〉云：『渙之子也。博學強記，同修《通鑑》，史事之紛錯難治者以諉恕。宋次道知亳州，家多書。恕往借觀之，目爲之瞖。性剛介，初與王安石善，及改新法，言其非，遂與之絕。卒年四十九。』所謂『十國』者，一王蜀，二孟蜀，三吳，四唐，五吳越，六閩，七楚，八南漢，九荊南，十北漢。溫公又題其後，云：『世稱路氏《九國志》，在五代史之中最佳，此書又過之。』以予考之，長於考異同，而拙於屬文。其書國朝事，皆曰宋，而無所隱諱。意者各以其國爲主耳。」《通志》卷六十五〈藝文略〉第三〈史類〉第五〈霸史〉下著錄：「《十國紀年》四十二卷。注：本朝劉恕撰。紀五代十國事。」《玉海》卷第四十七〈藝文・雜史〉「皇朝《十國紀年》」條載：「《書目》：『秘書丞劉恕撰。記五代僭僞吳、唐、前蜀、後蜀、吳越、閩、漢、楚、荊南、北漢十國君臣事迹，本四十二卷，今存止四十卷。』恕又有《疑年譜》一卷。恕謂先儒敘包羲、女媧，下逮三代，享國之歲，惟大庭至無懷氏無年而有總數，及後世計堯、舜之年，眾說不同。三統曆次夏、商、西周，與《汲冢紀年》及商曆差異，故載周厲王以前三千五百一十九年爲〈譜〉。晁氏《志》：『《十國紀年》四十二卷，長於考異同，而拙於屬文。』」《宋史》卷二百三〈志〉第一百五十六〈藝文〉二〈別史類〉著錄：「劉恕《十國紀年》四十二卷。」同書卷二百四〈志〉第一百五十七〈藝文〉三〈霸史類〉著錄：「劉恕《十國紀年》四十卷。」是則此書原本四十二卷，後存止四十卷。故〈宋志〉兩載，而卷數不同。至直齋所得者乃四十卷本。恕字道原，筠州人。《宋史》卷四百四十四〈列傳〉第二百三〈文苑〉六有傳。其〈傳〉謂恕「偕司馬光游萬安山，道旁有碑，讀之，乃五代列將，人所不知名者，恕能言其行事始終，歸驗舊史，信然」；「著《五代十國紀年》，比擬《十六國春秋》。」足資參證。

天下大定錄一卷

《天下大定錄》一卷，殿中丞通判桂州王舉撰。景祐間人。始高季興，終劉繼元。其所記疎略，獨江南稍詳。書本十卷，今但為一卷，恐非全書也。

廣棪案：《通志》卷六十五〈藝文略〉第三〈史類〉第五〈霸史〉著錄：「《天下大定錄》十卷。」無撰人。《宋史》卷二百四〈志〉第一百五十七〈藝文〉三〈霸史類〉著錄：「王舉《天下大定錄》十卷。」卷數皆作十卷。是直齋所藏實非完本。《宋史藝文志史部佚籍考》上編〈已佚而無輯本者〉（十三）〈霸史類〉載：「《天下大定錄》一〇卷，宋王舉撰。舉，桂州人，殿中丞通判。《遂初堂書目・僞史類》載：『《天下大定錄》。』不著卷數、作者。……按：高季興，莊宗時封南平王。劉繼元，太平興國四年（979）爲宋所滅。此書陳《錄》止一卷，知南宋時完本已少。李燾《長編》頗引此書，知其有裨於史。」可供參考。舉，《宋史》無傳。〈宋史〉卷二百六〈志〉第一百五十九〈藝文〉五〈小說家類〉著錄有「王舉《雅言系述》十卷」。同書卷二百九十二〈列傳〉第五十一〈李諮〉載：「時陝西緣邊數言軍食不給，度支都內錢不足支月奉，章獻太后憂之，命呂夷簡、魯宗道、張士遜與諮等經度其事。諮曰：『舊法商人入粟邊郡，算茶與犀象、緡錢，爲虛實三估，出錢十四文，坐得三司錢百文。』諮請變法以實錢入粟，實錢售茶，三者不得相爲輕重。既行，而商人果失厚利，怨謗蠭起。諮以疾累請郡，改樞密直學士，知洪州。行數月，而御史臺鞫吏王舉、句獻私商人，多請慈州礬，會計茶法不折虛費錢，妄稱增課百萬緡，以覬恩賞。諮坐不察奪職。」據是，則舉亦貪墨之吏也。

陰山雜錄十六卷

《陰山雜錄》十六卷，不著名氏。莆田鄭氏《書目》云：「趙志忠撰。」志忠者，遼中書舍人，得罪於宗真，挺身來歸。歐公《歸田錄》云：「志忠本華人，自幼陷虜，為人明敏，在虜中舉進士，至顯官。歸國，能述虜中君臣世次、山川風物甚詳。」今觀此書，可概見矣。

廣棪案：《秘書省續編到四庫闕書目》卷一〈史類．僞史〉著錄：「《陰山雜錄》四卷，闕。輝按：陳〈錄〉十六卷，〈宋志〉入〈傳記類〉，云：『十五卷。』《遂初目》入〈地理類〉，云：『趙志忠撰，無卷數』。」葉德輝考證本。《通志》卷六十五〈藝文略〉第三〈史類〉第五〈霸史〉下：「《陰山雜錄》四卷。」《宋史》卷二百三〈志〉第一百五十六〈藝文〉二〈傳記類〉著錄：「《陰山雜錄》十五卷，並不知作者。」是此書前人著錄多有異同，其撰人或闕，或作趙志忠；卷數或無，或作十五卷、十六卷。《宋史藝文志史部佚籍考》上編〈已佚而無輯本者〉（七）〈傳記類〉載：「《陰山雜錄》一五卷、《契丹實錄》一卷，宋趙志忠撰。志忠有《虜庭雜記》（一四卷）已著錄。《通志．藝文略．地理．蠻夷》著錄《陰山雜錄》六卷（當作十六卷），云趙志忠撰。《直齋書錄解題》（卷五）〈僞史類〉著錄《陰山雜錄》十六卷，……又著錄《契丹錄》一卷，云：『即《陰山雜錄》之首卷也。』按：《契丹錄》疑即《契丹實錄》也。此書本十六卷，後首卷《契丹實錄》有別行者，故〈宋志〉遂分兩書著錄也。」可參考。《解題》所云「莆田鄭氏《書目》」，即《解題．目錄類》所著錄之《鄭氏書目》，凡七卷。至所引歐陽修《歸田錄》記志忠事，見該書卷二。志忠，《宋史》無傳。

燕北雜錄五卷、西征塞地圖附

《燕北雜錄》五卷，〈西征塞地圖〉附，思卿武珪記。嘉祐六年，宮苑使知雄州趙館臣案：此處原本闕一字。廣棪案：《文獻通考》字作「某」。**進於朝。珪**廣棪案：《文獻通考》「珪」下有「亦」字。**自契丹逃歸，事見《國史傳》。**

廣棪案：《宋史》卷二百三〈志〉第一百五十六〈藝文〉二〈傳記類〉著錄：「《燕北雜錄》一卷，並不知作者。」所著錄卷數不同，又未言及武珪所記。珪，《宋史》無傳。考《宋會要輯稿》第一百九十六冊〈蕃夷〉二之一九載：「(嘉祐)六年三月，以北人武珪爲下班殿侍，以上所畫〈契丹廣平淀受禮圖〉。武珪本鎭州，陷虜多年，頗知虜事，爲沿邊安撫司指使。至是，因獻圖特錄之。」可與《解題》相參證。

契丹錄一卷

《契丹錄》一卷，即《陰山雜錄》之首卷也。

廣棪案：《陰山雜錄》，趙志忠撰。書凡十六卷。《解題》已著錄。此書其首卷也。

匈奴須知一卷

《匈奴須知》一卷，歸明人田緯編次。錄契丹地理、官制。

廣棪案：《郡齋讀書志》卷第七〈僞史類〉著錄：「《匈奴須知》一卷。右契丹歸朝人田緯編次。」考《文獻通考》卷二百〈經籍考〉二十七〈史・僞史霸史〉著錄：「《匈奴須知》一冊。晁氏曰：『契丹歸明人田緯編次，錄契丹地理、官制。』」是《通考》將晁、陳二氏之著錄混合爲一。《秘書省續編到四庫闕書目》卷一〈史類・地理〉著錄：「《匈奴須知》一卷。輝按：《遂初目》無卷數。」葉德輝考證本。《遂初堂書目》無卷數，則其與《通考》著錄作一冊同。

辨鴂錄一卷

《辨鴂錄》一卷，不著名氏。契丹譯語也。凡八篇。

廣棪案：此書已佚，無可考。《孟子・滕文公》下曰：「今也南蠻鴂舌之人，非先王之道，子倍子之師而學之，亦異於曾子矣。」鴂與鴃同。此書取名殆本《孟子》。

虜廷須知一卷

《虜廷須知》一卷，左藏庫副使知安肅軍陳昉撰。熙寧元年，集賢校理鄭穆為之〈序〉，館臣案：《文獻通考》作「胡穆為之〈序〉」。**凡二十一條目。**

廣棪案：此書已佚。昉，《宋史》無傳。《宋元學案》卷四十六〈玉山學案〉「陳氏家學・清惠陳先生昉」條載：「陳昉，字叔方，宣奉峴之子。以父任知浦城縣。盜起鄰郡，先生措置得宜，迄不犯境。繼而老弱阻饑，極力賑救，境內以安。眞西山薦之朝，與劉克莊等號『端平八士』。遷司農丞，累權吏部侍郎。丐去，知福州，重士愛民，威惠兼至，蠲宿逋，卻例冊。去郡之日，帑庾充牣。閩人論良牧，必以先生爲首，召爲工部侍郎。景定初，知建寧府，屬邑產禾一本四十餘穗，人以爲善政所感。除吏部尚書，拜端明殿學士，致仕。卒，謚清惠。參《溫州舊志》。」然未載其任左藏庫副使知安肅軍及撰此書事。鄭穆，《宋史》卷三百四十七〈列傳〉第一百六有傳，其〈傳〉曰：「鄭穆字閎中，福州侯官人。性醇謹好學，讀書至忘櫛沐，進退容止必以禮。門人千數，與陳襄、陳烈、周希孟友，號『四先生』。舉進士，四冠鄉書，遂登第，爲壽安主簿。召爲國子監直講，除編校集賢院書籍。歲滿，爲館閣校勘，積官太常博士。乞納一秩，先南郊追封考妣，從之。改集賢校理，求外補，通判汾州。」是此書作〈序〉者乃鄭穆，《通考》作「胡穆」，實誤。《四庫》館臣此校，頗爲無識。

西夏須知一卷

《西夏須知》一卷，內殿承制鄜延都監劉溫潤撰。凡十五條目。

廣棪案：《郡齋讀書志》卷第七〈僞史類〉著錄：「《西夏須知》一卷。右皇朝劉溫潤守延州日，編錄僞境雜事。」可與《解題》互爲補充。溫潤，《宋史》無傳。惟《宋史》卷三百五十〈列傳〉第一百九〈曲珍〉載：「曲珍字君玉，隴干人，世爲著姓。寶元、康定間，夏人數入寇，珍諸父糾集族黨禦之，敵不敢犯。於是曲氏以材武長雄邊關。珍好馳馬試劍，嘗與叔父出塞游獵，猝遇夏人，陷其圍中，馳擊大呼，眾披靡。得出，顧叔不至，復持短兵還決鬥，遂俱脫。秦鳳都鈐轄劉溫潤奇其材，一日，出寶劍令曰：『能射一錢於百步外者，與之。』諸少年百發不能中，珍後至，一矢破之。從溫潤城古渭，與羌戰，先登陷陣。爲綏德城監押，提孤軍拒寇，斬其大酋，加閤門祗候。有功洮西，遷內殿崇班。」據是，則可推知溫潤乃宋仁宗時人，曾任秦鳳都鈐轄。王珪《王華陽集》卷三十〈制〉有〈崇儀副使劉溫潤可禮賓使制〉及〈禮賓使劉溫潤可英州刺史制〉，是則溫潤又曾任崇儀副使、禮賓使，及英州刺史等職。

金人亡遼錄二卷

《金人亡遼錄》二卷，燕山史愿撰。或稱《遼國遺事》。

廣棪案：《郡齋讀書志》卷第七〈僞史類〉著錄：「《北遼遺事》二卷。右不題撰人，蓋遼人也，記女眞滅遼事。〈序〉云：『遼國自阿保機創業於其初，德光恢廓於其後，呑滅諸蕃，割據漢界，南北開疆五千里，東西四千里，戎器之備、戰馬之多，前古未有，子孫繼統二百三十餘年。迨至天祚失馭，女眞稱兵。十二年間，舉國土崩。古人謂得之難而失之易，非虛言耳。』」孫猛《郡齋讀書志校證》曰：「按《書錄解題》云燕山史願撰，〈宋志〉亦題史願，蓋公武所見本偶失其名。史願，遼國進士及第，宣和四年納土歸宋，歷官中山府司錄、衢州通判。紹興中，又添差通判建康府、嚴州、平江府。九年賜同進士出身，見《宋會要輯稿》〈兵〉一七之二〇，〈職官〉四一之三二、四七之六七，〈選舉〉九之一九。」孫氏所考史愿宦歷極富贍。此書《遂初堂書目・本朝雜史類》題作《亡遼錄》。檢張擴《東窗集》卷六〈制〉有〈史願除敷文閣待制制〉。其〈制〉曰：「敕：事君不擇事而安，允資於忠力；有功而見知則說，宜厚於恩章。具官某智術疏通，吏能敏健。頃預軍諮之列，每輸籌畫之良。備著勤勞，見稱詳練。屬重湖之寇未殄，奉樞府之檄以行。果平蜂蟻之屯，盡復農桑之業。有嘉茂績，爰錫贊書。惟次對之邇聯，實侍臣之高選。往欽朕命，益殫爾忠。」史願即史愿，是願又嘗除敷文閣待制。

松漠紀聞二卷

《松漠紀聞》二卷，徽猷閣直學士鄱陽洪皓光弼撰。皓奉使留敵廣棪案：《文獻通考》「敵」作「虜」。**中，錄所聞雜事。**

廣棪案：《四庫全書總目》卷五十一〈史部〉七〈雜史類〉著錄：「《松漠紀聞》一卷、《續》一卷，兩淮鹽政採進本。宋洪皓撰。皓字光弼，鄱陽人。政和五年進士。建炎三年，以徽猷閣待制假禮部尚書，爲大金通問使。既至金，金人迫使仕劉豫。皓不從，流遞冷山，復徙燕京，凡留金十五年方得歸。以忤秦檜貶官，安置英州而卒。久之，始復徽猷閣學士，謚忠宣。事迹具《宋史》本傳。此書乃其所紀金國雜事，始於留金時，隨筆纂錄。及歸，懼爲金人搜獲，悉付諸火。既被譴謫，乃復追述一二，名曰《松漠紀聞》。尋有私史之禁，亦秘不傳。紹興末，其長子适始校刊爲正、續二卷。乾道中，仲子遵又增補所遺十一事。明代吳琯嘗刻入《古今逸史》中，與此本字句間有異同，而大略相合。皓所居冷山，去金上京會寧府纔百里。又嘗爲陳王延教其子。故於金事言之頗詳。雖其被囚日久，僅據傳述者筆之於書，不若目擊之親切。中間所言金太祖、太宗諸子封號，及遼林牙達什北走之事，皆與史不合。又不曉音譯，往往訛異失眞。然如敘太祖起兵本末，則《遼史・天祚紀》頗用其說；其『熙州龍見』一條，《金史・五行志》亦全采之。蓋以其身在金庭，故所紀雖眞贗相參，究非鑿空妄說者比也。」可資參證。皓字光弼，番易人。《宋史》卷三百七十三〈列傳〉第一百三十二有傳。其〈傳〉曰:「建炎三年五月，……時議遣使金國，浚又薦皓於呂頤浩，召與語，大悅。皓方居父喪，頤浩解衣巾，俾易墨衰絰入對。帝以國步艱難，兩宮遠播爲憂。皓極言：『天道好還，金人安能久陵中夏？此正《春秋》邲、郢之役，天其或者警晉訓楚也。』帝悅，遷皓五官，擢徽猷閣待制，假禮部尚書，爲大金通問使。」又曰：「皓雖久在北廷，不堪其苦，然爲金人所敬，所著詩文，爭鈔誦求鋟梓。既歸，後使者至，必問皓爲何官，居何地。性急義，當艱危中不少變。懿節后之戚趙伯璘隸悟室戲下，貧甚，皓賙之。范鎮之孫祖平爲傭奴，皓言於金人而釋之。劉光世庶女爲人豢豕，贖而嫁之。他貴族流落賤微者，皆力拔以出。惟爲檜所嫉，不死於敵國，乃死於讒慝。皓博學強記，有《文集》五十卷，及《帝王通要》、《姓氏指南》、《松漠紀聞》、《金國文具錄》等書。子适、遵、邁。」可供參考。

征蒙記一卷

《征蒙記》一卷，金人明威將軍登州刺史李大諒撰。建炎鉅寇之子，隨其父成降金者也。所記家廣棪案：盧校本「家」為「蒙」。**人跳梁，自其全盛時，已不能制矣。**廣棪案：《文獻通考》闕「所記」以下三句。

廣棪案：此書已佚，無可考。李大諒亦僅知其隨父降金，任金之明威將軍、登州刺史，其餘無所知。大諒父成，《宋史》卷一百六十七〈志〉第一百二十〈職官〉七「鎭撫使」條載：「鎭撫使舊所無有，中興，假權宜以收群盜。初，建炎四年，范宗尹爲參知政事，議群盜併力以拒官軍，莫若析地以處之，盜有所歸，則可漸制，乃請稍復藩鎭之制。是年五月，宗尹爲右僕射，於是請以淮南、京東西、湖南北諸路並分爲鎭，除茶鹽之利仍歸朝廷置官提舉外，他監司並罷。上供財賦權免三年，餘聽帥臣移用，更不從朝廷應副，軍興聽從便宜。時劇盜李成在舒、蘄，桑仲在襄、鄧，郭仲威在揚州，薛慶在高郵，皆即以爲鎭撫使，其餘或以處歸朝之人，分晝不一，許以能扞禦外寇，顯立大功，特與世襲。官屬有參議官、書寫機宜文字各一員，幹辦公事二員，並聽奏辟。久之，諸鎭或戰死，或北降，但餘荊南解潛。及趙鼎爲相，召潛主管馬車，遂罷弗置焉。」則李成乃建炎間劇盜，擾攘舒、蘄一帶，朝廷曾以鎭撫使招處之。其後仍叛服無常。其事見《宋史‧高宗本紀》及宗澤、呂頤浩、李光、韓世宗、岳飛、楊存中、王德、張俊、劉光世、趙密、洪皓、張守、胡交修、趙令峸、趙士隆、謝皋、李道、秦檜、劉豫等傳。陳樂素《三朝北盟會編考》九〈引用書雜考〉「《征蒙記》」條載：「成事迹，《會編》頗載之，惟未及其子。《金史》有成傳，見《金史》卷七十九。亦未及其子。〈傳〉言雄州歸信人，《會編》卷二一五引用一段中作雄州歸義縣；歸義屬涿州，當爲傳抄誤『信』爲『義』也。成降金，仕至正隆間（即紹興末年）乃死。《會編》引用稱僞史官，不知在何時。然《記》中事及于天德三年，則此《記》之作，必在紹興二十二年之後。」可供參考。

金國志二卷

《金國志》廣棪案：《文獻通考》「國」作「虜」。**二卷，承奉郎張棣撰。淳熙中歸明人，記金國事頗詳。**

廣棪案：此書已佚，無可考。棣，《宋史》無傳。《宋史》卷三百七十四〈列傳〉第一百三十三〈胡銓〉載：「書既上，秦檜以銓狂妄凶悖，鼓眾劫持，詔除名，編管昭州，仍降詔播告中外。給、舍、臺諫及朝臣多救之者，檜迫於公論，乃以銓監廣州鹽倉。明年，改簽書威武軍判官。（紹興）十二年，諫官羅汝楫劾銓飾非橫議，詔除名，編管新州。十八年，新州守臣張棣訐銓與客唱酬，謗訕怨望，移謫吉陽軍。」是棣紹興十八年任新州守，訐胡銓謗訕怨望，則其人乃秦檜黨羽也。

金國志一卷

《金國志》一卷，不著名氏。似節略張棣者。廣棪案：《文獻通考》「者」作「書」。**其末又雜錄金國** 廣棪案：《文獻通考》「金國」作「虜界」。**事宜，及海陵**廣棪案：《文獻通考》「海陵」作「逆亮」。**以後事。**

廣棪案：《金史》卷五〈本紀〉第五〈海陵〉載：「廢帝海陵庶人亮，字元功，本諱迪古乃，遼王宗幹第二子也。」又載亮遇弒後事，曰：「都督府以其柩置之南京班荊館。大定二年，降封爲海陵郡王，謚曰煬。二月，世宗使小底婁室與南京官遷其柩於寧德宮。四月，葬于大房山鹿門谷諸王兆域中。二十年，熙宗既祔廟，有司奏曰：『煬王之罪未正。準晉趙王倫廢惠帝自立，惠帝反正，誅倫，廢爲庶人。煬帝罪惡過於倫，不當有王封，亦不當在諸王塋域。』乃詔降海陵爲庶人，改葬于山陵西南四十里。贊曰：海陵智足以拒諫，言足以飾非。欲爲君，則弒其君；欲伐國，則弒其母；欲奪人之妻，則使之殺其夫。三綱絕矣，何暇他論。至於屠滅宗族，翦刈忠良，婦姑姊妹盡入嬪御。方以三十二總管之兵，圖一天下，卒之戾氣感召，身由惡終，使天下後世稱無道主，以海陵爲首，可不戒哉！可不戒哉！」是亮之爲人及其後事可考者如此。此條《解題》「海陵」二字疑原作「逆亮」，故《通考》沿之。至《四庫》館臣據《永樂大典》以輯《解題》，始竄改作「海陵」耳。《四庫全書總目》卷五十二〈史部〉八〈雜史類存目〉一著錄：「《金圖經》一卷，兩淮鹽政採進本。一名《金國志》。自京邑至族帳部曲，凡十七門。陳振孫《書錄解題》曰：『淳熙中，歸正人張棣撰，記金事頗詳。』振孫又言：『又一卷，不著名氏，似節略張棣書。其末又雜錄金主亮以後事。』此本僅一卷，不著棣名，疑即陳氏所稱節本也。」可供參考。

金國節要三卷

《金國節要》廣棪案：《文獻通考》「國」作「虜」。**三卷，右從事郎兗人張匯東卿撰。宣和中，隨父官保州，陷金** 廣棪案：《文獻通考》「金」作「虜」。**十五年，至紹興十年歸朝。**

廣棪案：《郡齋讀書志》卷第七〈僞史類〉著錄：「《金人節要》一卷。右陷虜人所上也。記金人初內侮，止紹興十年，共十六年事，頗詳實。」可參證。惟此書《郡齋讀書志》著錄撰人及卷數均與《解題》不同，疑據《解題》爲合。明陳第《世善堂藏書目錄》著錄有《金人節要圖》，殆即此書。匯，《宋史》無傳。《宋人傳記資料索引》載：「張匯字朝宗，濮人，南渡，家崑山，燾孫。累官右朝奉大夫，直秘閣，出爲兩浙轉運副使。紹興十年調知臨安府，九月，復爲兩浙轉運副使。終大中大夫，直寶文閣。」與此書撰者恐非同一人。

僞楚錄二卷

《僞楚錄》二卷，不著名氏。

廣棪案：此書記張邦昌事，已佚。《宋史》卷四百七十五〈列傳〉第二百三十四〈叛臣〉上載：「張邦昌字子能，永靜軍東光人也。……邦昌入居尚書省，金人趣勸進，邦昌始欲引決，或曰：『相公不前死城外，今欲塗炭一城耶？』適金人奉冊寶至，邦昌北向拜舞受冊，即僞位，僭號大楚，擬都金陵。遂升文德殿，設位御床西受賀，遣閤門傳令勿拜。（王）時雍率百官遽拜，邦昌但東面拱立。」是大楚乃邦昌僭號，故稱僞楚。近人朱希祖有《僞楚錄輯補》一書。

僞齊錄二卷

《僞齊錄》二卷，不著名氏。

廣棪案：此書記劉豫事。豫字彥游，景州阜城人。《宋史》卷四百七十五〈列傳〉第二百三十四〈叛臣〉上有傳。其〈傳〉載：「（建炎）四年七月丁卯，金人遣大同尹高慶裔、知制誥韓昉冊豫爲皇帝，國號大齊，都大名府。」故此書名《僞齊錄》。陳樂素《三朝北盟會編考》五〈書目有名而未見引用者〉「《僞齊錄》」條曰：「《僞齊錄》。《繫年要錄》卷三五有注云：『金人冊劉豫文載《僞齊錄》。』按此冊文見於《會編》卷一四一。《要錄》卷三七又有注云：『劉豫僭位赦文亦載《僞齊錄》。』此赦文亦見《會編》卷一四一。又《要錄》卷三九，建炎四年十一月辛酉注錄《僞齊錄》所載劉豫〈改元阜昌榜〉，卷七八載羅誘〈南征議〉，注云：『此據《僞齊錄》附見。』卷一〇七有注云：『《僞齊錄》有劉豫〈謝封曹王表〉。』以上〈榜〉、〈議〉及〈表〉，俱見《會編》卷一八二。由此並可推知《會編》卷一八二自豫在僞位〈求言榜〉直至〈羅誘敕書〉，皆采自《僞齊錄》，蓋此盡關涉劉豫而上述三文間于其中也。于此有可注意者，即《會編》所引用于《講和錄》及《僞齊錄》者，皆屬官文書，而皆不題引用書名；如卷一九一有〈賜河南新復州軍敕〉，據《繫年要錄》卷一二五，知亦載于《講和錄》，《會編》雖未必採自此，但亦爲官文書，亦未嘗題引用書名也。而原書書目又全不列官文書之名。然則徐氏似認定官文書無注明出處之必要者也。書中之無《講和錄》與《僞齊錄》之名，原非傳本脫漏也。余因此又疑原書書目並非從書中錄出，而乃據其成書當時所保有之原料或原料目錄直接編成。此其所以有書目有名而未見引用，及書中有名而目無名者。蓋以二百五十卷之書，自非短期間能成，期間一長，則原料難保無一二散失，或爲抄借得來，原料目錄亦難保無一二漏記，又既采之材料未必無刪削者也。」可供參考。近人朱希祖有《僞齊錄校證》一書。

金人南遷錄一卷

《金人南遷錄》一卷，稱偽著作郎張師顏撰。頃初見此書，疑非北人語，其間有曉然傅會者，或曰華岳所為也。近扣之汴人張總管翼，則云：「歲月皆牴牾不合。」益證其妄。

廣棪案：《四庫全書總目》卷五十二〈史部〉八〈雜史類存目〉一著錄：「《南遷錄》一卷，浙江范懋柱家天一閣藏本。舊題金通直郎、秘書省著作郎、騎都尉張師顏撰。紀金愛王大辨叛據五國城，及元兵圍燕，貞祐遷都汴京之事。按《金史》，世宗太子允恭生章宗，而夔王允升最幼。今此書乃作長子允升，次允猷，次允植。允升、允猷以謀害允植被誅，而允植子得立爲章宗。世次俱不合。又稱章宗被弒，磁王允明立爲昭王。磁王又被弒，立濰王允文爲德宗。德宗殂，乃立淄王允德爲宣宗。與史較，多一代，尤不可信。至《金史》鄭王允蹈誅死絕後，不聞有愛王大辨其人。所稱天統、興慶等號，《金史》亦無此紀年。舛錯謬妄，不可勝舉。故趙與旹《賓退錄》、陳振孫《書錄解題》皆斷其僞。振孫又謂：『或云華岳所作。』岳即宋殿前司軍官，嘗作《翠微南征錄》者。今觀其書所言，亂金國者章宗、大辨，皆趙氏所自出。又謂大辨初生，其母夢一人乘馬持刀，稱南詔興主遣來云云。蓋必出於宋人雪憤之詞，而又假造事實以證佐之，故其牴牾不合如此。或果出岳手，未可知也。羅大經《鶴林玉露》以遣秦檜南還事，見此書所載張大鼎〈疏〉，而證其可信。未免好異。然《金史》所載，宣宗見浮碧池有狐相逐而行，遂決南遷之計，其事實本此書。不知元時修史者又何所見而採用之也。」足供參證。考《宋史》卷三百六〈列傳〉第六十五〈張去華〉載：「子師古，至國子博士；師錫，殿中丞；師顏，國子博士。」惟此師顏乃眞、仁宗時人。同書卷三百六十七〈列傳〉第一百二十六〈李顯忠〉載：「顯忠移軍入城，殿司前軍統制張訓通、馬司統制張師顏、池州統制荔澤、建康統制張淵各遁去。」此師顏則孝宗時人。前者任國子博士，後者任馬司統制，顯非同爲一人。而此二師顏，與本書撰者任僞著作郎之張師顏，亦必非同屬一人。